Français CM1 CM2

CONFORME AU SOCLE COMMUN ET AUX NOUVEAUX PROGRAMMES

**Grammaire
Conjugaison
Vocabulaire
Orthographe**

Étude de la langue

*Cet ouvrage est
une reprise partielle
des niveaux CM1 et CM2
de la collection « Facettes »,
notamment pour les exercices*

Michèle Schöttke,
conseillère pédagogique,
chargée de mission départementale
« maîtrise de la langue », honoraire

François Tournaire,
conseiller pédagogique

Remerciements à
Catherine Tauveron,
professeur des universités
en langue et littérature françaises

D.R. : Malgré nos efforts, il nous a été impossible de joindre certains photographes et auteurs ou leurs ayants droit, ainsi que les éditeurs ou leurs ayants droit de certains textes et documents, pour solliciter l'autorisation de reproduction, mais nous avons naturellement réservé en notre comptabilité des droits usuels.

© Hatier, Paris 2011   978-2-218-94586-1

Toute représentation ou reproduction, intégrale ou partielle, faite sans le consentement de l'auteur, ou de ses ayants droit, ou ayants cause, est illicite (article L. 122-4 du Code de la Propriété intellectuelle). Cette représentation ou reproduction, par quelque procédé que ce soit, constituerait une contrefaçon sanctionnée par l'article L. 335-2 du Code de la Propriété intellectuelle. Le Code de la Propriété intellectuelle n'autorise, aux termes de l'article L. 122-5, que les copies ou reproductions strictement réservées à l'usage privé du copiste et non destinées à une utilisation collective, d'une part et, d'autre part, que les analyses et les courtes citations dans un but d'exemple et d'illustration. Une représentation ou reproduction sans autorisation de l'éditeur ou du Centre Français d'Exploitation du droit de Copie (20, rue des Grands-Augustins, 75006 Paris) constituerait une contrefaçon sanctionnée par les articles 425 et suivants du Code Pénal.

Maîtrise de la langue française

Grammaire

- ▶ Distinguer les mots selon leur nature
- ▶ Identifier les fonctions des mots dans la phrase

Conjugaison

- ▶ Conjuguer les verbes, utiliser les temps à bon escient

Vocabulaire

- ▶ Comprendre des mots nouveaux et les utiliser à bon escient
- ▶ Maîtriser quelques relations de sens entre les mots
- ▶ Maîtriser quelques relations concernant la forme et le sens des mots
- ▶ Savoir utiliser un dictionnaire papier ou numérique

Orthographe

- ▶ Maîtriser l'orthographe grammaticale
- ▶ Maîtriser l'orthographe lexicale
- ▶ Orthographier correctement un texte simple de dix lignes – lors de sa rédaction ou de sa dictée – en se référant aux règles connues d'orthographe et de grammaire ainsi qu'à la connaissance du vocabulaire

Livret personnel de compétences, MEN, 2010.

Sommaire

Je fais le point sur ce que j'ai appris au CE2 ... 6   Comment bien comprendre et exécuter une consigne ... 8

Grammaire

LA PHRASE (1)
1. Les types de phrases
   La phrase verbale et non verbale ... 10
2. La phrase simple et la phrase complexe
   Les formes de phrases ... 12

AUTOUR DU VERBE
3. Le sujet ... 14
4. Le complément d'objet direct (COD) ... 16
5. Le complément d'objet indirect (COI) ... 18
6. L'attribut du sujet ... 20
7. Les compléments circonstanciels ... 22

AUTOUR DU NOM
8. Le nom propre et le nom commun ... 24
9. Les déterminants (1) ... 26
10. Les déterminants (2) ... 28
11. L'adjectif qualificatif ... 30
12. Le genre et le nombre dans le GN ... 32
13. Le complément de nom ... 34
14. La proposition relative ... 36

LA PHRASE (2)
* 15. Les propositions indépendantes, juxtaposées, coordonnées ... 38
* 16. Les phrases complexes : la subordination ... 40
17. Les adverbes ... 42
* 18. Des pronoms ... 44

DICTÉES ... 46

> **Synthèses**
> La classe (ou nature) grammaticale ... 159
> Autour du verbe : les fonctions ... 160
> Autour du nom ... 162
> Autour de la phrase ... 164

Conjugaison

LE VERBE
1. Identifier le verbe : temps et personne ... 48
2. Infinitif et groupes ... 50

L'EMPLOI ET LA FORMATION DES TEMPS DE L'INDICATIF
3. Les valeurs du présent ... 52
4. Le présent (1) :
   les verbes du 1er et du 2e groupes ; *être* et *avoir* ... 54
5. Le présent (2) : les verbes du 3e groupe ... 56
6. Le passé composé et le passé simple ... 58
   L'imparfait, le passé simple et le plus-que-parfait ... 59
7. Le passé composé (1) :
   les verbes du 1er et du 2e groupes ; *être* et *avoir* ... 60
8. Le passé composé (2) : les verbes du 3e groupe ... 62
9. L'imparfait / * Le plus-que-parfait ... 64
10. Le passé simple ... 66
11. Le futur ... 68
* 12. Le futur antérieur ... 70

L'EMPLOI ET LA FORMATION DE L'IMPÉRATIF ET DU CONDITIONNEL
13. Le présent de l'impératif ... 72
* 14. Le présent du conditionnel ... 74

DES CONSTRUCTIONS DE VERBES
15. Les formes active/passive ... 76
16. La forme pronominale ... 78

LES PARTICIPES
17. Le participe passé ... 80
   * Le participe présent ... 81

DICTÉES ... 82

4

L'étoile ★ signale les notions et les exercices qui relèvent du CM2.

Vocabulaire

L'ORIGINE DES MOTS
1. Des mots d'origine grecque et latine 84
2. Des mots venus d'ailleurs 86

LE DICTIONNAIRE
3. L'organisation d'un dictionnaire 88
4. L'article de dictionnaire 90

LA FORMATION DES MOTS
5. Les familles de mots 92
6. Les suffixes 94
7. Les préfixes 96
8. Les mots composés 98

LE SENS DES MOTS
9. Des mots autour d'un mot-thème
   Le nom générique 99
10. Le sens propre et le sens figuré 100
11. L'image et la comparaison 102
    Les expressions toutes faites 103
12. Les synonymes 104
13. Les contraires 106
14. Comprendre un mot inconnu dans un texte 108
15. Les niveaux de langue 109
16. Des homophones 110
17. Les mots des sensations 112
18. Les mots des sentiments et des émotions 114

DICTÉES 116

Orthographe

ORTHOGRAPHE LEXICALE ET GRAMMATICALE
1. Les valeurs de la lettre *c* 118
2. Les valeurs de la lettre *g* 119
3. Le son [j] 120
4. Les valeurs de la lettre *h* 122
5. Les valeurs de la lettre *x* 123
6. Utiliser *à, où, là, voilà* 124
7. Des formes verbales de *être* et *avoir* et leurs homophones 126
8. Employer des homophones (1) 128
★ 9. Employer des homophones (2) 130
★ 10. Employer des déterminants numéraux 131
★ 11. Employer des homophones (3) 132
12. Des déterminants et des pronoms 134
13. Des finales de noms masculins 136
14. Des finales de noms féminins 138
★ 15. Les consonnes doubles 140
16. Des verbes irréguliers au présent de l'indicatif 142
17. L'accord sujet /verbe 144
18. L'accord du participe passé 146
19. Des formes verbales en [e],[ɛ] 148
20. Les accords dans le GN : Le genre des noms 150
    Le nombre des noms 151
21. Les accords dans le GN :
    Le genre et le nombre des adjectifs 152
★ 22. Des pluriels particuliers : Les adjectifs de couleur 154
    Les noms composés 155
23. Les signes : Les accents 156
    Le tréma, la cédille, l'apostrophe 157

DICTÉES 158

Corrigés des exercices
Grammaire 166
Conjugaison 169
Vocabulaire 171
Orthographe 173

5

Je fais le point sur ce que j'ai appris au CE2

🟢 La phrase

1 a. Quelles explications données par les enfants sont exactes ? Comment définis-tu une phrase ?

b. Observe la première bulle. Fais des remarques. Ce que dit cet enfant est-il toujours vrai ? Explique-toi.

2 a. Relève les phrases bien construites qui ont du sens.

1. champignons ramasse Layla dans le bois des.
2. En automne, après la pluie, les champignons poussent dans la forêt.
3. Les cèpes, quel délice !
4. Les girolles et les pieds-de-mouton se trouvent-ils dans les bois ?
5. N'arrachez pas les champignons comestibles.

b. Pour chaque phrase relevée, indique son type : déclaratif, interrogatif, exclamatif, injonctif (ordre).

c. Écris la phrase 5 à la forme affirmative.

🟥 La nature et la fonction des mots

Explique la différence que tu fais entre la nature et la fonction des mots.

3 Dans chaque phrase, relève le mot ou le groupe de mots demandé. Indique s'il s'agit de sa nature ou de sa fonction.

1. Birbal est un poète hindou. → Nom propre : …
2. L'empereur d'Agra engage Birbal. → Complément d'objet : …
3. Birbal fait des envieux à la cour. → Sujet : …
4. Il vient du Sud de l'Inde et a la peau brune. → Pronom : … Verbe : …
5. Birbal était un grand homme. → Adjectif qualificatif : …
* 6. Birbal raconte une histoire à l'empereur. → Complément d'objet direct : … Complément d'objet indirect : …
* 7. Cet empereur se nomme Abakar. → Déterminant : … Attribut du sujet : …
* 8. Dans le parc, les deux hommes font des longues promenades sans parler. → C. circonstanciel de lieu : … Deux prépositions : …
* 9. Birbal est l'amuseur de l'empereur. → Complément de nom : …

4 a. Reconstitue une phrase à partir de ces groupes de mots. Pense à la ponctuation.

| près de la ville d'Agra | fait bâtir | au XVIᵉ siècle | en Inde |

| en secret | l'empereur Abakar | un superbe palais en marbre |

b. Compare la phrase que tu as obtenue avec celle d'autres élèves.
c. Dans la phrase que tu as écrite, entoure le verbe.
Souligne :
– le sujet en vert,
– le complément d'objet direct en bleu,
– les compléments circonstanciels (CC) déplaçables ou supprimables en jaune.
★ d. Sous chaque CC, écris s'il exprime le lieu, le temps ou la manière.
e. Supprime tous les groupes que tu peux pour obtenir la phrase la plus courte possible et ayant du sens. Écris-la.

5 Écris trois ou quatre groupes nominaux (GN).
Indique la nature grammaticale de chaque mot.
Varie les déterminants et les noms.
Exemple : *le superbe ballon de Lenny* (D + Adj + N commun + Prép + N propre)

Quel est le rôle des compléments ?

Les accords

6 Récris chaque GN au féminin singulier, au masculin pluriel et au féminin pluriel.
1. Mon petit lapin blanc
2. Quel chat affectueux mais indépendant !

7 Conjugue les verbes au présent de l'indicatif.
Souligne les sujets.

Les élèves (*arriver*) à l'école. Ils (*retrouver*) des amis de l'année dernière. Ninon (*se diriger*) vers Alicia et Djamel. Tous trois (*raconter*) leurs vacances. La sonnerie (*retentir*). Les élèves (*répondre*) à l'appel de leur nom. Dans la cour (*se former*) les rangs.

Explique comment se font les accords en genre et nombre dans le GN.

8 Récris chaque phrase avec les sujets proposés.
Pense aux accords des participes passés.

1. La maîtresse <u>est entrée</u> en classe.
Louis – Elles – Karim et José

2. Sammy <u>est arrivé</u> en avance.
Coralie et Oléna – Ils – Léa

3. Des enfants <u>ont changé</u> de cartable.
Bénédicte – Il – Louise et Célia

Comment bien comprendre et exécuter une consigne

1. **lire** la consigne (au moins deux fois) ;

2. s'assurer que l'on a bien compris le sens **des verbes de commande** (qui permettent d'exécuter la tâche), repérer le nombre de tâches à effectuer dans l'ordre chronologique ;

3. observer sur quelles **notions grammaticales** précises porte la consigne ;

4. reformuler la consigne avec ses propres mots ;

5. préparer, si nécessaire, le matériel dont on a besoin ;

6. rédiger une réponse sous forme de phrase.

Voici des exemples de consignes :

Relève les verbes de commande. Compte les tâches.

a. **Recopie** les séries de verbes. **Souligne** en vert les verbes au passé simple. **Entoure** les verbes à l'imparfait.

b. **Cherche** « consigne » dans un dictionnaire. **Recopie** la définition qui correspond à cette fiche. **Emploie** ce mot dans une phrase.

Remplace chaque verbe de commande par un verbe de sens voisin.

a. **Rétablis** l'ordre des mots.

b. **Indique** le temps des verbes.

c. **Rédige** un court dialogue.

d. **Justifie** l'emploi de l'imparfait.

e. **Retrouve** les adjectifs qualificatifs.

Associe chaque consigne à la tâche à réaliser.

1. Remets de l'ordre dans le dialogue.
2. Trace une droite allant de A à B.
3. Justifie ces accords.
4. Résume *Le Petit Poucet*.

a. Expliquer.
b. Relier.
c. Écrire un court texte.
d. Organiser.

Liste tout le matériel qu'il te faut pour réaliser la consigne.

Copie le poème page 17 dans ton cahier.

Entoure les rimes en bleu.

Cherche le sens des mots que tu ne comprends pas.

Grammaire

▶ Distinguer les mots selon leur nature
▶ Identifier les fonctions des mots dans la phrase

LA PHRASE (1)

1. Les types de phrases – La phrase verbale et non verbale ... 10
2. La phrase simple et la phrase complexe – Les formes de phrases ... 12

AUTOUR DU VERBE

3. Le sujet ... 14
4. Le complément d'objet direct (COD) ... 16
5. Le complément d'objet indirect (COI) ... 18
6. L'attribut du sujet ... 20
7. Les compléments circonstanciels ... 22

AUTOUR DU NOM

8. Le nom propre et le nom commun ... 24
9. Les déterminants (1) ... 26
10. Les déterminants (2) ... 28
11. L'adjectif qualificatif ... 30
12. Le genre et le nombre dans le GN ... 32
13. Le complément de nom ... 34
14. La proposition relative ... 36

LA PHRASE (2)

* 15. Les propositions indépendantes, juxtaposées, coordonnées ... 38
* 16. Les phrases complexes : la subordination ... 40

17. Les adverbes ... 42
18. Des pronoms ... 44

DICTÉES ... 46

Grammaire LA PHRASE

Les types de phrases
La phrase verbale et non verbale

1. Une grenouille voulait devenir aussi grosse qu'un bœuf.
2. Comment allait-elle y parvenir ?
3. Les autres grenouilles se moquaient d'elle.
4. Pouvez-vous me regarder grossir ?
5. Admirez donc au lieu de vous moquer !
6. Il faut d'abord que j'enfle ma taille.
7. Une seule solution : avaler de l'air.
8. La grenouille pouvait-elle grossir autant ?
9. Que son idée est ridicule !
10. Pourquoi veut-elle être différente des autres ?
11. La pauvre enfle jusqu'à exploser.
12. Panique chez les grenouilles !

1. De quel type sont les phrases 2, 4, 8 et 10 ?
Repère toutes les marques de ponctuation.
À quelles **phrases interrogatives** peut-on répondre par *oui* ou par *non* ?
Quelles sont celles qui nécessitent une réponse rédigée ?

2. Compare la construction des **phrases injonctives** 5, 6 et 7.

★ **3.** Quelles sont les **phrases exclamatives** ?
Comment les repères-tu ? Que peux-tu dire de la phrase 5 ?

4. Observe les phrases 7 et 12. Que remarques-tu ?

 Est-ce que je sais faire ?

a. Ponctue le texte pour retrouver les phrases. Tu as parfois plusieurs solutions.

Pinocchio, le pantin désobéissant, a été avalé par une baleine.

1. Comment vais-je faire pour sortir d'ici, gentille fée Au secours, aide-moi Pourquoi m'as-tu abandonné Cette baleine ne sait même pas qu'elle a avalé un petit garçon Elle m'a pris pour une crevette Quel malheur Pourtant elle avale et rejette des tonnes d'eau cent fois par jour Quelle solution ai-je pour sortir d'ici Réfléchis petit pantin

★ **2.** au prochain flot que la baleine va recracher je me glisserai entre deux fanons qu'est-ce que je risque je vais me retrouver à la surface de l'eau je suis en bois je flotterai courage, pauvre pantin à moi la liberté

b. Relève deux phrases déclaratives, interrogatives, exclamatives, injonctives.

c. Relève deux phrases non verbales.

LES MOTS CLÉS

- Un type de phrase :
  – interrogatif
  – injonctif
  – déclaratif
  ★ – exclamatif
- Une phrase :
  – verbale
  – non verbale

 Je construis la règle

– On compte quatre ... de phrases.
   Selon leur type, elles sont ponctuées différemment.
– La phrase verbale comporte un ou plusieurs ... conjugués.
– La phrase non ... ne comporte aucun verbe conjugué.

Je m'entraîne

À faire tout seul sur mon cahier
4 7 • 8 9 — Corrigés p. 166

1 Recopie uniquement les phrases déclaratives.

1. Apprends ce poème, Cynthia.
2. En ce moment, je lis un « Tintin ».
3. J'aime les histoires d'aventures.

2 Recopie uniquement les phrases injonctives.

1. Observez la mésange bleue.
2. On la voit en hiver ?
3. Préparer du gras non salé et de l'eau.

3 Recopie seulement les phrases interrogatives.

1. La buse est un rapace ?
2. Elle guette les poules de la ferme.
3. Vont-elles lui échapper ?
4. Il y a peu de chance.

4 Ajoute la ponctuation qui convient.

1. Quels sont les grands pays d'Europe
2. La France y tient une place importante
3. Où se trouve la capitale Madrid
4. Le Luxembourg est-il un pays

5 Écris le type de chaque phrase.

1. Prête-moi ta gomme.
2. Sortez.
3. Combien de romans as-tu lus ?
4. Qui est Léna ?
5. On rend le cahier de français à midi.

6 Ne relève que les phrases non verbales.

1. Yvan, quelle bonne surprise !
2. Quand es-tu arrivé ?
3. Hier soir, vers vingt heures.

7 Lis le texte. Ponctue les phrases en t'appuyant sur le sens.

> Au Moyen Âge, les villes étaient très animées Il était difficile de circuler Les rues étaient encombrées de charrettes, de porcs, de volailles Sais-tu où se trouvaient les boutiques Elles bordaient les rues
> À l'extérieur les étals des marchands encombraient les pavés « Circulez ! » criaient les charretiers

* 8 Entoure toutes les marques de l'interrogation (signes de ponctuation et mots interrogatifs).

1. Est-ce que tu as aimé cette légende ?
2. Qui est-ce qui a terrassé le monstre ?
3. Pourquoi a-t-il quitté sa grotte ?
4. Combien de travaux Hercule a-t-il accomplis ?

* 9 Écris une question pour chaque réponse donnée. Entoure les mots interrogatifs et les signes de ponctuation.

1. Saint Louis était le roi Louis IX.
2. Il rendait la justice sous un chêne.
3. Il est mort de la peste.
4. Il est mort en 1270 à Tunis.

* 10 **a.** Relève une phrase de chaque type : déclarative, interrogative, exclamative.

Un jeune pingouin veut quitter la banquise.

MAMAN PINGOUIN : Peut-on savoir à quoi tu rêvais mon fils ?

PINGOUIN : Au pays des couleurs. Celui où grand-père a été si longtemps.

MAMAN PINGOUIN : Ton grand-père raconte des histoires. Il n'a jamais mis les pieds hors de la banquise.

PINGOUIN : La jungle avec tous les animaux en couleurs, il n'y a jamais été ?

MAMAN PINGOUIN : Bien sûr que non ! Il a dû en entendre parler par des voyageurs.

J.-G. Nordmann, *Le long Voyage du pingouin dans la jungle*, Éd. La Fontaine.

b. Relève les phrases non verbales.

* 11 Relève les phrases qui sont à la fois injonctives et exclamatives.

1. Ne tuez pas les bébés phoques !
2. Que cet iceberg est grand !
3. Réduisez dès à présent vos émissions de gaz !
4. Lis les consignes à l'entrée de la forêt.

* 12 Transforme les questions orales en questions écrites. Emploie des mots interrogatifs et pense à la ponctuation.

1. Tu vas à la piscine ce soir ? – **2.** Les CM2 y vont aussi ? – **3.** Elle aime nager ? – **4.** Vous venez avec nous ?

J'écris Imagine un dialogue entre deux personnes qui ne se sont pas vues depuis longtemps. Emploie quatre types de phrases différents et deux phrases non verbales.

Grammaire LA PHRASE

La phrase simple et la phrase complexe
Les formes de phrases

1
Je <u>fais</u> ma page d'écriture quotidienne, j'<u>entends</u> un léger bruit.
Si je <u>m'arrête</u>, il <u>cesse</u>. Il <u>recommence</u> dès que je <u>gratte</u> le papier. Une souris <u>s'éveille</u>. Elle <u>saute</u> par terre et <u>trotte</u> sur le carrelage. Elle <u>passe</u> près de la cheminée, <u>se perd</u> dans la vaisselle sous l'évier…

2
Je ne <u>vois</u> plus la souris. Elle ne <u>craint</u> pas mes sabots. Elle les <u>frôle</u> et les <u>mordille</u>.
Je ne <u>bouge</u> pas la jambe.
Je n'<u>entends</u> rien.
Je ne <u>dois</u> ni m'arrêter d'écrire ni respirer trop fort : elle <u>filerait</u>. Je ne <u>cesse</u> jamais de griffonner. Mais je ne <u>crayonne</u> que des riens.

TEXTES **1.** Compte les phrases de chaque texte. Justifie ta réponse.
1 2 Combien comptes-tu de verbes soulignés dans chaque phrase ?

2. À ton avis, qu'est-ce qu'une **phrase simple** ? Et une **phrase complexe** ? Dans chaque cas, trouve le nombre de **propositions**.

TEXTE **3.** Repère les mots qui encadrent les verbes *vois, craint, bouge, entends, dois,*
2 *cesse, crayonne.* Que marquent-ils ? Quel **mot de négation** est toujours présent ? La négation change-t-elle le type de la phrase ?

★ **4.** Essaie de transformer les **phrases négatives** en **phrases affirmatives**. Que remarques-tu ? Comment est formée la négation dans la 6ᵉ phrase ? Imagine deux ou trois phrases construites de la même façon. Écris-les. Comment emploie-t-on *ni* ?

Est-ce que je sais faire ?

1 Dis si la phrase est simple ou complexe. Compte les propositions.
1. Ulysse avait quitté son île pendant dix ans.
2. Il avait fait la guerre de Troie et il rentrait chez lui.
3. Il combattit le cyclope, résista aux sirènes et échappa à une magicienne.

2 Écris les phrases à la forme négative.
1. *Le Petit Poucet* est un conte chinois.
2. J'ai déjà lu ce conte.
3. Poucet craint tout.
★ 4. Connais-tu d'autres contes de Perrault ?
★ 5. Ce héros ennuie les petits et les grands.

Je construis la règle

– Une phrase ayant un seul verbe conjugué est une phrase … .
Si elle a plusieurs … …, elle est complexe ; elle comporte plusieurs … .
– La phrase … exprime souvent le contraire de la … affirmative.
On marque la … en utilisant deux mots. … (ou …) est toujours présent.

LES MOTS CLÉS
- Une phrase simple
- Une phrase complexe
- Une proposition
- Une phrase de forme :
  – affirmative
  – négative
  – interro-négative

12

Je m'entraîne

❶ Sépare les propositions par un trait vertical.

Les grands préparent un spectacle. Ils apprennent leur rôle, répètent par groupes, repèrent leurs difficultés et reprennent les répétitions.
En fin d'année, les élèves de maternelle présenteront des danses, ceux de CP et de CE formeront une chorale et les grands joueront une pièce. Les parents assisteront à la fête.

❷ Recopie uniquement les phrases négatives. Entoure les mots de négation.

1. Ne croyez pas les paroles du loup.
2. Le trompeur peut être trompé à son tour.
3. On ne comprend pas ce loup si bête.
4. Le conte merveilleux enchante petits et grands.
5. L'ogre ne voit personne dans sa grotte.

❸ Écris le numéro des phrases négatives dans le tableau. Attention ! Certaines peuvent être de plusieurs types.

1. Ne parlez pas sans cesse.
2. N'oubliez pas de prendre votre tenue de sport.
3. Ne répondez plus sans réfléchir.
4. Vous ne devez jamais interrompre un camarade.
5. Vous ne laisserez rien traîner sur vos tables.
6. Vous n'avez pas pris les ballons ?

Phrases déclaratives	Phrases interrogatives	Phrases injonctives
…	…	…

❹ Écris les phrases à la forme négative. Entoure les mots de négation. Aide-toi du mémo.

1. Lenny a toujours tort.
2. Manon veut encore lire.
3. La fillette a vu quelqu'un.
4. Yasmine a déjà lu ce conte.
5. Youri regarde quelque chose.

❺ a. Relève les numéros de phrases dans le tableau.

1. N'avez-vous pas remis des loups dans les Alpes ?
2. On les a réintroduits depuis vingt ans.
3. Aujourd'hui, on ne les compte plus.
4. Ne savez-vous pas où ils sont allés ?
5. « Ne t'inquiète pas pour tes moutons. »
6. Les loups n'attaquent jamais l'homme.
7. Cette année, on chassera 50 loups : on équilibre ainsi leur nombre.
8. Ne craignez rien pour vos promenades.

Déclarative affirmative	Déclarative négative	Interro-négative	Injonctive négative
…	…	…	…

b. Relève les phrases complexes.

❻ Réponds par une phrase négative.

1. La Chine est-elle située en Afrique ?
2. Paris est-elle une ville anglaise ?
3. L'Allemagne est-elle séparée en deux état ?

❼ a. Écris les phrases à la forme négative. Fais tous les changements.

1. Dans la forêt, tout le monde aime Renard.
2. Les volailles apprécient beaucoup Renard.
3. Renard a toujours gagné contre le coq.
4. Aujourd'hui on craint encore le renard.

b. Relève les mots des phrases affirmatives que tu as changés.

❽ Écris les phrases à la forme négative. Emploie *ne … ni … ni*.

1. Le pêcheur a ramené truites et brochets.
2. Je peux courir et sauter.
3. Ce chien paraît gentil et affectueux.

❾ Transforme chaque phrase en interro-négative. Conserve l'inversion du sujet.

1. La baleine est-elle un cétacé ?
2. Les ours blancs disparaissent-ils ?
3. Les phoques sont-ils menacés ?

J'écris — Imagine un dialogue entre tes parents et toi. Tu veux faire quelque chose mais ils ne veulent pas. Tes parents emploient des phrases négatives. Pense à varier les mots de négation.

Grammaire ③ AUTOUR DU VERBE

Le sujet

1. La Fontaine <u>a écrit</u> des fables.
2. Il <u>trouvait</u> son inspiration à la campagne.
3. Le lièvre, le loup, le lion <u>aiment</u> ses fables.
4. Le renard <u>flatte</u>, <u>trompe</u>, <u>raille</u> le corbeau.
5. Dans la campagne <u>courent</u> lapins, belettes, biches…
6. <u>Connais</u>-tu une fable de La Fontaine ?
7. « Merci pour ton fromage, Corbeau, <u>ricana</u> le renard ! »
* 8. Bondir <u>caractérise</u> le lièvre.

Comment trouves-tu le sujet des verbes ?

1. Cherche **le sujet** des verbes soulignés.
Pose les questions qui conviennent pour le trouver.
2. Fais des remarques sur les phrases 3, 4 et 5.
Dans les phrases 5, 6 et 7, où est placé le sujet ?
3. Classe les sujets selon leur nature grammaticale :
nom propre, GN, pronom.
* Dans quelle phrase le sujet est-il un verbe à l'infinitif ?

Est-ce que je sais faire ?

Lis le texte. Complète avec les sujets proposés selon le sens.
Entoure les verbes, souligne les sujets.

… touche la forêt. … peuvent naviguer jusque sous les branches. Et dans ces branches, habite … au chant merveilleux. Du monde entier viennent … pour visiter la Chine.
… arrivent par bateau et … entendent l'oiseau chanteur.
En rentrant dans leur pays, … écrivent des livres où apparaît … . L'empereur de Chine, en lisant un de ces récits, apprend qu' … possède dans son jardin un oiseau célèbre.
… demande à ses serviteurs d'aller capturer le chanteur. Comment va finir … ?
… caractérise le rossignol.

un rossignol – ils – des voyageurs – le malheureux oiseau – La mer bleue et profonde – Ils – il – Les grands navires – ces voyageurs – Le souverain – Siffler – l'oiseau chanteur

Je construis la règle

MÉMO P. 6

– Le … commande le verbe. Un sujet peut commander plusieurs … . Un verbe peut avoir … sujets.
– Généralement le sujet précède le … .
Parfois il est placé après : il est alors … .
– Un sujet peut être un GN, un …, un …, un verbe à l'infinitif.

LES MOTS CLÉS
- Un sujet
- Un sujet inversé
- Une classe (ou une nature) grammaticale

Je m'entraîne

À faire tout seul sur mon cahier
2 5 • 8 9 Corrigés p. 166

❶ Entoure le sujet de chaque verbe souligné.

1. Léa va à la piscine.
2. Son club prépare une compétition.
3. Elle courra le 1000 mètres brasse.
4. Quatre filles feront un relais.
5. Louise et Anaïs nagent sur le dos.

❷ Souligne les verbes. Entoure les sujets.

Les troupes du Zingaro présentent un spectacle. Des cavaliers et des chevaux exécutent des figures éblouissantes. Ils ont répété leurs numéros. Bartabas a créé cette troupe. Les artistes et lui vivent dans des caravanes près de Paris mais ils sont souvent en tournée.

❸ Même consigne que pour l'exercice 2.

Le cerf et le sanglier envahissent les forêts. Ils sont devenus trop nombreux. Dans les champs, se répandent des hordes de sangliers. Dans les bois, disparaissent les tout jeunes arbustes sous les dents des cervidés. Ces animaux indésirables font l'objet de battues de chasseurs.

❹ Remplace chaque GN sujet par le pronom qui convient.

1. Le violoniste répète pour un concert.
   → Il répète…
2. Les chœurs se mettent en place.
3. Le chef d'orchestre salue le public.
4. Des écoles assistent au spectacle.
5. Une cantatrice exerce sa voix.

❺ Relève les sujets. Indique leur nature grammaticale : GN, nom propre, pronom.

Le seigneur Thierry part au tournoi. Il emmène ses deux fils. Herbert deviendra chevalier demain. Son maître lui remettra une épée. Thierry assistera à la cérémonie.

❻ De quels verbes les mots ou groupes de mots en gras sont-ils sujets ?

Lenoir et Legris mangent comme des vaches. **Ils** ne font qu'un repas par jour. Leur tombe **une salade** ? Ensemble, **les lapins** se mettent après. **Ils** s'évertuent, hochent la tête. Et trottent **leurs oreilles**.

Jules Renard, *Histoires naturelles*.

★ ❼ Souligne les verbes. Entoure les sujets.

Le hêtre, le bouleau, le châtaignier perdent leurs feuilles en automne. Les conifères restent verts. Ils gardent leurs aiguilles. En hiver, sous la neige, se brisent quelques branches. Dans l'arbre creux, hibernent le loir, le mulot et l'écureuil.

★ ❽ Indique la nature grammaticale des sujets.

1. La Loire est le plus long fleuve français.
2. Tricher n'est pas jouer.
3. Lison et moi apprenons une chanson.
4. Sur la table se trouvent un livre, une trousse et une ardoise.
5. À quelle heure viendrez-vous ?

★ ❾ Dans chaque série, remplace le sujet de la deuxième phrase par un pronom.

1. Le Système Solaire comptait neuf planètes. Le Système Solaire n'en compte plus que huit.
2. Pluton était trop petite. Pluton a été classée dans la catégorie des planètes naines.

★ ❿ Relève les verbes avec leurs sujets. Écris la nature grammaticale de chaque sujet.

Dans un vieux chêne cohabitent des oiseaux bavards. S'engage une discussion.
« Je couve mes œufs, roucoule la tourterelle.
– Cette tourterelle m'agace, jacasse la vieille pie. Dès qu'elle quitte son nid, je fonce sur ses œufs.
– Et moi, chante le coucou, je vais pondre dans ce nid douillet. La tourterelle couvera mes œufs sans se méfier. Pondre chez les autres est un plaisir.
– Pourvu que nous trouvions des chenilles, pépient le pinson et la mésange. »

★ ⓫ Complète les phrases par des sujets de la nature grammaticale indiquée.

1. … *(GN)* sont de plus en plus peuplées.
2. Que pensez-… *(pronom)* de la pollution ?
3. Quelles sont … *(GN)* à respecter dans la classe ?
4. … *(nom propre + nom propre)* ont trié le plastique et les papiers.
5. … *(infinitif)* est un devoir.

J'écris Écris des phrases ayant pour sujet :
Ninon et moi – Karim – Hans et toi – Lui et vous – Elles et moi.

15

Grammaire AUTOUR DU VERBE

Le complément d'objet direct (COD)

1. Les enfants ramassent <u>des châtaignes</u>.
2. Ils enlèvent <u>les bogues piquantes</u>.
3. Ils remplissent <u>leur panier</u>.
4. Ce soir, on grillera <u>ces belles châtaignes brunes et luisantes</u>.
5. On <u>les</u> entaillera puis on <u>les</u> mettra au four.
6. On invitera <u>Emma</u> car on <u>l'</u>aime bien.
★ 7. Grand-mère aime <u>manger</u>.
★ 8. Elle dit <u>qu'il faut profiter des bons moments de la vie</u>.

1. Essaie de supprimer les mots ou groupes de mots soulignés. Peux-tu les déplacer ? Où sont-ils situés par rapport au verbe ?
2. Appuie-toi sur le titre : quelle est la fonction des mots et groupes de mots soulignés ? Quelles questions poses-tu pour les trouver ?
3. Classe les **compléments d'objet direct** (COD) dans le tableau selon leur **nature grammaticale**.

Comment reconnaît-on le complément d'objet du verbe (COD) ?

	Nom propre	GN plus ou moins étendu	Pronom	★ Verbe à l'infinitif	★ Proposition
Phrase 1	…	…	…	…	…

Est-ce que je sais faire ?

Entoure les verbes. Souligne les sujets en bleu et les COD en vert.

1. Un comte, un docteur et le jeune Jim ont trouvé une mystérieuse carte. Ils y voient « une île au trésor ». Les hommes achètent une goélette. Ils engagent un équipage et ils quittent l'Angleterre. Hélas, le comte a embauché des pirates redoutables. Leur capitaine a caché un trésor sur l'île. Tous veulent le récupérer. Le cuisinier Silver connaît le projet des maîtres du bateau. Il le révèle aux pirates.

★ 2. Les bandits vont ruser lorsqu'on jettera l'ancre. Jim découvre que les pirates complotent. Il prévient ses maîtres aussitôt. Mais Silver ignore que le trésor a disparu. D'autres l'ont déjà trouvé. Jim a adoré voyager.

Je construis la règle

MÉMO P. 7

– Le COD complète le … . Le COD est souvent un …, un …, un … . Il est nécessaire au sens.

– Le pronom COD est placé … le verbe.

★ – Parfois le COD est un verbe à l'infinitif ou une … qui commence par *que*.
Elle aime <u>jouer</u>. Tu penses <u>que tu vas gagner</u>.
          COD   COD

LES MOTS CLÉS

- Un complément d'objet direct (COD)
- Un complément essentiel non déplaçable
- Une classe (ou une nature) grammaticale

Je m'entraîne

À faire tout seul sur mon cahier 3 · 8   Corrigés p. 166

1 Trace une croix sous les verbes. Souligne les sujets en bleu, les COD en vert.

1. Le hérisson mange une limace.
2. L'écureuil gonfle sa belle queue.
3. Le mulot fait des provisions pour l'hiver.
4. Le lièvre cherche un gîte dans les prés.

2 Trouve un COD pour chaque verbe.

1. Hans écrit ... .
2. Lisbeth achète ... .
3. Aziz prépare ... .
4. Luisa et Ruiz nettoient ... .

3 Indique la nature grammaticale des COD soulignés (NP, GN, Pronom).

1. Le marin observe <u>les vents</u>.
2. Il <u>les</u> suit pour naviguer.
3. L'écume lave <u>la coque</u>.
4. Les vagues <u>la</u> bousculent.
5. Le marin <u>les</u> affronte.

4 Complète par un pronom personnel COD correspondant aux GN soulignés. Choisis entre : *le, la, l', les.*

1. Les hommes préhistoriques ne savaient pas faire <u>le feu</u>. Ils ... entretenaient jour et nuit. Ils cassaient <u>des branches sèches</u>. Et ils ... déposaient sur la braise.
2. Quelques milliers d'années plus tard, ils ont su faire <u>le feu</u>. Ils ... obtenaient en frottant deux pierres l'une contre l'autre au-dessus d'<u>herbes mortes</u>. Ils ... enflammaient et <u>le feu</u> prenait. Il suffisait alors de ... nourrir. On y cuisait <u>la viande</u> et on ... mangeait bien chaude.

★ **5** Entoure les verbes et souligne les COD qui les complètent.

Au XIXe siècle, des chercheurs ont exploré les sciences.
1820 : André Marie Ampère a découvert le fonctionnement des courants électriques.
1860 : Louis Pasteur a démontré le rôle des microbes dans la propagation de certaines maladies.
1876 : l'Américain Bell a inventé le téléphone. On a alors relié, par un réseau de lignes, différents points de la planète.

★ **6** Dans la deuxième phrase de chaque série, remplace le GN COD par un pronom personnel.

1. Hercule avait douze travaux à accomplir.
   Il exécuta ces douze travaux.
2. Il coupa les sept têtes de l'hydre cruelle.
   Il empêcha les têtes de repousser.

★ **7** Remplace les verbes à l'infinitif COD par un GN.

1. Mathis déteste écrire.
2. Élodie adore lire.
3. Kenza aime dessiner.

★ **8** Remplace chaque proposition COD par un GN de même sens.

1. Le public attend que l'on distribue les places.
2. Les joueurs observent que le stade est grand.

★ **9** Indique la fonction des groupes soulignés.

1. À l'automne, les arbres allument <u>des incendies</u>.
2. À l'automne, dans les arbres, s'allument <u>des incendies</u>.

J'écris Lis la comptine en P.
Cherche les COD. Invente une comptine à la manière de J. Hoestland à partir d'une autre lettre de l'alphabet.

Comptines en forme d'alphabet,
Jo Hoestlandt,
© Éditions Actes Sud, 1998.

Qu'est-ce qu'on n'emportera pas
au paradis ?
On n'emportera pas la pauvreté,
Ni les pleurs, ni les peines,
Ni les problèmes.[...]

Alors qu'emportera-t-on au paradis ?
Un peu de pluie,
Juste un peu de pluie
Pour la poésie.

Grammaire AUTOUR DU VERBE

Le complément d'objet indirect (COI)

1. On assiste **à** de fréquentes rencontres de renards.
2. Ils se rapprochent **des** villes.
3. La campagne ne leur suffit plus.
4. Vous souvenez-vous **de** Renard dans les fables ? Que savez-vous **de** lui ?
5. La ville offre ses déchets **à** ces carnivores.
6. Désormais, il refuse **de** jeûner.
* 7. Ils s'intéressent **aux** poubelles du boucher.

1. Essaie de supprimer les mots et groupes de mots soulignés. Peux-tu les déplacer ? Où sont-ils situés par rapport au verbe ? Relève les mots qui relient certains **compléments d'objet indirect** (COI) au verbe. Ce sont des **prépositions**.
2. Phrases 3 et 4 : qui désignent *lui* et *leur* ?
3. Observe la phrase 5. Analyse-la. Quelle est la fonction de *ses déchets* ? On dit que *ces carnivores* est un **complément d'objet second** (COS).
4. Classe les COI selon leur nature grammaticale.

	Nom propre	GN plus ou moins étendu	Pronom	Verbe à l'Infinitif
Phrase 1	...	...	...	...

Quelles différences y a-t-il entre un COD et un COI ?

Est-ce que je sais faire ?

1 Souligne les COI. Entoure la préposition lorsqu'elle existe.

Vercingétorix, le chef gaulois, réfléchit au combat contre les Romains. Les soldats obéissent à Vercingétorix. Ils parlent de leur chef avec respect. Ce jeune roi se dévoue à son peuple, à la liberté de la Gaule.
Il offre une victoire aux Gaulois. Pourtant, il sait que les légions romaines vont se reprendre. Vercingétorix cherche à gagner du temps.

* **2** Fais varier les COI en genre puis en nombre.
Entoure les prépositions qui s'unissent avec un article.
1. Lison pense à la princesse.
2. Le marchand s'occupe de la cliente.

Je construis la règle

MÉMO P.8

– Le complément d'objet indirect (COI) ... le verbe.
Si le COI est un GN, il est relié au verbe par une préposition.
Certains pronoms personnels sont COI. Ils sont alors placés ... le verbe.
– Lorsqu'un COI suit un ..., il est appelé complément d'objet ... .

LES MOTS CLÉS

- Un complément d'objet indirect (COI)
- Une préposition
- Un complément d'objet second (COS)

Je m'entraîne

À faire tout seul sur mon cahier
3 4 • 9 11 Corrigés p. 166

❶ Complète avec la préposition qui convient. Souligne les COI.

1. Le roi Henri IV pense ... son pays natal.
2. Il se souvient ... son enfance.
3. À Paris, il s'initie ... son métier de roi.
4. Il parle souvent ... sa ville de Pau.

❷ Relève le COI de chaque phrase.

1. Nasri s'occupe de ses hamsters.
2. Tom et Lison s'intéressent à un album.
3. Leila rit de sa maladresse.
4. Ivan rêve d'un match de basket.

❸ Indique la nature grammaticale des COI soulignés.

1. Les spectateurs profitent de ce concert.
2. Les musiciens leur proposent une reprise.
3. Un violoniste joue d'un instrument ancien.
4. Un artiste lui a offert ce violon précieux.

❹ Ne recopie que les phrases comportant un COD et un COS. Écris la fonction sous chaque groupe.

1. Un admirateur offre des fleurs à Mariama.
2. Les artistes se déplacent en tournée.
3. Ce comédien raconte *Barbe-Bleue* aux enfants.
4. La danseuse montre son talent au public.

❺ Remplace le COI souligné dans chaque série par un pronom personnel.

1. Le Petit Poucet parle à ses frères. Il dit à ses frères de ne pas s'inquiéter.
2. Les enfants arrivent chez la femme de l'ogre. Poucet demande à la femme qui elle est.
3. L'ogre s'adresse à sa femme. Il propose à sa femme de souper.

❻ Remplace chaque pronom souligné par un nom propre ou un GN.

1. Mamie leur offre des gâteaux.
2. Anna pense à elle.
3. Je lui parle.
4. Elle s'intéresse à eux.

★ **❼ Souligne le COI de chaque phrase.**

1. La souris se méfie du chat.
2. Le chat se détourne de sa pâtée.
3. La souris s'habitue à l'obscurité
4. La pâtée se compose de souris rôties.

★ **❽ Complète chaque phrase par un COD et un COS. Indique la fonction de chaque CO.**

1. Le détective a donné ... à ... .
2. Le suspect a fourni ... au ... .
3. Le policier accuse ... de ... .
4. La victime a adressé ... à ... .

★ **❾ Écris la nature grammaticale des COI soulignés.**

1. Angèle écrit à Mathis.
2. Tu parles de ton match de tennis.
3. Tu décides de revenir.
4. Paul donne un croûton à son cobaye.

★ **❿ Dans la deuxième phrase de chaque série, remplace le COI par un pronom.**

1. Il est conseillé d'obéir à Barbe-Bleue.
   Mais sa femme désobéit à Barbe-Bleue.
2. Le mari tend un piège à sa femme.
   En effet, il se méfie de sa femme.
3. La femme envoie un message à ses frères.
   Le message parvient à ses frères.
4. Elle guette les chevaliers par la fenêtre.
   Les chevaliers font signe à la dame.

★ **⓫ Indique la nature et la fonction grammaticales de chaque mot ou groupe de mots soulignés.**

Dans le tilleul, roucoulent des tourterelles.
Les tourterelles craignent les corbeaux. Ils leur font peur.
Elles veillent à leurs œufs.
Les corbeaux les volent dans le nid.

J'écris Emploie les verbes *donner, offrir, confier, distribuer, envoyer* dans des phrases. Utilise des COD et des COS.

19

Grammaire 6 — AUTOUR DU VERBE

L'attribut du sujet

1. Ce héros de BD <u>est</u> **un Gaulois**.
2. Très fort, il <u>a l'air d'</u>**un géant**.
3. En colère, il <u>devient</u> **redoutable**.
4. Son ami <u>semble</u> **petit** mais **astucieux**.
5. Leur chien <u>s'appelle</u> **Idéfix**.
6. Le soir, leur village fortifié <u>paraît</u> **joyeux** et **animé**.
7. Ces Gaulois <u>passent pour</u> **les derniers opposants aux Romains**.
8. Les personnages principaux <u>se nomment</u> **Astérix et Obélix**.

Dans les phrases 1, 5, 7 et 8, qui est désigné par l'attribut du sujet ? Et par le sujet ?

1. Essaie de déplacer ou de supprimer les mots ou groupes de mots en gras.
2. Récris la phrase 4 en parlant *d'une amie, de plusieurs amis, de plusieurs amies*. Récris la phrase 6 en parlant *d'une ville, de plusieurs villages, de plusieurs villes*. Quels accords dois-tu faire ? Comment s'accordent les adjectifs ?
3. Que peux-tu dire du lien de sens entre les sujets et les groupes de mots en gras ? Ces groupes sont **attributs du sujet**.
Le verbe qui précède un attribut du sujet est un **verbe d'état** (*être, paraître, demeurer, devenir, rester, sembler, avoir l'air de, passer pour, s'appeler, se nommer…*).
4. Essaie de classer les groupes attributs du sujet selon leur nature grammaticale.

Est-ce que je sais faire ?

Lis ces dictons populaires. Complète le tableau.

1. Si le soir des rois le temps est clair, l'été sera sec. (6 janvier)
2. Pour la Saint Aubin, coupe la queue à ton poulain. (1er mars)
3. En avril, l'âne change de poil.
4. À la Saint Michel, paie son salaire à ton valet. (29 septembre)
5. Lorsque la Lune décline, le sage devient gai ; quand elle est pleine, il devient agile ; quand elle est noire, il reste triste.

	Verbe	Complément du verbe		Attribut du sujet
		COD	COI ou COS	
Dicton n°1	…	…	…	…

Je construis la règle

L'attribut du … est indispensable au sens de la phrase. Il est précédé par un verbe d'… . Il s'accorde en … et en nombre avec le … .
Il ne faut pas confondre le COD et l'… du … .

LES MOTS CLÉS
- Un attribut du sujet
- Un verbe d'état

Je m'entraîne

À faire tout seul sur mon cahier
4 5 • 7 8   Corrigés p. 166

❶ Entoure chaque verbe d'état. Souligne le sujet en bleu et l'attribut du sujet en vert.

1. Le loup reste sauvage.
2. La lionne devient menaçante.
3. Le chat est carnivore.
4. Le renard paraît rusé.
5. Le poussin semble fragile.

❷ Ajoute un adjectif attribut du sujet.

1. Le ciel paraît ... .
2. Les nuages deviennent ... .
3. Cet hiver passe pour ... .
4. La fête de décembre s'appelle ... .
5. Les flocons sont ... et ... .

❸ Remplace *être* par d'autres verbes d'état.

1. Le mont Blanc est très élevé.
2. Les alpinistes sont confiants.
3. Ils sont de grands spécialistes.
4. Le plus haut sommet du monde est l'Everest.

❹ Complète le texte avec les adjectifs attributs proposés. Aide-toi des accords.

Cet été, lorsque les nuages devenaient ...,
les hirondelles restaient presque ... au sol.
Dès que les cieux étaient ..., elles avaient l'air ...
tant elles volaient haut !

menaçants – dégagés – absentes – collées

❺ Récris les phrases avec les sujets proposés. Fais les accords.

1. La taupe devient grosse et lourde.
   le mulot – les ours – les marmottes
2. Le cerf reste élancé et élégant.
   la girafe – les chevaux – les grues

★ ❻ Indique la nature grammaticale des attributs du sujet (GN, nom propre, adjectif).

1. Le Soleil est <u>une boule de feu</u>.
2. Cette planète se nomme <u>Mars</u>.
3. La Lune reste <u>accessible</u> à l'homme.
4. Pour l'homme, Vénus semble trop <u>froide</u> et trop <u>chaude</u>.

★ ❼ a. Entoure chaque verbe d'état. Souligne le sujet en bleu et l'attribut du sujet en vert.

1. La caravelle semble perdue.
2. Les caravelles de Christophe Colomb se nomment la Ninã, la Pinta, la Santa Maria.
3. Ces marins passent pour des aventuriers.
4. Cet explorateur se nomme Magellan.
5. Il est « l'homme du tour du monde ».

b. Indique la nature grammaticale de chaque attribut du sujet (GN, nom propre, adjectif).

★ ❽ Souligne les groupes attributs du sujet.

Comment devenir pirate est un livre de Cressida Cowell. Harold Horrib' Haddock III est un petit Viking débutant. Il paraît fragile. Mais après avoir suivi les cours de Tronche Le Burp, il devient la terreur des mers. Si tu es amateur d'aventures loufoques, tu seras comblé.
À dévorer d'urgence.

C. Cowell, *Comment devenir pirate*, © Casterman.

À DEUX
★ ❾ Lisez le poème. Relevez les attributs du sujet.

L'ACROBATE

L'Acrobate est une espèce
D'écureuil marsupial
Ses deux couleurs principales
Qui sont le noir et le blanc
Sont nettement séparées
Vous voyez l'Acrobate
Avec ses petites pattes
Ses yeux sont bordés
　　de noir
Le blanc de ses yeux
　　est blanc
Ses oreilles sont noires devant
Mais sont blanches vers l'arrière
Voyez voyez l'acrobate
Noire et blanche est sa cravate

J. Roubaud, *Les Animaux de personne*,
Éd. Seghers.

J'écris Fais le portrait d'un animal. Utilise des verbes d'état.
Essaie de respecter la structure du poème de l'exercice 9.

21

Grammaire 7 — AUTOUR DU VERBE

Les compléments circonstanciels

- en Afrique
- passe
- un groupe de lions
- en silence
- la nuit
- lorsque les étoiles brillent
- sous un gros baobab

À DEUX

1. Reconstituez la phrase. Ajoutez la ponctuation.
Soulignez le verbe, encadrez le sujet.
Comparez votre phrase avec celles d'autres équipes.
– Quels mots ou groupes de mots sont dans le même ordre ?
Quelles sont leur nature et leur fonction ?
– Que pouvez-vous faire avec les autres groupes ?
Ce sont des **compléments circonstanciels (CC)**.
Que se passe-t-il si on les change de place ? Et si on les supprime ?
Expliquez le rôle des virgules.

2. À quelles questions répondent les CC ? Ils expriment le lieu, le temps, la manière.

3. Indique la nature des CC.

★ **4.** Observe ces phrases : *La lionne va dans la savane.*
Dans la savane, la lionne chasse les gazelles.
Essaie de déplacer le complément *dans la savane*.
Dans quelle phrase ce groupe est-il indispensable au sens ?

COLLECTIF

Est-ce que je sais faire ?

1 Entoure les verbes. Souligne les CO en bleu, les CC en rose.
Sous chaque CC, indique s'il exprime le lieu, le temps ou la manière.

> En l'an 1270, le roi Louis IX entreprend un long voyage vers le Moyen-Orient. À bord de navires, sous le ciel bleu de Provence, roi, reine, princes, courtisans prennent la mer à Aigues-Mortes. Depuis des mois, dans une ville bouleversée, à l'aide de chariots en bois, des hommes chargent les navires de provisions, de coffres de vêtements, d'armes. Finalement, un matin de printemps, quatre vaisseaux quittent le port avec leurs voiles gonflées par le vent.

★ **2** Souligne en bleu les CC déplaçables, en rose les compléments non déplaçables.
1. Le match a lieu à Paris. J'ai vu un beau match à Paris.
2. L'explorateur se rendra au Pôle Nord. On a froid au Pôle Nord.

Je construis la règle

MÉMO P.10

Les verbes peuvent être complétés par des CO et par des compléments …. . Ces …… …… sont souvent …… ou supprimables.
Mais il faut veiller au …… de la phrase.
★ Placés en …… de phrase, ils sont mis en …… . On les ponctue par des …… .

LES MOTS CLÉS

- Un complément circonstanciel :
  – de lieu (où ?)
  – de temps (quand ?)
  – de manière (comment ?)

Je m'entraîne

À faire tout seul sur mon cahier
4 5 • 7 8   Corrigés p. 167

1 Relève les CC. Indique le type de précision qu'ils apportent.

1. En mars, les pies bâtissent un nid.
2. Elles le construisent très vite.
3. Les nids sont installés en haut des arbres.
4. Début avril, la femelle pond trois ou quatre œufs.

2 Classe les GN dans le tableau.

pendant l'année – dans la forêt – avec adresse – sans bruit – tous les matins – sur le toit – depuis ce jour – il y a cent ans – près du puits

CCL	CCT	CCM
...	...	...

3 Complète les phrases avec les CC demandés.

1. *(Temps)*, on attend un cirque *(lieu)*.
2. *(Manière)*, le chapiteau s'installe *(temps)*.
3. *(Manière)*, *(lieu)*, des acrobates font leur numéro.
4. *(Temps)*, le cirque part *(manière)*.

4 Souligne les CC. Indique entre parenthèses quelle précision ils apportent.

> Les Tchouktches élèvent des rennes dans la toundra russe. Depuis quelques années, le climat change rapidement. Chaque hiver, les rennes mangent moins. Sur le sol, les lichens disparaissent. Au printemps, les rennes migrent vers le Nord. Avec angoisse, les tribus voient peu à peu les rennes disparaître.

5 Indique la nature grammaticale des CC en gras (GN, préposition + GN, adverbe). Consulte ton Mémo p. 10.

1. **Ce soir**, Elie n'a pas sommeil.
2. Il regarde **vers le ciel**.
3. **Hier**, il a cru voir Galilée.
4. **Au XVIᵉ siècle**, Galilée a exploré les étoiles.
5. **Rapidement**, Elie consulte Internet.

★ **6** a. Écris une réponse pour chaque question.

1. Où vois-tu des vaches ?
2. Quand as-tu lu ton dernier roman ?
3. Comment recopies-tu tes exercices ?
4. De quelle façon faut-il apprendre une leçon ?
5. Combien de temps dors-tu chaque nuit ?

b. Indique pour chaque réponse quel type de CC tu as employé.

★ **7** a. Supprime les CC. Récris les phrases. Indique le sujet, le verbe, le CO.

1. Cette année-là, les sangliers dévastèrent les champs dans le Massif Central.
2. À Paris, cette année, en octobre, le salon de l'auto a reçu des milliers de visiteurs.

b. Récris la phrase 2 de deux manières différentes.

★ **8** Indique la nature et la fonction des CC soulignés.

1. Les chats rentrent <u>lorsqu'il pleut</u>.
2. Ils s'enroulent <u>délicatement</u> <u>dans leur panière</u>.
3. Ils se lavent <u>chaque jour</u> <u>avec leur langue</u>.

★ **9** Souligne en bleu les COD, en rose les CC.

1. La comédienne joue toute la soirée.
2. La comédienne joue sa pièce préférée.
3. Le chauffeur conduit le bus.
4. Le chauffeur conduit le jour.
5. Le chauffeur conduit avec prudence.

★ **10** Analyse chaque phrase.

Ex. : <u>La Fontaine</u> | imagine | <u>ses fables</u> <u>dans la forêt</u>.
      S   V   COD   CCL

1. Charles Perrault invente ses contes au 17ᵉ siècle dans son hôtel parisien.
2. Lorsque Victor Hugo écrit *Les Misérables*, les Français félicitent l'auteur sans réserve.
3. Rimbaud publie avec succès, dans les années 1870, de superbes recueils de poésies.

J'écris Écris un début de récit policier en utilisant les CC proposés. Mets en scène un suspect et un détective.

dans la rue sombre – depuis la tombée de la nuit – avec flair – sur les pavés mouillés – pour s'échapper – jusqu'à l'aube

Grammaire 8 — AUTOUR DU NOM

Le nom propre et le nom commun

Jusqu'au XVᵉ siècle, les Indiens sont inconnus des Européens. Leurs nombreuses tribus occupent d'immenses territoires où vivent des bisons. À partir de 1492, Christophe Colomb découvre les îles des Antilles. Plus tard, il aborde un nouveau continent.
Ce continent s'appellera l'Amérique. Les Indiens : Sioux, Comanches, Navarro… perdront leur liberté et souvent leur vie.
Les « Blancs » sont sans pitié.

1. Repère les GN. Analyse leur composition.
2. Comment reconnais-tu les **noms propres** ?
Quels noms désignent un même lieu ?
Quels sont ceux qui permettent de l'identifier ?
Tous les noms propres acceptent-ils un déterminant ?
3. Quels renseignements donnent les déterminants sur les **noms communs** ?
4. Écris les GN (D + N) du texte dans le tableau. Trouves-en d'autres.
5. Comment peux-tu savoir si *vivent, survivant, vie, rames* sont des noms ou des verbes ?

	NOMS	
animés	inanimés	
	concrets	abstraits
…	…	…

 Est-ce que je sais faire ?

Souligne les GN. Classe-les en trois colonnes :
– déterminant + nom commun ;
– déterminant + nom propre ;
– nom propre sans déterminant.

Chez les Esquimaux de la tribu du Kokjuak, dans la presqu'île de Baffin, c'est la famine. Les hommes sont trop vieux pour chasser. Et les caribous ne sont pas passés dans la région depuis deux saisons. Seul, le jeune garçon Paulusie peut sauver sa famille. Il va partir vers le Nunavut, un territoire lointain.
Dans cette région, il se rendra chez ses cousins, les Adlat. Ils aideront l'adolescent courageux. Avec les armes de son père : l'arc, les flèches, le couteau, il apprendra la chasse.
Les Esquimaux du Grand Nord ne vivent qu'avec les produits fournis par le caribou : la viande, la peau, les os, les sabots, la graisse… Depuis que les explorateurs Jacques Cartier et Martin Frobisher sont arrivés, la vie a changé dans le Grand Nord canadien.

 Je construis la règle

MÉMO P.12

– Un nom est le plus souvent précédé d'un … .
– Les noms … commencent par une minuscule et les noms propres par une … . Les noms propres n'acceptent pas toujours un … .

LES MOTS CLÉS
- Un déterminant
- Un nom commun
- Un nom propre
- Le genre
- Le nombre

Je m'entraîne

1 a. Classe les noms dans le tableau.

Charlemagne – l'école – un palais – l'Europe – Clovis – les Gaulois – des guerriers – quelques Romains – Lutèce – une victoire – ce bouclier – leurs casques

Nom commun	Nom propre
...	...

b. Entoure les noms propres précédés d'un déterminant.

2 Relie par une flèche le nom commun au nom propre qui lui donne une identité.

1. Le commissaire Maigret
2. Gilou Serin, un bon détective
3. Cornin Bouchon, c'est notre voisin.
4. La ville de Sans-Regard

3 Cherche un nom commun pour désigner chaque nom propre.

1. Versailles, un ...
2. Louis XIV, un ...
3. Molière, un ...
4. La Fontaine, un ...
5. Richelieu, un ...
6. Paris, une ...

4 Souligne en vert le nom propre et en bleu le nom commun.

1. Le Petit Poucet est un garçon rusé.
2. La princesse se nomme Blanche-Neige.
3. Barbe-Bleue est un homme cruel.
4. C'est un nain qu'on appelle Grincheux.
5. Voici la Bête, un prince ensorcelé.

5 Classe les noms communs en trois colonnes :
– animés ;
– inanimés concrets ;
– inanimés abstraits.

1. le lièvre – les blés – la peur – le chasseur – un coquelicot – la patience – un perdreau – des plumes – la panique – le laboureur
2. un élève – un cahier – la trousse – la sagesse – un surveillant – l'attention – le tableau – les parents – une poésie – l'amitié

6 Classe en deux colonnes les noms communs et les noms propres. Entoure les déterminants.

Marseille-Madagascar, vingt et un jours sur un splendide paquebot, le *Maréchal Joffre*, quelle aventure pour Anna ! Elle va découvrir la vie sur ce palace flottant, explorer coursives, ponts et salles des machines avant de percer les mystères cachés du bateau, car un passager clandestin est du voyage.

C. Missonnier, *Mystère à bord*, coll. Cascade © Rageot.

7 Relie chaque nom commun au nom propre qui lui donne une identité.

1. Jacques Cartier, un explorateur français, a découvert le fleuve canadien Saint-Laurent.
2. Les Esquimaux, ou « mangeurs de viande crue », sont désormais appelés les Inuits.
3. La divinité Naarsuq était le dieu du climat et Nuliajuq la déesse de la mer.

8 Dans chaque série, relève la phrase dans laquelle le mot en gras est un nom. Quelle est la nature grammaticale des autres mots en gras ?

1. a. Je **signe** la lettre que j'ai écrite.
   b. Les corbeaux font **signe** à la fillette.
2. a. Tu **chiffres** les dégâts à combien d'euros ?
   b. Nous utilisons les **chiffres** arabes.
3. a. Les **souris** grignotent du pain sec.
   b. Tu **souris** à ton camarade.

J'écris Imagine des titres pour cet extrait de nouvelle. Ils doivent comporter un nom commun et/ou un nom propre.

Récris le texte d'une façon qui rendrait robert gai.

> robert durand était un garçon triste. il habitait dans la triste rue jean moulin.
> il fréquentait la triste école victor hugo, et ses copains – georges, henri, sylvie et laurence – étaient tristes eux aussi. […] il n'y avait pas que lui, ses parents et ses amis qui étaient tristes. tout le monde l'était. ils vivaient dans un pays triste où tous les mots devaient être écrits avec la minuscule. personne n'avait le droit d'utiliser la majuscule. […]
>
> *Nouvelles d'aujourd'hui*, Marcello Argilli, © Castor Poche, Éd. Flammarion, 1990.

25

Grammaire 9 — AUTOUR DU NOM

Les déterminants (1) : les articles

La BD est un genre ancien qui a beaucoup évolué.

1 J'ai acheté <u>une</u> BD, c'est <u>la</u> BD en vogue. Papa m'a dit qu'il avait <u>des</u> BD anciennes de <u>cette</u> série.

2 De <u>quelle</u> BD parles-tu ? Dis-moi <u>le</u> titre.

3 C'est l'histoire <u>du</u> cow-boy Lucky Luke. On le reconnaît à <u>la</u> rapidité de son tir, <u>au</u> cheval, <u>au</u> chien, <u>aux</u> bandits les Dalton.

4 Pendant <u>plusieurs</u> années, <u>aucun</u> album n'est paru avec <u>ces</u> personnages.

1. Essaie de remplacer les **déterminants** soulignés par d'autres déterminants. Écris les GN obtenus.

2. Relève les articles. Quelle différence fais-tu entre *une* BD et *la* BD ? Pourquoi classe-t-on *le, la, l', les* dans les **articles définis** ? Et *un, une, des* dans les **articles indéfinis** ? Quand écrit-on *l'* ?

3. Quelle différence fais-tu entre : *la BD en vogue* et *la BD est un genre ancien* ?

★ 4. Dans la bulle 3, remplace *cow-boy, rapidité, cheval, chien, bandits* par des noms de genre et de nombre différents. Écris les GN que tu obtiens. Fais des remarques sur la formation des **articles contractés** et leur orthographe.

5. Quelles informations les articles donnent-ils sur les noms ?

Est-ce que je sais faire ?

Entoure les articles. Classe-les dans le tableau selon les indications qu'ils donnent sur le genre et le nombre des noms.

Les mammouths vivaient dans les forêts préhistoriques. Le climat était froid. Les hommes savaient faire du feu. Ils s'organisaient pour chasser l'énorme gibier que représentait le mammouth. Ils épointaient des branches droites.
Ils les passaient au feu. Le bout durcissait. Puis ils creusaient des fosses profondes. Des broussailles couvraient les fosses. En groupe, les hommes rabattaient un mammouth vers une fosse. Parfois, le mastodonte tombait dans le piège. Alors, les hommes se servaient des pieux pour tuer l'animal. Il fallait un long moment pour extraire la lourde masse de la fosse. Les chasseurs, heureux, dansaient et criaient des remerciements aux dieux.

	Masculin	Féminin
Singulier	...	...
Pluriel	...	...

Je construis la règle

MÉMO P.14

Dans la ... des déterminants, il existe ... catégories.
L'... change de forme selon qu'il accompagne un nom masculin ou ..., singulier ou ... .
Dans certains GN, seul l'... indique le nombre (*une souris* → *des souris*).

LES MOTS CLÉS
- Un déterminant
- Un article défini
- Un article indéfini
- Un article contracté ★ : *du* (de + le, de + l'), *des* *au* (à + le, à + l'), *aux*

26

Je m'entraîne

1 Complète les GN avec *le, la, l'*. Écris le genre de chaque GN.

... bus – ... avion – ... voiture – ... hélicoptère – ... camionnette – ... arrivée – ... aéroport – ... hélice – ... moteur – ... carrosserie

2 Relève les articles. Indique leur catégorie.

1. Une fleur s'épanouit dans le vase bleu.
2. La fleuriste vend des roses et du lilas.
3. L'iris fleurit au printemps.
4. En automne rougissent les dahlias, les chrysanthèmes, une branche de houx.

3 Complète avec les articles *un* ou *une*. Écris tous les GN possibles.

... artiste   ... grand-père   ... reine
... élève   ... pianiste   ... client
... Marocain   ... acrobate   ... marchande
... femme   ... Lyonnaise   ... chanteuse

4 Complète les GN.

1. J'achète ... confiture, ... jambon, ... pâtes, ... eau gazeuse, ... biscottes.
2. Tu joues ... tennis, puis tu vas ... vestiaire et tu prends ... douche.

5 Écris *le* ou *la* selon le sens du nom.

1. Le vent gonfle ... voile du bateau.
2. Le héron marche dans ... vase du marécage.
3. Joan a cassé ... vase en cristal.
4. Les champignons poussent dans ... mousse.
5. L'apprenti marin s'appelle ... mousse.

6 Lis le texte. Ajoute les articles qui conviennent.

Un jour, ... âne trop vieux fut chassé par son maître. Il prit la route de Brême. En chemin, il rencontra ... chien qui ne pouvait plus chasser. ... âne et ... chien marchèrent ensemble. Ils aperçurent ... chat tout maigre car il ne pouvait plus attraper ... souris. Plus loin, ce fut ... coq qu'... méchante fermière avait battu. ... âne, ... chien, ... chat et ... coq allèrent vers Brême, ... ville ... musiciens. Là, ils espéraient se faire ... nouvelle vie.

★ 7 Relève les articles. Écris la catégorie à laquelle ils appartiennent.

1. Lenny prépare les ballons pour un jeu.
2. Isa trace un terrain à la craie dans la cour.
3. Carlos place les équipes aux coins du terrain.
4. Kim va chercher du papier et un crayon.
5. Sam a un genou dans le plâtre ; il sera l'arbitre.

★ 8 Complète avec des articles correspondant au sens du texte. Entoure ceux qui désignent quelque chose d'unique.

> ... Soleil est tellement puissant et chaud qu'il entraîne autour de lui ... millions de roches, ... poussières, ... gaz. ... planètes tournant autour ... Soleil, forment ... Système Solaire. ... Lune tourne autour de ... Terre. Elle n'est pas ... satellite ... Soleil.

★ 9 Récris le texte en ajoutant des articles définis ou indéfinis. Tu as parfois deux solutions.

Un jour, pauvre se disputa avec riche. ton monta et, sans plus de préambules, riche gifla pauvre. Celui-ci qui ne comptait pas se laisser faire porta affaire devant juge. juge écarta deux plaignants et décida que homme riche donnerait en dédommagement à homme pauvre bol de riz.

Les Philo-fables de Michel Piquemal,
avec l'aimable autorisation des Éditions Albin Michel.

★ 10 Entoure *le, la, les, l'* en bleu lorsqu'ils sont articles et en jaune lorsqu'ils sont pronoms personnels COD.

1. Lorsque le futur roi Henri IV naît à Pau, son père, le roi de Navarre, le baptise avec le vin du pays : le Jurançon. À cinq ans, il l'envoie chez la famille de Courazze à qui il le confie pour l'endurcir.

2. La famille est prévenue : « Habillez-le comme les enfants du pays, nourrissez-le avec le pain, le bœuf, le fromage, l'ail de la ferme. » Quarante ans plus tard, Henri de Navarre devient le roi de France. Les Parisiens l'accueillent. Le roi les salue avec le panache blanc de son chapeau.

J'écris Écris ce que tu fais en rentrant de l'école. Emploie des articles de différentes catégories. ★ Pense aux articles contractés.

Grammaire 10 — AUTOUR DU NOM

Les déterminants (2) :
possessifs, démonstratifs, interrogatifs, exclamatifs

> Par temps clair, la nuit, nous pouvons voir des milliers d'étoiles.
> 1. Toutes les étoiles que nous voyons font partie de notre galaxie.
> 2. Cette galaxie est la Voie lactée. Son nom vient de sa couleur blanchâtre.
> 3. Dans cet immense arc étoilé, chaque groupe d'étoiles est une constellation. La Grande Ourse compte sept étoiles.
> 4. Quelles autres galaxies existent dans l'Univers ?
> 5. Quels vastes espaces à explorer !

1. Lignes 1 et 2 : pourquoi peut-on dire *notre* galaxie, *son* nom, *sa* couleur ?
Remplace les noms par d'autres noms de genre et de nombre différents.
Écris les GN obtenus. Fais des remarques sur les **déterminants possessifs**.

2. Lignes 2 et 3 : pourquoi peut-on dire *cette* galaxie ? *cet* immense arc ?
Remplace les noms par d'autres noms de genre et de nombre différents.
Écris les GN obtenus. Justifie l'emploi de *cet*. Fais des remarques sur les **déterminants démonstratifs**.

3. Lignes 4 et 5 : quel est le type de ces phrases ? Comment nomme-t-on les déterminants *quelles* et *quels* ? Varient-ils en genre et en nombre ?

Est-ce que je sais faire ?

Classe tous les déterminants que tu as observés dans un tableau.
Écris leurs catégories en tête de colonne : déterminants possessifs, déterminants démonstratifs…

Je construis la règle

MÉMO P. 14 à 16

– Les … possessifs et … permettent de suivre quelqu'un ou quelque chose dont on a déjà parlé. Ils varient en … et en … selon le nom qu'ils accompagnent.
Les déterminants possessifs … aussi selon la personne.

– Les déterminants … et exclamatifs varient en … et en … avec le nom.

LES MOTS CLÉS

- Un déterminant :
  – possessif
  – démonstratif
  – interrogatif ou exclamatif

Je m'entraîne

À faire tout seul sur mon cahier
4 6 • 7 8   Corrigés p. 167

❶ Indique la catégorie des déterminants soulignés.

1. <u>Ces</u> perroquets sont bavards.
2. <u>Quel</u> âge a <u>ton</u> chien ?
3. <u>Ma</u> chatte allaite <u>ses</u> chatons.
4. <u>Cet</u> oiseau, <u>quel</u> beau plumage !

❷ Ajoute un déterminant démonstratif.

1. Comme ... montagnes sont hautes !
2. ... alpiniste fait une ascension.
3. Avez-vous vu ... glacier bleu ?
4. Je trouve ... région très belle.
5. Connais-tu le nom de ... sommets ?

❸ Fais varier les déterminants possessifs.

en genre   mon chandail → ... veste ;
ton pantalon → ... capuche

en nombre   mon anorak → ... gants ;
ma doudoune → ... bottes

en personne   mon cahier → ton cahier → ... cahier
mon stylo → ... stylo → ... stylo → ... stylo
mes crayons → ... crayons → ... crayons → ... crayons
notre classe → ... classe → ... classe → ... classe

❹ Choisis entre *sa* ou *son* pour accompagner les noms féminins.

... illustration – ... héroïne – ... couverture –
... aventure – ... chambre – ... image

❺ Complète avec un déterminant interrogatif ou exclamatif. Fais les accords.

1. En ... année a eu lieu la Révolution française ?
2. ... bouleversements dans la vie des gens !
3. ... nouvelles lois ont été votées ?

❻ Indique la nature des déterminants.

<u>Ce</u> matin, Quentin a sorti <u>son</u> chien.
<u>Le</u> chien a apprécié <u>cette</u> promenade.
Mais <u>quelle</u> déception lorsqu'il a dû rentrer !

★ ❼ Complète ce texte avec des déterminants démonstratifs.

Il était une fois un éléphant aux longues et magnifiques défenses. ... éléphant était avisé et bienveillant. Autrefois ... sage animal était le roi de tous les éléphants d'Himalaya. Mais ses sujets ne cessaient de se disputer et un jour, il se lassa de toutes ... chamailleries. Il quitta ... endroit devenu désagréable et vécut en solitaire. Un matin, il entendit les gémissements désespérés d'un homme. Il avança pour porter secours à ... malheureux. Mais ... homme était sournois et cupide.

★ ❽ Complète avec des déterminants possessifs.

L'homme dit à l'éléphant :
« Donne-moi ... défenses. Je les vendrai pour soulager ... misère. »
L'éléphant au bon cœur accepta de se séparer de ... superbes défenses. Il avait le cœur lourd mais il se dit :
« J'ai bien fait de lui donner ... défenses. Chacun recueille le fruit de ... expérience. »

D'après un conte traditionnel d'Inde.

★ ❾ a. Lis le texte. Complète avec des déterminants démonstratifs ou possessifs.

Ulysse rentre chez lui, à Ithaque, déguisé en vieillard.

Ulysse retrouve Eumée, ... fidèle porcher. Mais Eumée ne reconnaît pas ... vieillard en haillons. Il raconte ... malheurs à Ulysse :
– ... vie est si triste ! Je pleure ... maître depuis vingt années. ... homme était fort et généreux, c'était un bon maître ! C'était ... roi.
– Ami, dis-moi, qui est ... maître dont tu me parles ? Peut-être puis-je te donner de ... nouvelles ? Rassemble ... souvenirs. J'ai beaucoup voyagé. J'ai peut-être rencontré ... grand roi.

D'après Homère, *L'Odyssée*.

b. Souligne les déterminants possessifs et démonstratifs en vert s'ils renvoient à Ulysse et en rouge s'ils renvoient à Eumée.

J'écris   Tu viens de recevoir le cadeau dont tu rêvais.
Raconte comment tu l'as découvert et ce que tu as ressenti.
Emploie des déterminants démonstratifs.
★ Emploie *tous*, *chaque*, *quelques* et des déterminants numéraux.

29

Grammaire 11 — AUTOUR DU NOM

L'adjectif qualificatif

Le *dormeur* du val

1 C'est un *trou* de verdure où chante une rivière,
Accrochant follement aux herbes des *haillons*
D'argent ; où le soleil, de la *montagne* fière,
Luit : c'est un petit *val* qui mousse de rayons.
5 Un *soldat* jeune, *bouche* ouverte, *tête* nue,
Et la nuque baignant dans le frais *cresson* bleu,
Dort ; il est étendu dans l'herbe, sous la nue,
Pâle, dans son *lit* vert où la lumière pleut. […]

Arthur Rimbaud, 1870.

1. Certains enrichissements des noms en italique sont soulignés. Classe-les selon leur nature : adjectif, complément de nom, proposition relative. Les enrichissements que tu as classés avec *fière* sont des **adjectifs qualificatifs**. Quel est leur rôle ?

2. Vers 3 à 6 : où sont placés les adjectifs par rapport aux noms qu'ils précisent ? Essaie de les déplacer. Dans ces vers, ils sont **épithètes** du nom.
Remplace les noms précisés par d'autres noms de genre et de nombre différents. Écris les GN obtenus. Explique comment les adjectifs s'accordent.

3. Quelle différence de sens fais-tu entre *un grand soldat* et *un soldat grand* ?

4. Observe le vers 7 : quelle est la nature de *étendre* lorsque tu conjugues ? Et ici ? Quelle est la fonction de *étendu* ? Remplace *il* par *elle*, *elles* et *ils* dans *il est étendu*.
* Transcris les phrases obtenues. Explique les accords.

5. Observe le vers 8 : quelle est la place de l'adjectif *pâle* ? Quelle ponctuation le met en relief ? On dit que cet adjectif est mis en apposition.

Est-ce que je sais faire ? (COLLECTIF)

a. Entoure les noms précisés par un adjectif qualificatif. Souligne les adjectifs. Trace une flèche allant du nom à l'adjectif pour indiquer les accords avec ces noms.

Au Ve siècle, des chefs bretons luttent pour éviter l'invasion brutale des Anglais et des Saxons qui sont cruels. Les Bretons intrépides sont pourtant vaincus. Un jeune guerrier promet que son pays restera libre. Le chevalier Arthur devient célèbre. On raconte alors qu'il rassemble ses hommes autour d'une pierre plate et ronde pour affirmer leur entente solide. Plus tard, on écrit les légendes des « Chevaliers de la table ronde ». La réalité historique paraît merveilleuse.

* **b.** Écris la deuxième phrase en mettant *intrépides* en apposition.

Je construis la règle

MÉMO P. 16

– L'… qualificatif … le nom.
– Placé avant ou … le nom, il est … de ce nom avec lequel il s'accorde en … et en nombre.
⚠ Placé après un verbe d'état, il est … du … .
* – Certains adjectifs peuvent être placés au début de la … et séparés du nom par une … . Ils sont alors mis en apposition.

LES MOTS CLÉS

- Un adjectif qualificatif
  – épithète du nom
  – attribut du sujet

30

Je m'entraîne

1 Entoure les noms. Souligne les adjectifs qui les qualifient.

1. L'énorme baleine bleue s'est échouée.
2. Des promeneurs matinaux l'ont trouvée sur la plage déserte.
3. Sa queue échancrée battait le sable sec.
4. Elle avait besoin d'eau fraîche pour garder sa peau humide.

2 Relève les GN comportant un ou plusieurs adjectifs. Indique les accords par une flèche.

> Ce long hiver convient aux oies cendrées. Leur plumage imperméable recouvre un fin duvet moelleux qui les protège de l'eau froide. Mais les étangs gelés empêchent ce gros oiseau de pêcher ses poissons habituels et de couper les fines herbes dont il se nourrit.

3 Écris pour chaque adjectif souligné s'il est épithète ou attribut.

1. Hélène est ravie de revoir sa jeune cousine.
2. Ma meilleure amie est marocaine.
3. Les yeux bleus de Laura semblent rieurs.

4 Récris chaque phrase en remplaçant chaque nom souligné par un autre nom de genre ou de nombre différent.

1. Ce gros chien noir paraît méchant.
2. Mon gentil chat est cruel avec les oiseaux.
3. Le petit âne gris reste caché.

5 Écris un GN correspondant à chaque composition.

1. D + N + adj. qual.
2. D + adj. qual. + N + adj. qual.
3. D + adj. qual. + adj. qual. + N

 Lis le début du poème de Jean Tardieu.

> **ÉPITHÈTES**
> Une source – corrompue
> Un secret – divulgué
> Une absence – pesante […]
> J. Tardieu in *Formeries*, © Éditions Gallimard.

Continue le poème en jouant avec les adjectifs.

6 Place les adjectifs qualificatifs au bon endroit.

1. Paris est une ville. (*grande, superbe*)
2. On y visite des monuments. (*anciens*)
3. Le musée du Louvre contient des œuvres. (*grand, magnifiques*)

7 Écris une phrase avec chaque GN.

1. a. un drôle de personnage – b. un personnage drôle
2. a. un petit rat – b. un rat petit
3. a. un savant curieux – b. un curieux savant

8 Mets les adjectifs en apposition. Ponctue les phrases.

1. Arlequin fatigué change de rôle.
2. Le Pierrot triste a perdu son amie Colombine.
3. Guignol énervé se dispute avec les gendarmes.

9 Souligne les adjectifs mis en apposition.

Malin, le renard s'invite chez la cigogne. Mais la cigogne, vigilante, prépare un repas très spécial. La soupe, claire et chaude, est servie dans un vase à col étroit. Renard se met à table. Surpris et vexé, il ne peut plonger son museau dans le vase.

10 a. Lis le texte. Place les adjectifs proposés. Aide-toi des accords.

> **Le Système Solaire**
> 1. L'… masse du Soleil entraîne dans son … mouvement huit planètes très …, des comètes …, de très … astéroïdes. Cet ensemble compose les corps … (céleste vient de ciel).
> 2. Certaines planètes ont une écorce plus ou moins …. L'intérieur se compose d'un noyau solide, liquide ou …. D'autres planètes sont plus … du Soleil (Jupiter, Saturne, Uranus…). Elles contiennent des gaz … ou ….

perpétuel – brûlants – énorme – connues – brillantes – nombreux – glacials – célestes – éloignées – gazeux – épaisse

b. Entoure les adjectifs épithètes en vert et les adjectifs attributs du sujet en bleu.

Grammaire AUTOUR DU NOM

Le genre et le nombre dans le GN

1
une perruche – mon perroquet – un âne – un Hollandais – leur invité – quel artiste ! – chaque voisin – ton chien – la savane – quelle menteuse ! – cet auditeur – un berger – une sœur

2
son pelage moelleux et roux – ce vieux coq fier et matinal – un renard vif, souple et rapide – le loup sot et surpris – son amour maternel

3
les vitraux colorés – quels longs cheveux épais ! – des bals costumés – des bijoux anciens – des jeux amicaux – des vieux chevaux – des prix fous

SÉRIE 1
1. Essaie de faire varier les noms en **genre**.
Classe-les en trois colonnes :
– les noms qui ont un genre unique (*une ville*) ;
– les noms qui peuvent avoir deux genres sans changer de forme (*un secrétaire* ➔ *une secrétaire*) ;
– les noms qui peuvent avoir deux genres en changeant plus ou moins de forme (*ce chat* ➔ *cette chatte*).
Ajoute d'autres noms à la liste. Repère des régularités, des irrégularités.

2. Fais des remarques à propos des GN suivants : *le moule, la moule* ; *le vase, la vase*.

SÉRIE 2
3. Remplace les noms **masculins** par des noms **féminins**.
Écris les GN obtenus. Entoure les changements que cela entraîne pour les adjectifs.

SÉRIE 3
4. Écris les GN au singulier. Quels changements remarques-tu ?
Lors d'un changement en genre et en nombre, quelle marque apparaît en premier ? en deuxième ?

Comment se font les accords en genre et en nombre dans le GN ?

Est-ce que je sais faire ?

1 Ajoute un déterminant devant chaque nom de fleur pour indiquer son genre.
iris – œillet – pivoine – ancolie – primevère – bleuet – nénuphar

2 Écris les GN au féminin. Entoure les noms qui ne changent pas de forme.
un cousin – un violoniste – un danseur – un loup – un tigre – un architecte

3 Écris des GN avec les adjectifs entre parenthèses. Fais les accords nécessaires.
1. *(annuel)* ➔ un spectacle – une fête – des revues – des voyages
2. *(théâtral)* ➔ un ton – une voix – des accents – des attitudes
3. *(secret)* ➔ un coffre – une cachette – des livres – des paroles
4. *(roux)* ➔ un arbre – une forêt – des poils – des barbes

Je construis la règle

– Le nom a un genre : il est masculin ou …. Les noms de … et d'animaux ont souvent deux …. Les déterminants donnent toujours le … du nom au singulier (sauf *l'* ➔ *l'œil, l'île*).
– Le nom est au singulier ou au … .

LES MOTS CLÉS
• L'accord en :
– genre ➔ masculin, féminin
– nombre ➔ singulier, pluriel

32

Je m'entraîne

À faire tout seul sur mon cahier
6 7 • 9 10   Corrigés p. 167

❶ Écris les GN au féminin.

1. un marchand – un client – un villageois
2. un curieux – un peureux – un jaloux
3. un passager – un conseiller – un infirmier
4. un voyageur – un campeur – un visiteur
5. un lecteur – un directeur – un moniteur

❷ Même consigne que pour l'exercice 1.

1. un âne – un ogre – un prince
2. un poltron – un pigeon – un lion
3. un paysan – un musicien – un comédien
4. un sportif – un naïf – un captif
5. un retraité – un invité – un employé

❸ Relève les noms. Indique leur genre et leur nombre.

1. Son image s'efface.
2. Les avions s'élèvent dans le ciel clair.
3. Ces caravelles se dirigent vers une île.
4. Les Indiens accueillent les marins.
5. L'enfant se cache derrière l'arbre.

❹ Trouve le nom féminin correspondant à chaque nom masculin. *AIDE-TOI D'UN DICTIONNAIRE*

1. le sanglier – un lièvre – un cerf – le jars
2. mon oncle – son fils – cet homme – le garçon

❺ Écris les GN au singulier. *AIDE-TOI D'UN DICTIONNAIRE*

des gaz – des noix – ces ruisseaux – des bleus –
des souris – les fourmis – les refus – des corps –
des aveux – des résineux – des tuyaux –
des perdrix – des métaux – des travaux –
des hôpitaux – des joujoux – des clous –
des poux – des poids – des tribus

❻ Remplace les noms masculins par des noms féminins. Fais les accords.

un élève studieux – un chien noir –
un coq agressif – un secrétaire efficace –
un tigre cruel

❼ Remplace les noms féminins par des noms masculins. Fais les accords.

une bergère sérieuse – une louve grise –
une actrice douée – une amie fidèle –
une jument maigre et fatiguée

★ **❽ En prenant un mot dans chaque colonne, écris le seul GN possible d'un point de vue orthographique.**

cet	gentilles	sorcière	énervée
les	adorable	fées	horrible
un	sage	magicienne	blondes

★ **❾ Écris trois GN en choisissant un mot dans chaque colonne.**

mon	petite	chienne	adorable
ces	doux	oisillons	curieux
leur	fragiles	chaton	affamés

★ **❿ Fais les accords en genre et en nombre.**

1. Les *(grand métropole)* sont des *(centre de décision)* pour le monde entier. Elles abritent les *(gouvernement)* des pays les plus *(puissant)* et les *(grand organisation international)*. Ce sont des *(capitale économique)* : elles concentrent les *(siège social)* des *(grand entreprise)*.

2. Ce sont aussi des *(capitale culturel)* : elle sont les plus *(célèbre musée)*, les *(meilleur théâtre)*, les plus *(grand bibliothèque)*, les universités les plus *(prestigieux)*. Ce sont Tokyo, Mexico, New York, Calcutta, Pékin, Paris...

Magellan, CM2, Hatier.

★ **⓫ Place l'adjectif au bon endroit. Fais les accords.**

1. J'ai acheté une boîte de bonbons. *(rond)*
2. Alex a une chemise de toile. *(blanc)*
3. Pour la gorge, suce ces pastilles. *(vert)*
4. C'est la reconstruction des murs. *(démoli)*
5. Je mange une compote de pommes. *(rouge)*
6. Je porte une cagette de pommes. *(plein)*
7. Il boit une tasse de thé. *(parfumé)*
8. Elle prend une tasse pour le café. *(fêlé)*

J'écris   Le féminin de *rein* n'est pas *reine*, *corbeille* n'est pas le féminin de *corbeau*.
Imagine des couples de faux-amis pour ces mots.

brochette → ...   bouteille → ...
coquette → ...   marmotte → ...
culotte → ...   gazelle → ...

Imagine d'autres couples.

33

Grammaire ⓭ AUTOUR DU NOM

Le complément de nom

Mes livres préférés
- Le chat **de** <u>Tigali</u>
- Le plus grand détective **de** <u>la Terre</u>
- Le cochon **à** <u>l'oreille coupée</u>
- La maison **en** <u>danger</u>
- Une maman **pour** <u>Choco</u>
- Les petits bonshommes **sur** <u>le carreau</u>
- Une vadrouille **dans** <u>le métro</u>
- Deux suspects **avec** <u>un alibi</u>
- Le hollandais **sans** <u>peine</u>
- Les aventures **d'**<u>Alice</u> **au** <u>pays des merveilles</u>
- Des poèmes **pour** <u>rêver</u>.

1. Analyse la composition des **compléments de noms** (CDN) soulignés dans ces titres.

2. Quelle est la nature grammaticale des mots qui introduisent les **CDN** ?

★ **3.** Titre 2 : remplace *la Terre* par *le monde* puis par *les continents*.
Titre 3 : remplace *l'oreille* par *la queue* puis par *le pied* et par *les oreilles*.
Que deviennent les articles *le, l', les* lorsqu'ils suivent les prépositions *à* et *de* ?
Que sais-tu de ces articles ?

Explique ce qu'est une expansion du nom.

Est-ce que je sais faire ?

**Souligne les GN comportant un complément de nom (CDN).
Trace une croix sous le nom complété.**

Un jeune garçon a trouvé un agenda au collège. Il l'ouvre.

Pfuiiiii ! Ça alors ! C'était plein, mais alors plein ! Il y en avait partout et dans tous les sens. Des messages à l'encre bleue, rouge, verte… Des cœurs, des fleurs, une guirlande dessinée pour enrubanner l'ensemble. […] Après venaient les pages habituelles : le calendrier, la carte de France avec les zones et les vacances et enfin… la fiche d'identité ! J'allais tout savoir : le nom de la propriétaire du carnet, son adresse, le numéro de sa carte d'identité ou de son passeport avec le lieu et la date de délivrance, et même les personnes à prévenir en cas d'urgence !
H. Montardre, *L'Agenda*, Éd. Rageot Romans.

Je construis la règle

MÉMO P. 17

– Le nom peut être complété par un … qualificatif et un … de nom (CDN).
– Le CDN est relié au nom qu'il … par une … . Il peut être de différentes natures : … propre ou … commun, groupe … ou verbe à l'… .

LES MOTS CLÉS
- Le complément de nom (CDN) :
  – nom propre ou commun
  – GN
  – verbe à l'infinitif
- Une préposition

Je m'entraîne

À faire tout seul sur mon cahier
2 5 · 9 10 Corrigés p. 168

1 Souligne les CDN. Entoure les prépositions.

1. Une histoire sans paroles
2. Une BD avec des bulles
3. Un album pour les jeunes élèves
4. L'île au trésor
5. Les aventures de Robinson

2 Même consigne que pour l'exercice 1. Indique la classe grammaticale des CDN.

1. La bergamote de Nancy
2. Un thé au goût amer
3. Le savon de Marseille
4. La truite des torrents alpins

3 Ajoute un CDN à chaque GN.

1. un yaourt à …
2. un gâteau de …
3. des pains au …
4. une crème à …
5. une salade de …
6. une table en …
7. un sac de …
8. une lampe pour …
9. une cuillère à …
10. une assiette avec …

4 Remplace chaque adjectif qualificatif par un CDN. Entoure les prépositions.

une sauce moutardée – une salade assaisonnée – une crème caramélisée – un poisson poêlé

5 Relève les GN comportant un CDN. Souligne ce complément. Entoure la préposition.

Le dîner du roi Louis XIV…

Le roi mange quatre bols de potage, un faisan à la crème, une assiette de salade avec des œufs durs, deux larges tranches de jambon (du jambon de Bayonne), du mouton au jus et à l'ail, une part de tarte aux noix, des fruits en compote et de la glace avec de la meringue.

6 Écris des GN correspondant aux compositions proposées.

1. D + adj. qual. + N + Prép. + D + N
2. D + N + Prép. + D + N

★ **7** Complète avec une préposition qui convient.

1. La recherche … un nouveau médicament
2. Un immeuble … ascenseur
3. Un sac … cuir … voyager
4. Une calculette … compter
5. Une tasse … thé ou une tasse … thé

★ **8** Remplace chaque CDN par un adjectif.

1. Un temps de neige
2. Un sentier avec des pierres
3. Le froid du Pôle Nord
4. Un enfant sans politesse
5. Une machine pour voler

★ **9** Indique la nature grammaticale des CDN soulignés. Entoure les prépositions.

Exemple : le roi (de) la savane
　　　　　　　art　　NC

une chasse à l'affût – le repérage de l'antilope – une démarche souple pour s'approcher – une crinière de roi – un félin au pelage fauve – la proie de Noble le lion

★ **10** Entoure les prépositions. Souligne :
– en jaune les compléments de verbes,
– en bleu les compléments de noms.

1. Deux marchands traversaient une forêt. Ils se rendaient à la foire. L'un portait une pelisse en queue de renard ; l'autre un manteau de laine bien chaud. Tout à coup, un ours de taille énorme surgit d'un fourré. L'homme à la pelisse, terrifié, grimpa à un arbre. Le marchand au manteau s'empressa de faire le mort.

2. L'ours s'éloigna d'un pas lourd. L'homme à la pelisse descendit de son arbre. Il demanda à son compagnon pourquoi l'ours était parti. L'homme lui répéta les paroles de l'ours : « Tu es mal accompagné ! On aide un ami en danger ! »

D'après Esope.

J'écris Imagine des GN comportant des CDN ayant deux sens différents :
Ex : *un panier **de** salades* – *un panier **à** salade*
　　　　plein de　　　　　*pour contenir*
Essaie avec : *un plat…, une tasse…, un sac…*

35

Grammaire AUTOUR DU NOM

La proposition relative

Une <u>vieille</u> bavarde,
Un <u>postillon</u> gris,
Un <u>âne</u> qui regarde
La <u>corde</u> d'un puits,
Des roses et des lys
dans un <u>pot</u> de moutarde,
Voilà le <u>chemin</u>
Qui mène à Paris.

Alphonse de Lamartine

Comment les noms soulignés sont-ils précisés ?

1. Classe les enrichissements des noms soulignés selon leur nature.

Adjectif	Complément de nom	Proposition commençant par « qui »
...	...	...

2. Comment sont introduits les deux groupes de mots qui complètent *âne* et *chemin* ?
Ce sont des **propositions relatives**.
Qui est un **pronom relatif** reprenant les noms *âne* et *chemin*.

3. Imagine la suite de ces propositions relatives :
L'âne gris que... ; Le chemin que...

4. Liste toutes les possibilités que tu as pour compléter, préciser, enrichir un nom.

 Est-ce que je sais faire ?

Souligne les expansions du nom dans ces titres.
Indique leur nature grammaticale.

1. L'âne de Nasreddine
2. La poule aux œufs d'or
3. Le chat qui élevait une mouette
4. La chèvre de Monsieur Seguin
5. Un cheval sans tête
6. Le loup qui voulait devenir gentil
7. Le chameau qu'on appelait « Bof ! Bof ! »
8. Le vilain petit canard
9. La belette que Jeannot Lapin trouva dans son terrier

Je construis la règle

La ... relative est introduite par un pronom ... (..., ...).
Comme l'... et le ... de nom, la proposition relative ... un nom.
Ce sont des expansions du ... .

LES MOTS CLÉS
- Une proposition relative
- Un pronom relatif (*qui, que...*)

Je m'entraîne

1 Souligne la proposition relative dans chaque phrase. Trace une croix sous le nom complété.

1. Yakouba prend un ballon qui est dégonflé.
2. Le match qui commence sera difficile.
3. Le hamster que tu nourris est un rongeur.
4. Les rongeurs ont des dents qu'ils doivent user.

2 Complète chaque début de phrase.

1. L'arbre qui …
2. La forêt de pins que …
3. Le vieux chêne qui …
4. La cabane que …

3 Écris une seule phrase à partir des deux phrases de chaque série.

1. Mamie a cassé un vase. Ce vase était ancien.
2. Elle connaît un brocanteur. Ce brocanteur vend des vases anciens.
3. Léna ramasse les morceaux. Elle recolle les morceaux.

4 Remplace l'adjectif par une proposition relative.

1. C'est une route pentue.
2. C'est un village reposant.
3. C'est un pont glissant.

5 Remplace le CDN par une proposition relative.

1. C'est une maison sans volets.
2. C'est un cabanon en bois.
3. C'est une haute montagne avec un glacier.

6 Ajoute le pronom relatif qui convient. Entoure le nom qu'il reprend.

> Victor Hugo est l'écrivain … est le plus célèbre. *Les Misérables* … il a écrits en 1862 ont toujours le succès … fait les grandes œuvres. Le héros Jean Valjean est un homme … sort du bagne. Cosette … sa mère ne peut plus nourrir, est placée chez des gens … sont malhonnêtes. Jean Valjean adopte la fillette … les Thénardier maltraitent.

★ **7** Recopie les propositions relatives.

1. Il y a 2000 ans, au Mexique, on utilise des graines de cacao grillées qui sont amères.
2. La poudre qu'on mélange avec de l'eau sert de médicament.
3. Vers 1500, Cortès, qui a conquis le Mexique, ramène ces graines que les Espagnols ne connaissent pas.
4. La poudre qui est alors additionnée de sucre, est délicieuse avec du lait.
5. Désormais, on appellera chocolat (de *chocolate* en espagnol) cette poudre que vont adopter les Européens aisés.
6. Ce sont les Portugais et les Espagnols qui font commerce de cette douceur à la mode.
7. Des marchands s'installent à Bayonne qui est toujours aujourd'hui la capitale du chocolat.

★ **8** Écris des GN correspondant aux compositions suivantes.

1. D + adj. qual. + N + prop. relative
2. D + N + adj. qual. + CDN + prop. relative
3. D + adj. qual. + N + CDN + CDN

★ **9** Remplace les adjectifs ou les CDN par une proposition relative de sens voisin.

1. Un rapace nocturne
2. Une chouette avec des yeux ronds
3. Un mulot sans défense
4. Une hulotte apeurée
5. Un busard des marais

★ **10** Souligne les propositions relatives en vert, les propositions COD en rose.

> En 1750, Parmentier découvre que la pomme de terre est très nutritive. Ce tubercule que des explorateurs ont ramené dès 1500, est resté méconnu. Le roi Louis XVI fait connaître la pomme de terre qu'il appelle « le pain de pauvres ». Tout d'abord, les gens craignent qu'elle soit malsaine. Mais cette nouveauté évite finalement les famines que subissait le peuple.

 Invente des phrases pour définir les mots proposés.

Ex. : *Malheureux, c'est quelqu'un qui n'est pas heureux.*

malhonnête – impossible – découragé   ★ bipède – triangle – quadrilatère – centenaire

Grammaire LA PHRASE

Les propositions indépendantes, juxtaposées, coordonnées

1. Charly n'est pas un lecteur ordinaire.
2. Les livres, il les lit comme une aventure : il y plonge corps et âme, il s'y enfonce *et* parfois il s'y perd.
3. Il aime aller chez un bouquiniste ; il fouille, choisit un ouvrage *et* commence son voyage.
4. Attention Charly, prends garde à toi !

1. Phrases 1 et 4 : combien comptes-tu de verbes conjugués dans chaque phrase ?
Chaque **phrase simple** comporte **une seule proposition**. C'est une **proposition indépendante**.

2. Phrases 2 et 3 : combien comptes-tu de propositions ? Ce sont des **phrases complexes**.
– Par quels signes de ponctuation sont séparées les trois premières propositions dans chaque phrase ? Elles sont **juxtaposées**.
– Comment sont reliées les deux dernières propositions dans chaque phrase ? Elles sont **coordonnées** par *et*.
Et est une **conjonction de coordination**, tout comme *mais, ou, donc, or, ni, car*.

D'après la quatrième de couverture de *Attention Charly !* Gérard Moncomble, Éditions [Mic_Mac], 2009.

 Est-ce que je sais faire ?

1 Encadre les verbes conjugués.
Souligne les propositions indépendantes en bleu, les propositions juxtaposées en vert et les propositions coordonnées en rose. Entoure les signes de ponctuation et les conjonctions de coordination.

On dit que le chat a plusieurs vies…
C'était la cinquième vie du chat noir…
Le vieux cloître abritait sept moines, pas un de plus. Tous avaient fait vœu de silence et personne ne savait leur nom. Ils priaient beaucoup, dormaient et mangeaient peu. Ils recueillirent Patte-Nôtre une nuit d'hiver et chacun lui donna la moitié de sa soupe, c'est-à-dire presque rien. Patte-Nôtre s'en contenta car il avait très faim […]. Il sauta dans le capuchon d'un moine. L'étoffe était rugueuse mais elle était chaude et profonde. Il bâilla, s'étira et s'endormit.

Gérard Moncomble, *Sa Majesté de nulle part*, © Casterman.

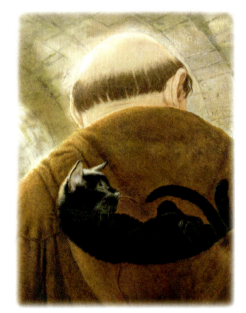

★ 2 a. Souligne les verbes conjugués. Entoure les signes de ponctuation et les conjonctions qui juxtaposent ou coordonnent les propositions.

Extrait d'une lettre de soldat pendant la guerre de 1914-1918.
Voilà près d'un mois que je ne me suis ni déshabillé, ni déchaussé ; je me suis lavé deux fois : dans une fontaine et dans un ruisseau près d'un cheval mort ; je n'ai jamais approché un matelas ; j'ai passé toutes mes nuits sur la terre.

b. Lis le texte oralement. Que dois-tu faire à chaque point virgule ?

LES MOTS CLÉS
- Une phrase simple ou complexe
- Des propositions
  – juxtaposées
  – coordonnées
- Une conjonction de coordination

MÉMO P.5

Je construis la règle

– Une ... indépendante comporte un ... verbe conjugué.
– Une phrase ... comporte autant de ... que de verbes conjugués.
Les propositions séparées par une virgule, un point-virgule,
deux points sont ... . Celles qui sont reliées par une conjonction
de ... sont coordonnées.

À faire tout seul sur mon cahier
❷ ❹ • ❺ ❼   Corrigés p. 168

Je m'entraîne

❶ Indique pour chaque phrase si les propositions sont juxtaposées ou coordonnées.

1. On n'explorera pas Jupiter car cette énorme planète n'est composée que de gaz.
2. La pleine Lune diminue peu à peu : elle passe par quatre phases, disparaît au bout de 28 jours, réapparaît par quartiers.
3. La Lune brille car le Soleil l'éclaire.
4. La Terre tourne autour du Soleil en 365 jours et elle tourne sur elle-même en 24 heures.

❷ Complète avec la conjonction de coordination qui convient : *mais, ou, et, car*.

1. Alex fera du foot ... il jouera au basket.
2. Je ne vais pas à la piscine ... je suis enrhumé.
3. Léa veut un chat ... ses parents refusent.
4. Tim choisit un conte ... Alex emprunte une BD.

❸ Continue la phrase en suivant les indications entre parenthèses.

1. La mésange volète, gazouille ... (*proposition juxtaposée*).
2. Le merle se pose dans l'herbe, sautille ... (*proposition coordonnée avec* et).
3. Le corbeau croasse, se dirige vers le noyer ... ... (*proposition juxtaposée* + *proposition coordonnée avec* car).

❹ Associe une proposition de la première série à une proposition de la deuxième série. Écris les propositions juxtaposées obtenues.

1. Les dinosaures pondaient des œufs
2. Le climat a beaucoup changé
3. Des espèces ont disparu

a. les dinosaures ne trouvaient plus de nourriture.
b. peu à peu, toutes se sont éteintes.
c. ils étaient ovipares.

★ **❺ Entoure les verbes conjugués. Souligne en bleu les propositions indépendantes, en vert les propositions juxtaposées et en rose les propositions coordonnées.**

Mon père était un chasseur passionné. Il passait sa gibecière, sifflait son vieux chien Trésor et partait à la chasse à la perdrix. Les cailles et les perdrix étaient très nombreuses. Il m'emmenait parfois, je fourrais le bas de mon pantalon dans mes bottes, je jetais une gourde par-dessus mon épaule et je me figurais être un vrai chasseur.

D'après Ivan Tourgueniev, *La petite Caille*.

★ **❻ a. Réunis les phrases simples de chaque série pour former des phrases complexes. Utilise des propositions juxtaposées. Veille à la ponctuation.**

1. Les abeilles sortent de la ruche. Elles partent vers le massif d'œillets d'Inde.
2. Elles se posent sur une fleur. Elles sortent leur trompe. Elles pompent le pollen.
3. Bien chargées, elles regagnent la ruche. Elles déposent le pollen dans les alvéoles de cire. Elles repartent vers les œillets d'Inde.

b. Coordonne la dernière proposition des séries 2 et 3. Utilise *et*. Récris les phrases.

★ **❼ Réunis les phrases simples. Juxtapose les premières propositions. Coordonne les deux dernières. Pense à la ponctuation.**

Margot la pie s'étourdit de liberté. Elle sautille. Elle jacasse. Elle se moque du merle et du geai. Elle ne pense pas à l'hiver tout proche. Un jour, affamée, elle tombe dans un piège.

J'écris 🖊 Raconte en quelques phrases un moment agréable que tu as vécu.
Emploie au moins une phrase simple, et des phrases complexes (propositions juxtaposées, propositions coordonnées par *mais, ou, car, et*).

39

Grammaire 16   LA PHRASE

*Les phrases complexes : la subordination

1
a. Jim a trouvé une carte **qui** représente une île.
b. Cette carte **que** Jim a trouvée dans le coffre d'un marin, est celle d'une île au trésor.
c. Jim montre la carte à des gentilshommes anglais **qui** rêvent d'aventures.

2
a. Jim comprend **que** l'équipage est composé de dangereux pirates.
b. Le cuisinier Silver sait **que** les Anglais possèdent la carte de l'île au trésor.
c. Jim pense **que** Silver veut récupérer la carte de l'île au trésor.

SÉRIE 1
1. Supprime chaque proposition relative.
Les groupes restants forment la **proposition principale**.
La **proposition subordonnée relative** complète le **nom noyau** (ou **antécédent**) : *carte, carte, gentilshommes*.

SÉRIE 2
2. Indique la fonction des propositions soulignées.
3. Quel mot introduit ces propositions ?
Ici, *que* est une conjonction de subordination car elle est placée après un verbe.

Explique comment on trouve la nature de *que*.

Est-ce que je sais faire ?

Mets les propositions subordonnées entre crochets.

La plupart des peuples nomades habitent des régions aux sols pauvres.
Certains vivent de gibier qu'ils suivent lors des migrations.
D'autres vivent de l'élevage. On comprend qu'ils changent d'endroit pour se nourrir.
Pour faciliter leurs déplacements, les nomades se logent dans des tentes qu'ils montent et qu'ils démontent facilement. Ils reviennent toujours dans les zones qu'ils connaissent.
Ce mode de vie qui est de tradition millénaire, devient de plus en plus précaire.
Avec les changements climatiques qui font progresser le désert, l'herbe se raréfie.
Nous savons que les peuples nomades disparaissent peu à peu.

Je construis la règle

MÉMO P. 5

Dans une phrase complexe :
– la proposition subordonnée relative complète un .... .
Elle est introduite par un pronom relatif.
– la proposition subordonnée conjonctive complète un verbe.
Elle est introduite par *que*.
Elle est COD du verbe de la proposition principale (*Jim pense [que...]*).

40

Je m'entraîne

À faire tout seul sur mon cahier
3 • 7   Corrigés p. 168

★ **1** a. Relève les phrases comportant une proposition subordonnée relative.

> Des tribus nomades vivent dans la toundra qui se situe à l'extrême nord de la Sibérie. Ce sont des nomades éleveurs de rennes. Les rennes qu'ils déplacent de pâturage en pâturage pendant l'été, restent leur principale ressource. La viande est consommée séchée, bouillie, congelée. On la découpe en fines lamelles que l'on trempe dans de la graisse de phoque.

b. Mets les propositions relatives entre crochets. Trace une croix sous l'antécédent complété.

★ **2** Récris chaque série de deux phrases en une seule pour obtenir une proposition principale et une proposition subordonnée relative.

1. Les hommes cherchent le feu. Le feu s'est éteint pendant la nuit.
2. Ils attendent des éclairs. Ces éclairs enflammeront peut-être des herbes sèches.
3. Les femmes entretiennent le feu retrouvé. Les femmes ont amassé des branchettes.
4. L'ours des cavernes gronde loin du camp. L'ours des cavernes craint le feu.

★ **3** Mets les propositions conjonctives entre crochets. Trace une croix sous les verbes qu'elles complètent.

1. Charlemagne pense que la lecture et l'écriture sont indispensables.
2. La légende veut que Charlemagne ait inventé l'école.
3. Mais on sait que les enfants grecs et romains de familles nobles allaient déjà à l'école.

★ **4** Complète chaque phrase avec une proposition subordonnée COD.

1. La météo annonce que …
2. On prévoit que …
3. Les riverains craignent que …
4. Finalement on espère que …

★ **5** Souligne les propositions principales. Mets les propositions subordonnées relatives entre crochets.

1. En 1953, le Néo-Zélandais Hillary a réussi l'ascension de l'Everest que l'on nomme le Toit du Monde.
2. L'expédition française qui était conduite par Pierre Mazeaud a conquis l'Everest en 1978.
3. Les grands alpinistes qui atteignent le sommet de l'Himalaya sont des conquérants de l'inutile.
4. L'Annapurna est un sommet sud asiatique qui a été atteint en 1950 par le Français Maurice Herzog.

★ **6** Mets les propositions subordonnées entre crochets. Indique si elles sont relatives ou conjonctives.

1. À l'école, on apprend des poésies que nos grands-parents connaissent.
2. Lison trouve que ce poème est très long.
3. La légende que tu as lue a 2000 ans.
4. Émeline croit que les fées ont existé.
5. Les fées sont des personnages que l'on trouve dans les contes merveilleux.

★ **7** Lis le texte. Complète-le avec les propositions subordonnées proposées. Appuie-toi sur le sens.

Je dressais la table pour le capitaine … .
C'est alors qu'entra un inconnu. Il me dit …
et je lui apportai à boire.
« Tu mets le couvert, Jim, pour mon ami le capitaine … ? »
Je lui répondis … et que la table était pour une personne … .
Je savais … .

R. L. Stevenson, *L'Île au trésor.*

> – *qui loge chez toi*
> – *qui était sorti faire un tour*
> – *qu'il avait soif*
> – *que je faisais mon travail*
> – *qui vivait dans notre auberge*
> – *que le capitaine ne voulait voir personne*

41

Grammaire

Les adverbes

Il y a <u>très</u> <u>longtemps</u>, <u>là-haut</u>, dans les montagnes tibétaines, un empereur gouvernait <u>bien</u> <u>sagement</u> une province de Mongolie. La vie s'y déroulait <u>heureusement</u>. On <u>ne</u> s'y disputait <u>guère</u>. Mais <u>là comme ailleurs</u>, la jalousie faisait <u>parfois</u> naître des problèmes où il <u>n'</u>y en avait <u>pas</u>. Les gens étaient <u>de plus en plus</u> exigeants.

D'après un conte tibétain.

1. Les mots soulignés sont-ils supprimables ? Ces mots sont des **adverbes**. Quels sont ceux qui sont indispensables au sens ?

2. Comment certains adverbes sont-ils composés ? Lorsqu'ils sont formés de plusieurs mots, ce sont des **locutions adverbiales**. Que sais-tu de *ne … guère, ne (n') … pas* ?

3. Les adverbes sont-ils variables ? Fais des essais.

4. Classe les adverbes du texte selon le rôle qu'ils ont dans ce texte.

Lié à un verbe dont il modifie le sens	Lié à un adjectif dont il modifie le sens	Lié à un autre adverbe dont il modifie le sens	★ Exprimant le temps, le lieu ou la manière pour modifier le sens d'une phrase
…	…	…	…

5. Qu'est-ce qui donne de l'intensité à *exigeants* ? Comment écrirais-tu le contraire en utilisant le même adjectif ?

6. Comment sont formés *sagement* et *heureusement* ?

 Est-ce que je sais faire ?

1 Classe les adverbes et les locutions adverbiales selon ce qu'ils expriment : le lieu, le temps, la manière, la quantité, la négation.

souvent – assez – peu – ne … plus – bien – hier – loin – ici – demain – tôt – mal – tout près – tard – ne … jamais – aujourd'hui – beaucoup – moins

2 Forme des adverbes à partir des adjectifs.

1. fort – grand – gras – peureux – doux – secret – brutal – long
2. calme – rapide – facile – triste – lâche – large – énorme – bête

Je construis la règle

L'adverbe est composé d'un mot ou d'un … de mots. Il modifie le sens d'un …, d'un …, d'un autre adverbe, d'une … tout entière. Il est invariable. Il apporte des précisions sur le …, le temps, la …, la quantité. Les mots de négation sont des … .

LES MOTS CLÉS

- Un adverbe
- Une locution adverbiale
- Modification du sens et de l'intensité

Je m'entraîne

À faire tout seul sur mon cahier
3 6 • 7 8   Corrigés p. 168

❶ Souligne les adverbes. Trace une flèche allant de l'adverbe au mot dont il modifie le sens.

1. Alexis écrit bien.
2. Il a une écriture très lisible.
3. Ses cahiers sont parfaitement tenus.
4. Il est souvent félicité.

❷ Pour chaque adverbe souligné, écris le mot dont il modifie le sens. Indique la nature de ce mot.

Ex. : *La souris grignote vite.*
→ *Vite* modifie le sens du verbe *grignote.*

1. La souris est si gourmande !
2. Elle sort souvent la nuit.
3. Elle ne craint guère le chat.
4. Le soir, le chat part très loin chasser.

❸ Relève les adverbes. Indique quelle précision ils apportent (temps, lieu, manière).

1. Chloé court vite et bien.
2. Inès habite tout près de l'école.
3. Aujourd'hui, Max est absent.
4. Quentin lit lentement.

❹ Complète chaque mot souligné par un adverbe de ton choix.

Le roi Henri IV a été un grand roi. Il aimait son peuple. Il a réconcilié les Français de religions différentes. La France a été prospère. Ce roi a amélioré la vie des gens. On se souvient de lui.

❺ Relève seulement les adverbes.

serment – vêtement – vivement – gentiment – plongent – rangement – rongent – salement – monument – mouvement

❻ Récris les phrases en employant un adverbe de sens contraire.

1. Elle mange vite.
2. Tu as peu de jouets.
3. Halim et Luis se disputent souvent.
4. Le chat se couche tôt.

J'écris Écris la phrase en employant les adverbes : *bien, rapidement.*
L'écureuil agile grimpe aux arbres.
Récris-la en modifiant le sens d'un des adverbes par l'adverbe *très.*
★ Imagine deux phrases sur le même modèle.

★ **❼ Relève les adverbes et les adjectifs dont ils modifient le sens. Souligne les adverbes.**

L'Europe est très peuplée. Cette densité est due à un climat assez tempéré, des reliefs extrêmement variés, des côtes exploitées au mieux par l'homme. Mais certaines régions sont plus denses que d'autres. Dans le bassin méditerranéen, la population est plutôt concentrée.

★ **❽ Relève les adverbes et les verbes dont ils modifient le sens. Souligne les adverbes.**

Le coucou ne construit jamais de nid. Il pond effrontément ses œufs dans le nid des autres. Il arrive ici début avril. Il chante joyeusement mais il se comporte mal. Lorsqu'un oiseau couve, il ne voit pas qu'il y a un œuf plus gros que les siens dans le nid. Après la naissance, le jeune coucou mange beaucoup, il grossit tellement que les autres oisillons tombent souvent du nid. Le coucou adulte migre toujours à la mi-juillet. Le jeune part en septembre. Il parcourt environ 10 000 km pour retrouver ses parents.

★ **❾ Complète les phrases en ajoutant un adverbe selon la proposition entre parenthèses.**

... *(adv. de temps)*, on écrivait avec un porte-plume. On plongeait ... *(adv. de manière)* sa plume dans un encrier. Il fallait ... *(adv. de manière)* secouer sa plume au-dessus du récipient. Si on laissait tomber ... *(adv. de quantité)* d'encre sur la page, on faisait ... *(adv. de temps)* une grosse tache. L'encre s'effaçait ... *(adv. de manière)*. Et on avait de ... *(adv. de quantité)* vilains pâtés.

★ **❿ Relève les mots soulignés. Indique s'il s'agit d'un adjectif ou d'un adverbe.**

L'ogre était fort et grand. Ce soir-là, il était de fort mauvaise humeur. « Ne crie pas si fort, lui dit sa femme, tu vas réveiller les enfants ! » Sa femme parlait vrai : les enfants se mirent à pleurer très fort et à faire une vraie colère. L'ogre regarda sa femme droit dans les yeux. Il lui donna raison et parla plus bas. Mais l'ogre paya cher sa mauvaise humeur, car ses chers enfants l'empêchèrent de dormir toute la nuit.

43

Grammaire 18

Des pronoms personnels

> *Gulliver, un marin anglais, a fait naufrage.*
> Le marin est allongé sur le sable. **Il** ouvre les yeux et **il** voit une multitude de petits hommes. **Ils** **l'**ont attaché. **Ils** **l'**observent. Gulliver **leur** parle mais sa voix est trop forte pour **eux**, et **les** voilà qui se sauvent !

1. Classe les **pronoms personnels** en gras dans le tableau selon qu'ils désignent quelqu'un ou quelque chose.

	Gulliver	les petits hommes	★ le naufrage	★ ce pays
Sujet	…	…	…	…
COD	…	…	…	…
COI	…	…	…	…

2. Relis le texte en remplaçant *le marin* par *une femme pirate* et *les petits hommes* par *les petites femmes*. Note toutes les formes que prennent les pronoms personnels.

Je construis la règle

MÉMO P.38

– Les … personnels de 3ᵉ personne désignent quelqu'un ou quelque chose. Ils peuvent être … ou … du verbe.
Ils varient en genre ou en nombre.
⚠ Il ne faut pas confondre *le, la, les* articles placés devant un … et *le, la, les* … personnels placés devant un verbe.

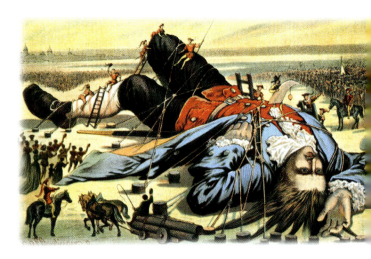

Je m'entraîne

1 Entoure les déterminants.
Souligne les pronoms personnels COD en bleu et les pronoms personnels COI en rose.

La merlette s'occupe de la couvée. Elle la nourrit avec des larves, des insectes. Elle les dépose dans les becs largement ouverts. Les oisillons ne lui laissent pas de répit. Leur appétit est insatiable. Le merle leur apporte aussi des mouches, des papillons, des sauterelles. Les petits les lui arrachent comme si on ne leur avait rien donné depuis trois jours !

2 Récris les phrases en remplaçant chaque pronom en gras par un GN. Souligne ce GN. Indique sa fonction grammaticale.
1. Le Petit Chaperon Rouge **le** rencontre.
2. Le loup s'adresse à **elle**.
3. Il **lui** demande où elle va.
4. Les fillettes, normalement, ne **leur** parlent pas.
5. Les loups **les** mangent.

À faire tout seul sur mon cahier
Corrigés p. 168

Des pronoms démonstratifs, possessifs et interrogatifs

> *Gulliver s'est endormi.*
> Les petits hommes prennent soin de lui.
> **Ceux-ci** lui donnent à manger, **celui-là** lui porte à boire.
> Gulliver connaît la cuisine anglaise mais ignore **la leur**. Il échangerait volontiers leur boisson contre **la sienne**.
> C'est une grande aventure **qui** commence. Mais **qui** sont ces êtres minuscules ? Ce sont des Lilliputiens !

1. Quels GN remplacent *ceux-ci, celui-là* ? Fais varier les **pronoms démonstratifs** en genre et en nombre. Quel sens donnes-tu à *ci* et à *là* ?

2. Quels GN reprennent *la leur, la sienne* ? Ce sont des **pronoms possessifs**. Remplace *cuisine* par *potage*, par *plats* puis par *spécialités*.

3. Quelle différence fais-tu entre les deux pronoms en gras dans le dernier paragraphe ?

Je construis la règle

MÉMO P.38

La classe des pronoms comporte plusieurs … : les pronoms …, …, …, relatifs.
La plupart varient en genre et en nombre selon le … qu'ils reprennent.

LES MOTS CLÉS
- Les pronoms :
  – personnels
  – démonstratifs
  – possessifs
  – relatifs

Je m'entraîne

★ **3** Classe les pronoms soulignés dans le tableau selon leur catégorie.

Beaucoup d'animaux consacrent une partie de leur vie à voyager. <u>Ils</u> ont comme une horloge interne <u>qui</u> <u>leur</u> indique quand doit commencer leur voyage. Il y a <u>ceux</u> <u>qui</u> ont un sens de l'orientation très développé. Ce sens <u>les</u> guide d'après les astres.
Les chauves-souris sont munies d'un sonar <u>qui</u> <u>leur</u> permet de trouver leur route. Certaines espèces adoptent des méthodes spécifiques. La baleine grise a <u>la sienne</u>, les gnous bleus d'Afrique la leur. Il y a aussi <u>celle</u> de la sterne arctique et <u>celle</u> du papillon sphinx.

Pronoms personnels	Pronoms possessifs	Pronoms démonstratifs	Pronoms relatifs
…	…	…	…

★ **4** Récris le texte en remplaçant *chat* par *chatte*, *renard* par *renarde* et *boudin* par *saucisse*.

<u>Le Chat</u> et <u>le Renard</u> marchaient de compagnie. Celui-ci avait trouvé <u>un</u> énorme <u>boudin</u>, celui-là avait le ventre creux. Le renard enviait le chat. Mais le chat se méfiait de celui qui jouait tant de tours aux autres. Il pensait : « Ce boudin, c'est le mien. Je ne me laisserai pas voler. »
Le renard, quant à lui, bougonnait. « Celui-ci, je ne le laisserai pas m'échapper. »

Raconte comment le Petit Poucet a piégé l'ogre. Emploie les pronoms que tu as étudiés.

45

DICTÉES

1 DICTÉE PRÉPARÉE

La nuit s'avance. Depuis combien de temps suis-je dans cette aventure ? Quelle heure est-il ? Est-ce que je peux continuer mon histoire ? Les yeux me piquent.

★ Les mots dansent et se croisent. Je ne vois plus les lignes… Les chevaliers rangent leurs épées…

2 DICTÉE À COMPLÉTER

Les belettes sont des mammifères carnivores. Elles courent vite, grimpent aux arbres. Elles chassent les petits rongeurs, les oiseaux. Dans les poulaillers, ces mustélidés se régalent d'œufs qu'ils gobent. Appartiennent à cette famille : la fouine, l'hermine, le furet…

3 AUTODICTÉE

Dans la savane, la lionne regroupe ses petits. Elle les lèche. Elle leur apprend à chasser les gazelles. Déjà, elle ne les allaite plus. Après la chasse, ils mordent la proie avec appétit. Ils possèdent des crocs bien aiguisés.

★ Ces crocs leur permettent de déchirer la chair. Ils ont aussi des molaires pour broyer les os et mastiquer.

4 DICTÉE PRÉPARÉE

Gaëtan, le caïman, semble énervé. Les singes paraissent agités. Le troupeau de gnous reste pétrifié. La girafe et ses girafeaux deviennent méfiants. Au loin, les animaux entendent le ronflement des voitures.

★ Une chasse que l'on nomme safari s'annonce dans la brousse. Ces chasses sont dangereuses pour le monde animal.

5 DICTÉE PRÉPARÉE

Des sources claires et fraîches abritent des grenouilles bruyantes cachées dans une herbe très verte. L'eau vive court sur des pierres grises. Elle suit la pente douce au milieu des grandes fleurs sauvages jusqu'au vieux moulin.

★ Elle traverse des villages abandonnés aux maisons basses avec des toits couverts de mousse.

Attention aux accords des mots en gras !

DICTÉE DE CONTRÔLE

Toutes les amies de Célia sont là pour ses onze ans. Les cadeaux sont cachés derrière un rideau. Les gâteaux et les friandises garnissent trois tables recouvertes de nappes blanches. Gentiment, les parents restent à l'écart.

Les enfants se regroupent et entonnent le traditionnel « Bon anniversaire Célia ».

★ Puis Célia ouvre ses paquets. Elle bat des mains à chaque surprise. Elle remercie avec émotion.

Ses frères et sœurs assurent le goûter. Du jardin, montent des cris de joie.

Sois attentif à l'orthographe des mots en rouge !

Conjugaison

 ▶ Conjuguer les verbes, utiliser les temps à bon escient

LE VERBE
- **1** Identifier le verbe : temps et personne 48
- **2** Infinitif et groupes 50

L'EMPLOI ET LA FORMATION DES TEMPS DE L'INDICATIF
- **3** Les valeurs du présent 52
- **4** Le présent (1) :
  les verbes du 1er et du 2e groupes ; *être* et *avoir* 54
- **5** Le présent (2) : les verbes du 3e groupe 56
- **6** Le passé composé et le passé simple 58
  L'imparfait, le passé simple et le plus-que-parfait 59
- **7** Le passé composé (1) :
  les verbes du 1er et du 2e groupes ; *être* et *avoir* 60
- **8** Le passé composé (2) : les verbes du 3e groupe 62
- **9** L'imparfait – ★ Le plus-que-parfait 64
- **10** Le passé simple 66
- **11** Le futur 68
- ★ **12** Le futur antérieur 70

L'EMPLOI ET LA FORMATION DE L'IMPÉRATIF ET DU CONDITIONNEL
- **13** Le présent de l'impératif 72
- ★ **14** Le présent du conditionnel 74

DES CONSTRUCTIONS DE VERBES
- ★ **15** Les formes active/passive 76
- ★ **16** La forme pronominale 78

LES PARTICIPES
- **17** Le participe passé 80
  - ★ Le participe présent 81

DICTÉES 82

Conjugaison 1 — LE VERBE

Identifier le verbe : temps et personne

Les lièvres courent plus vite que les tortues. Mais ils ont un fâcheux défaut : ils se vantent beaucoup trop ! Et ils finissent parfois par être ridicules.

1. Qui parle dans chaque bulle ? À qui ? Quels pronoms personnels te l'indiquent ? Quels changements les pronoms utilisés entraînent-ils pour les terminaisons des verbes ? Quel verbe n'a pas changé de forme dans les deux premières bulles ? Pourquoi ?

2. Dans le texte encadré, quels sont les sujets des verbes soulignés ? Justifie les terminaisons. Récris ce texte en commençant par *Autrefois, Dans un mois…* Explique ce qui se passe lorsqu'on change de temps.

3. Repère les mots de négation en gras. Quels mots encadrent-ils ? Ces mots peuvent-ils encadrer *lièvre, tortue, deux, vite, parfois* ? Qu'en conclus-tu ?

Est-ce que je sais faire ?

1 a. Relève les verbes conjugués soulignés. Fais-les varier en temps et en personne selon ton inspiration. Écris quatre formes pour chaque verbe.

Exemple : *il aperçut* → *il apercevra, tu as aperçu, ils apercevaient, j'aperçois…*

Un renard affamé errait à la lisière d'un bois quand il vit, caché dans le creux d'un arbre, du lard et du fromage. Il se glissa dans la fente et dévora tout. Lorsqu'il voulut sortir, il ne put pas car il avait le ventre tout gonflé. Il gémissait, s'agitait. Rien à faire ! Il attendit toute la matinée. Il sortit vers midi car son ventre avait dégonflé, juste comme des bûcherons arrivaient pour déjeuner. Il détala sous les coups de bâton et les insultes.

D'après Ésope.

b. Écris l'infinitif des verbes que tu as relevés.

2 Écris les verbes à la forme négative en faisant varier le temps et la personne trois fois.

Exemple : *chanter* → *je ne chante pas, tu n'as pas chanté, ils ne chanteront pas…*

dévorer – grandir – partir – ouvrir

LES MOTS CLÉS
- Un verbe
- Une forme verbale
- La personne
- Le temps
- Des mots de négation

Je construis la règle

MÉMO P.18

– Le verbe change de forme selon le ... et la personne.
  Le temps du verbe est souvent indiqué par un mot ou une expression de ... .
– Les mots de ... encadrent les verbes.

 À faire tout seul sur mon cahier
5 • 7   Corrigés p. 169

Je m'entraîne

1 Ajoute un pronom sujet pour chaque forme verbale.
1. rougis – rougissais – rougirez – as rougi
2. collons – ont collé – collait – collerez
3. avez dormi – dors – dormira – dormaient
4. prends – prendras – prenions – a pris

2 Relève en deux colonnes les différentes formes d'un même verbe.
1. Alice lit un roman.
2. Zoé et Luce ont choisi un CD.
3. Enzo a lu une BD.
4. Nasri choisit son plat.
5. Leila choisira une revue.
6. Carlos lisait tous les soirs.

3 Classe les verbes en trois colonnes selon le temps : passé, présent, futur.
vous pleurez – ils couraient – tu as ri – je mange – vous nagerez – ils écrivent – ils rangeaient – elle partira – j'ai vu – elles sortent

4 a. Fais varier les verbes en changeant trois fois de personnes (*je, tu, ils*).
Un berger décide de devenir commerçant. Il va à la foire où il choisit dix ânes. Puis il rentre chez lui.

b. Fais varier les verbes en commençant le texte par : *Un jour*. Recommence en commençant par *La semaine prochaine*.

5 Entoure les verbes. Souligne les mots ou les groupes de mots sujets qui les commandent.
Le château bouillonne d'activité. Le comte Ansiau reçoit sa « parentèle ». Il marie sa jeune fille Aélis. Elle vient d'avoir 14 ans. Dans le donjon, les cuisiniers font rôtir moutons, veaux et sangliers. Ils crient et activent le feu sous les broches.

★ 6 Nom ou verbe ? Identifie les mots soulignés.
1. Elsa cache son livre. Elle a une cache secrète.
2. L'éléphant a une trompe. Le renard rusé trompe le loup.
3. Tu souris à ton amie. La souris trotte.

★ 7 Lis le texte. Complète-le avec les pronoms sujets qui conviennent.

M. Margerelle s'adresse à ses élèves de CM2.

« ... suis votre nouveau professeur de français. ... viens d'écrire mon nom au tableau ; ... veillerez à ne pas faire de fautes ! [...] Au début de chaque cours, ... vous tiendrez derrière vos chaises. (Silence) ... ne vous arrêterez que lorsque ... vous le dirai. (Silence) Et quand la cloche sonnera, ... attendrez que ... vous donne l'ordre de sortir. (Silence) C'est la moindre des politesses. [...] Asseyez-... . »

Daniel Pennac, *Kamo, l'idée du siècle*, Éditions Gallimard Jeunesse.

★ 8 Relève les verbes conjugués. Indique leur temps : passé, présent ou futur. Écris leur infinitif.

Du XIe au XIIIe siècle, les campagnes se sont enrichies. On a alors laissé la terre se reposer un an sur deux. On a alterné les cultures. Pour un grain de blé que l'on récoltait en l'an mil, deux cents ans plus tard on en obtient dix. Désormais, on forge le fer chauffé, on le bat et on façonne de meilleurs outils. On met un soc de fer à la charrue en bois. Le moulin à eau sert à moudre le blé. On y écrase aussi des chiffons qui deviendront papier.

J'écris

Rédige des phrases avec les mots proposés. Tu dois les employer comme des noms et comme des verbes :
laque – bouche – copie – colle   ★ rate – ferme – produit

49

Conjugaison ❷ LE VERBE

Infinitif et groupes

Au pays des monstres

Parmi les roches de diamant, Sindbad voit **circuler** les gardiens du trésor. Ces gardiens sont des serpents noirs. Leur taille paraît énorme : ils peuvent sûrement **engloutir** chacun un éléphant. Sindbad attend avant de **poursuivre** son exploration.
Tout à coup, devant lui, surgit une bête effrayante. Son corps devient immense. Sur son nez pousse une corne et de cette corne sort une figure humaine. Sindbad a entendu **dire** qu'elle lui sert à **combattre** l'éléphant et à le **réduire** en poudre. C'est le *Karkadann*. Il n'obéit qu'au mystérieux propriétaire du trésor.

D'après *Sindbad le marin*, contes des *Mille et une nuits*.

1. Par deux, dans un dictionnaire :
– Cherchez les verbes écrits en gras puis les verbes soulignés. Sous quelle forme les trouvez-vous ?
– Choisissez trois de ces verbes. Relevez toutes les formes qu'ils prennent.
Combien de formes prend **l'infinitif** d'un verbe ?

2. Classe les infinitifs des verbes que tu as observés selon leur terminaison.
Cherche d'autres verbes dans le dictionnaire et continue ton classement.

3. Conjugue au présent et à la première personne du pluriel les verbes qui se terminent par *-ir*.
Que remarques-tu ? Reprends le classement des verbes selon tes observations.
Attention ! Le verbe *aller* se classe dans le 3ᵉ groupe.
Les verbes *être* et *avoir* sont des **auxiliaires** lorsqu'ils aident à conjuguer d'autres verbes.

Est-ce que je sais faire ?

Relève les formes conjuguées des verbes.
Entoure la base (le radical).

détendre v. (conjug. 41) **1.** Rendre moins tendu. *Le guitariste détend les cordes de sa guitare. — L'élastique s'est détendu.* **2.** Supprimer la fatigue. → **délasser.** *Un bain chaud vous détendrait. — Elle s'est détendue en écoutant de la musique.* → se **décontracter.**

communiquer v. (conjug. 1) **1.** Faire savoir, faire connaître. *Il nous a communiqué ses projets.* **2.** Échanger des informations en parlant, en se faisant des signes. *Les sourds-muets communiquent par gestes.* **3.** *Le rire de Julie se communiqua à toute la classe*, il se transmit à toute la classe. **4.** *Le salon communique avec la salle à manger*, on peut passer directement du salon à la salle à manger.

© *Le Robert Junior*, 2010.

Je construis la règle

Pour nommer un verbe, on emploie son … .
Les verbes sont classés en … groupes :
– les verbes du … groupe ont leur infinitif en *-er* ;
– ceux du deuxième … ont leur infinitif en *-…* et leur base (radical) en *-iss-* à certaines personnes (*nous choisissons, vous réagissez*) ;
– tous les autres verbes appartiennent au … groupe.

MÉMO P. 19

LES MOTS CLÉS

- L'infinitif du verbe
- Un groupe de verbes
- Une base (ou un radical)
- Un auxiliaire (*avoir/être*)

50

Je m'entraîne

1 Classe les verbes en trois colonnes selon leur groupe.

saler – réunir – revenir – voir – caler – savoir – fleurir – envahir – bouger – mettre – débattre – garder – réfléchir – prendre – fuir – aller – répondre – détruire – abriter – cuire – vivre – grandir – conduire – éteindre – essuyer – rire – croire – envoyer

2 Applique la technique que tu connais pour classer ces verbes dans le 2ᵉ ou le 3ᵉ groupe.

aplatir – venir – sortir – accourir – mentir – offrir – rugir – retenir – sentir – ouvrir – grossir – devenir – hennir – agrandir

3 Indique l'infinitif de chaque série de verbes conjugués et son groupe.

1. elle saura – je savais – ils savent
2. tu disais – elle a dit – vous dites
3. je tiens – ils tiendront – tu as tenu
4. elle a fait – vous faites – ils feront

4 Souligne les verbes conjugués. Écris l'infinitif et le groupe de chacun d'eux.

1. La grenouille plonge dans la mare.
2. Les insectes s'enfuient.
3. La grenouille ressort de l'eau.
4. Elle prend place sur son nénuphar.
5. Elle ouvre sa bouche et coasse.

5 Classe les verbes conjugués dans le tableau.

Tu iras au cirque. Le chapiteau est en place. Les artistes ont des caravanes. Les animaux sont dans leur cage. Je vais leur apporter du pain. Un gardien a la charge de les surveiller. Ils auront un numéro à exécuter. Le tigre sera la vedette. Vous allez voir un beau spectacle.

être	avoir	aller
...	...	...

6 Cherche les verbes qui sont définis.

1. Mettre en tas, c'est ...
2. Redire plusieurs fois, c'est ...
3. Changer de logement, c'est ...
4. Mettre des épices, c'est ...

7 Relève l'infinitif intrus dans chaque série.

1. mentir – sortir – partir – avertir – repartir
2. manger – cuisiner – aller – poser – étaler
3. rajeunir – punir – tenir – hennir – se munir

8 Dans ton dictionnaire, cherche deux verbes de chaque groupe. Recopie une phrase exemple contenant une forme conjuguée.

9 Lis ce texte sur La Fontaine. Relève les verbes à l'infinitif. Classe-les selon leur groupe.

À Château-Thierry, dans l'Aisne, au XVIIIᵉ siècle, on pouvait surprendre un homme d'allure simple chargé d'inspecter les forêts royales. Il pouvait battre les bois toute la journée, oubliant de déjeuner. Il était capable de ne pas entendre le vent, de ne pas sentir la pluie, de ne pas s'apercevoir que la nuit tombait.
Il aimait attendre des heures, assis sous un arbre, pour voir surgir un animal. Les animaux le faisaient souvent réfléchir aux hommes.
Il composait dans sa tête de petits récits pour dépeindre la ruse, la bêtise, la malice, la tendresse…
Enfants, vous devez connaître ce grand écrivain. Petits et grands aiment lire ses fables. Vont-elles réussir à vous faire rire ?

10 Récris chaque phrase avec un verbe du 1ᵉʳ groupe. Ne change pas son sens.

1. Tu ne sais plus tes tables de multiplication.
2. Elle a brisé un verre.
3. Maman a appelé Mamie au téléphone.
4. Le chaton s'enfuit.
5. Tu as mis de l'ordre dans ta chambre.

11 Relève les verbes conjugués. Écris leur infinitif et leur groupe.

Peu à peu tombe la nuit. Brebis et agneaux dorment dans l'enclos. Les chevaux hennissent dans la steppe. Dans la yourte bien chaude, le vieux Mongol réunit les enfants autour de lui. Il prend sa flûte, fait quelques accords, joue un peu… Tous les visages se tendent vers lui. Alors, les yeux se remplissent de rêves. Depuis des siècles, on entend les mêmes contes…
Dans le ciel sombre, luit la lune.

J'écris Trouve le contraire des verbes *monter, ouvrir, interdire, vider, se réveiller*.
Rédige une phrase au présent pour chaque contraire.

Conjugaison ③ L'EMPLOI DES TEMPS DE L'INDICATIF

Les valeurs du présent

1
La tortue propose au lièvre de faire une course avec lui. Le lièvre ricane, se moque puis finit par accepter. La tortue part aussitôt…

2
Le conte parle de tout : des sages et des fous.
Fil rouge qui file et défile
Monte l'écheveau, dévide le fuseau
qui pousse, tisse et déroule l'histoire.

3
Le carré et le rectangle sont des figures géométriques appelées quadrilatères.

4
Les hirondelles, les cigognes, les oies sauvages migrent du Nord au Sud à l'automne. Elles reviennent au printemps.

5
Au 17e siècle, Corneille, Racine, Molière écrivent des pièces de théâtre. Leurs troupes jouent devant le roi Louis XIV et la cour. La Fontaine imagine des fables.

6
Demain, je me documente sur Molière.
Demain, je me documenterai sur Molière.

1. À quel genre appartient le texte 1 ? Lis-le au passé. Quel effet cela a-t-il ? Justifie l'emploi du présent.

2. Essaie de changer le temps des verbes dans le texte 2.
Ces réflexions gardent-elles du sens ? Justifie l'emploi du présent.

3. Si tu changes le temps des verbes dans les textes 3 et 4, que remarques-tu ? Quel est le temps qui préserve le sens ?

4. À quel genre appartient le texte 5 ? Pourrais-tu l'écrire à d'autres temps ? Fais des essais. Quel effet produit l'emploi du présent ?

★ **5.** Texte 6 : le changement de temps change-t-il complètement le sens de la phrase ? Explique.

Est-ce que je sais faire ?

1 Classe les phrases dans le tableau selon la valeur du présent.

1. Les fables d'Esope remontent à 2 500 ans.
2. Quand on parle du loup, on en voit la queue.
3. Les tortues hibernent.
4. Un tremblement de terre dévaste Haïti.
5. Le verbe s'accorde avec le sujet.
6. Aujourd'hui, il neige. On fait un bonhomme.
7. Vers 1450, Guntenberg perfectionne l'imprimerie.
8. Le roi épouse la princesse. Ils sont heureux.
9. Demain, j'emprunte une BD à Ludmilla.
10. Cet après-midi, nous allons à la piscine.

Pour parler du moment présent, de l'actualité, de ce qui se passe au moment où l'on parle.	Pour dire ce qui est toujours vrai, habituel. Pour énoncer une vérité toute faite.	Pour résumer des histoires.	Pour rapporter des faits historiques.	Pour exprimer quelque chose à venir (un futur).
…	…	…	…	…

2 Récris cet extrait du *Petit Poucet* au présent. Explique l'effet produit.

Un bûcheron et une bûcheronne avaient sept garçons. L'aîné n'avait que dix ans, et le plus jeune n'en avait que sept. Ils étaient fort pauvres et leurs sept enfants les chargeaient beaucoup. Un soir, ils décidèrent de les perdre dans la forêt.

Je construis la règle

MÉMO P.20

On emploie le ... de l'... :
– pour raconter ce qui se passe maintenant ;
– pour dire ce qui est toujours ... ou habituel ;
– pour dire ce qui se passera plus ... .

Il permet de résumer des ..., de ... l'Histoire pour rapprocher les faits ou les évènements du lecteur.

Je m'entraîne

1 Recopie les phrases qui expriment une vérité scientifique.

1. Le loup disparaît un peu partout.
2. On raconte une histoire de loup.
3. Le renard appelle le coq « mon cousin ».
4. Le renard dort pendant la journée.
5. Le renard et le loup sont des canidés.

2 Lis le texte. Récris-le au présent.

Les hommes qui habitaient la Gaule s'appelaient des Gaulois. Ils aimaient la liberté. Lorsqu'ils combattaient, ils s'habillaient comme pour une fête. Ils portaient des casques ornés de cornes de bœufs. Leurs bijoux décoraient leur armure. Ils avaient pris le coq pour emblème.

Coq en bronze du XIe siècle.

J'écris   Imagine une phrase pour raconter, une autre pour expliquer quelque chose d'habituel.

★ Écris une règle de grammaire que tu connais au présent.

★ **3** Indique la valeur du présent employé dans chaque phrase.

| habituel, toujours vrai | futur | actualité | récit |

1. La cigogne migre deux fois par an. Elle passe l'hiver en Espagne, en Afrique du Nord.
2. La cigogne livre les bébés à domicile.
3. Ce matin, deux cigognes volent au-dessus de l'école.
4. Le renard invite la cigogne à dîner. Il lui sert un potage dans une assiette très plate. La cigogne, avec son long bec, ne peut rien manger.
5. Dans un mois, les cigognes repartent vers le Sud.
6. Ces cigognes pêchent dans l'étang : les grenouilles se sauvent.

★ **4** Récris ce texte au présent comme s'il s'agissait d'un article de dictionnaire.

> **VICTOR HUGO (1802-1885)**
>
> En 1822, le roi lui attribua une bourse pour son premier recueil de poésies. De 1830 à 1840, il publia de nombreuses œuvres. Ces œuvres frappaient par leur puissance créatrice.
> Après le décès de sa fille Léopoldine, en 1843, il se lança en politique. Il combattit la peine de mort, s'éleva contre le travail des enfants, défendit les ouvriers. L'empereur Napoléon III le bannit de France.
> À sa mort, toute la France pleura cet auteur et ce citoyen qu'elle vénérait.

Conjugaison ④ LA FORMATION DES TEMPS DE L'INDICATIF

Le présent (1)
Les verbes du 1ᵉʳ et du 2ᵉ groupes ; *être* et *avoir*

LE JARDIN MOUILLÉ

La croisée est ouverte ; il pleut
Feuille à feuille, la pluie <u>éveille</u>
L'arbre poudreux qu'elle <u>verdit</u> ;
Au mur, on dirait que la treille
<u>S'étire</u> d'un geste engourdi
L'herbe <u>frémit</u>, le gravier tiède
<u>Crépite</u>.

LE COIN DU FEU

La pluie à déluge le long du toit <u>ruisselle</u> !
L'orme du chemin <u>penche</u>, <u>craque</u> et <u>chancelle</u>.
Le torrent <u>aboie</u> au fond du gouffre.
Il <u>gèle</u> ! Et à grand bruit, sans relâche, la grêle
De grains rebondissants <u>fouette</u> la vitre grêle !
La bise d'hiver <u>se fatigue</u> et <u>gémit</u> !
Qu'importe ? N'<u>ai</u>-je pas un feu clair dans mon âtre,
Sur mes genoux, un chat qui <u>joue</u> et <u>folâtre</u> ?

---

1. À quel temps sont conjugués les verbes soulignés ? Écris leur infinitif et leur groupe.

2. Conjugue oralement au présent les verbes : *crépiter* et *craquer*.
Écris quelques formes. Isole les deux éléments qui composent chaque forme conjuguée :
la **base** (ou **radical**) et la **terminaison** qui marque le temps et la personne.

★ **3.** En t'aidant d'outils, conjugue au présent les verbes : *fouetter, ruisseler, geler, répéter, achever, crier, jouer, distribuer, fatiguer, payer*.

4. Fais la même chose pour les verbes *frémir, gémir*. La base a deux formes : lesquelles ?

COLLECTIF

Est-ce que je sais faire ?

1 Complète les tableaux. Entoure les bases en bleu, les terminaisons en rose.

Infinitif	Personnes possibles	Verbe conjugué
arroser	…	arrosons
…	…	lançons
crier	ils	…
…	…	remues
songer	nous	…
nouer	elle	…
…	j'	effectue
convoquer	nous	…
…	…	distinguons

Infinitif	Personnes possibles	Verbe conjugué
congeler	nous	…
…	…	ficellent
projeter	je	…
…	…	rachètent
lever	nous	…
soulever	tu	…
…	…	appuient
ployer	ils	…
balayer	je	…

2 Conjugue les verbes au présent de l'indicatif.

1. Les roses (*fleurir*), (*s'épanouir*) puis (*se flétrir*).
2. Tu (*avoir*) faim. La route (*être*) longue. Vous (*avoir*) confiance.

MÉMO P. 42

Je construis la règle

– Au … de l'indicatif, les terminaisons des verbes du … groupe
ne s'entendent pas toujours. Il ne faut pas les oublier à l'écrit.
– Les verbes du deuxième … ont pour … : *-s, -…, -…, -…, -…, -…*.
⚠ Avec *nous* et *vous*, la base … (*je* **chois**is, *nous* **choisiss**ons).

LES MOTS CLÉS

• Le présent de l'indicatif
• La personne
• Une base
• Une terminaison

54

Je m'entraîne

1 Écris les pronoms manquants.

... révise – ... récitent – ... joues – ... comptez – ... conjuguent – ... rugit – ... rougissons – ... frémit – ... grandissent – ... réagis

2 Écris des GN sujets. Pense aussi aux noms propres.

1. ... jappe et aboie.
2. ... miaulent et ronronnent.
3. ... soigne son cobaye.
4. ... chante « cocorico ».
5. ... et ... bêlent.
6. ... adopte un chaton.
7. ... sifflent et ont un bec jaune.
8. ... promène son chien.
9. ... aiment les animaux.
10. ... et ... nagent sur l'étang.

3 Complète le tableau. Entoure le radical des verbes conjugués.

Infinitif	Personnes possibles	Verbe conjugué	Terminaison
fournir	je, tu	...	...
...	...	obéissons	...
retenir	...	...	-t
...	ils, elles	finissent	...
...	...	choisissez	...

4 Observe les terminaisons des formes conjuguées. Classe-les en deux colonnes selon leur groupe.

elle réagit – elle se réfugie – il plie – elle remplit – elle supplie – il vieillit – tu apprécies – tu rétrécis – tu oublies – tu établis

5 Relève les verbes conjugués. Indique leur infinitif. Classe-les en deux groupes.

Le cochon

Tu fourres ton nez partout. Ton groin frémit sans cesse. Tu caches sous tes oreilles des yeux qui rétrécissent. Les méchants te méprisent car tu te nourris de pâtée qui semble dégoûtante. On te calomnie. Et toi, tu rosis de plaisir.

Jules Renard, *Histoires naturelles*.

6 Conjugue les verbes au présent à la 2ᵉ personne du singulier et du pluriel.

bouger – percer – conjuguer – bloquer

7 Écris l'infinitif de chaque forme verbale.

nous plaçons – nous bougeons – tu projettes – vous rejetez – tu achètes – je gère – nous régnons – il repère – vous répétez – je cède – vous accélérez

8 Écris chaque verbe entre parenthèses au présent de l'indicatif.

1. L'herbe (*gémir*) sous les pas des fauves. Elle (*plier*) sous leur poids.
2. Les lionnes (*étudier*) le trajet des antilopes et elles (*bondir*) lorsqu'elles (*être*) à leur portée.
3. Les lions (*surveiller*) leur antre et (*rugir*).

9 Écris les verbes entre parenthèses au présent de l'indicatif, accompagnés de leur sujet.

L'écrivain Roald Dahl naît en Angleterre en 1916. Après ses études, il (*travailler*) en Afrique. Durant la guerre 1939-1945, il (*s'engager*) dans la Royal Air Force où il (*être*) pilote de chasse. Il (*remplir*) bien sa mission. Il (*réussir*) à échapper à la mort lorsque son avion (*atterrir*) brutalement. Après la guerre, Roald Dahl (*essayer*) de se construire une carrière d'écrivain. Pendant quinze ans, il (*publier*) des livres pour adultes. Puis il (*continuer*) dans la littérature de jeunesse pour laquelle il (*posséder*) un réel talent. Aujourd'hui encore, ses ouvrages (*avoir*) un immense succès.

J'écris Cherche le nom : *Perrault (Charles)*. Rédige un article au présent pour le présenter. Emploie des verbes comme : *imaginer – être – avoir – réunir – raconter – divertir – rédiger – apprécier*.

Conjugaison 5 — LA FORMATION DES TEMPS DE L'INDICATIF

Le présent (2) : les verbes du 3ᵉ groupe

Claude Monet, *La rue Montorgueil à Paris*, 1878.

Sur ce tableau, les taches de couleur n'<u>offrent</u> pas une image détaillée. Mais elles <u>permettent</u> de penser à une rue pavoisée de drapeaux français, que <u>parcourt</u> la foule. Si on <u>lit</u> la toile en partant des côtés, on <u>comprend</u> sa composition en triangles. Et on en <u>perçoit</u> la profondeur. Les Impressionnistes, école de peinture à laquelle <u>appartient</u> Claude Monet, ne <u>peignent</u> pas la réalité comme on la <u>voit</u>. On <u>doit</u> avoir des « impressions ». Ce genre d'art <u>fait</u> scandale lorsque le public le <u>découvre</u> en 1874. Aujourd'hui ces toiles <u>se vendent</u> des millions d'euros.

1. Écris l'infinitif des verbes soulignés. Classe-les selon leur terminaison.

2. Conjugue-les au présent de l'indicatif. Écris quelques formes. Aide-toi des tableaux de conjugaison.

3. Essaie de distinguer les **bases** (ou radicaux) et les **terminaisons**. Liste les terminaisons que tu as observées.

Est-ce que je sais faire ?

Conjugue les verbes au présent de l'indicatif. Entoure les bases en bleu.

	écrire	sortir	savoir	devoir	devenir	prendre	voir	croire	ouvrir	recevoir
je, j'	…	…	…	…	…	…	…	…	…	…
tu	…	…	…	…	…	…	…	…	…	…
il, elle	…	…	…	…	…	…	…	…	…	…
nous	…	…	…	…	…	…	…	…	…	…
vous	…	…	…	…	…	…	…	…	…	…
ils, elles	…	…	…	…	…	…	…	…	…	…
★ NOMBRE DE BASES	…	…	…	…	…	…	…	…	…	…

Je construis la règle

MÉMO P. 42

Au présent, les verbes du … groupe ont des … verbales irrégulières. La … (ou le radical) peut … selon la … .

★ Un verbe du 3ᵉ groupe peut avoir une ou plusieurs bases.

LES MOTS CLÉS
- Les verbes du 3ᵉ groupe
- Des bases et des terminaisons variables

Je m'entraîne

À faire tout seul sur mon cahier
5 6 • 10   Corrigés p. 169

❶ Écris les formes verbales au présent de l'indicatif.

1. tenir → nous … – venir → tu … – retenir → il …
2. partir → tu … – mentir → elle … – démentir → ils …
3. entendre → j'… – pendre → nous …
4. offrir → tu … – couvrir → ils … – souffrir → je …
5. conduire → nous … – produire → vous …
6. dire → vous … – faire → vous … – écrire → ils …
7. voir → je … ; croire → nous … ; vouloir → elles …

❷ Conjugue les verbes au présent et aux personnes indiquées.

1. *je/nous* → courir – découvrir – repartir
2. *tu/vous* → suivre – vivre – poursuivre
3. *elle/ils* → cuire – séduire – réduire
4. *je/nous* → devoir – pouvoir
5. *elle/vous* → surprendre – apprendre – comprendre

❸ a. Ajoute les pronoms sujets manquants.

… gémissent – … sentent – … revenez –
… aplatissez – … accourt – … viennent – … jaunit –
… sors – … surgissons

b. Écris l'infinitif de chaque verbe. Classe-les selon leur groupe.

❹ Conjugue les verbes au présent à la 3ᵉ personne du singulier et du pluriel.

suspendre – aller – revoir – sourire – démentir – dormir – détruire – couvrir – prévoir

❺ Complète chaque phrase en conjuguant les verbes au présent.

1. À l'automne, les feuilles (*jaunir*), (*rougir*) puis (*mourir*) sur le sol.
2. Lucas (*défaire*) son puzzle puis il le (*refaire*) en regardant le modèle.
3. Le SAMU (*recevoir*) un appel d'urgence. Un médecin (*répondre*) et toute son équipe (*intervenir*) rapidement.

❻ Relève les verbes du 3ᵉ groupe. Écris leur infinitif.

Les hérissons partent à la tombée du jour pour chasser. Ils se nourrissent de larves, d'insectes, de limaces. Ils détruisent les ennemis des jardiniers. Souvent, ils périssent écrasés sur les routes. Nous devons les protéger.

★ **❼ Écris les verbes au présent et à la personne demandée.**

1. cueillir → 1ʳᵉ personne du singulier
2. prévoir → 1ʳᵉ personne du pluriel
3. faire → 2ᵉ personne du pluriel
4. remettre → 3ᵉ personne du singulier

★ **❽ Regroupe les verbes qui se conjuguent de la même manière au présent.**

Exemple : *prendre, rendre…*

revenir – recevoir – intervenir – cuire – mettre – survenir – retenir – luire – devenir – apercevoir – promettre – décevoir – admettre – construire

★ **❾ Récris les verbes conjugués à l'imparfait au présent de l'indicatif.**

Mon chat venait me rejoindre dès que je m'étendais sur mon lit. Je lui apprenais à lire mais il s'endormait vite. Il se mettait en boule sous mes draps. Maman voulait nourrir le chat. Elle ne le voyait nulle part. Alors elle accourait dans ma chambre, apercevait une bosse sous les draps et se mettait à nous gronder. Elle disait que le chat ne devait pas dormir avec moi.

★ **❿ Écris les verbes entre parenthèses au présent.**

Les frères Montgolfier inventent le premier ballon dirigeable.

1. En 1788, les deux frères (*mettre*) au point leurs machines. Ils (*multiplier*) les expériences. Cette année-là, ils (*savoir*) que leurs travaux (*aboutir*) enfin.
2. Le 5 juin au matin, les spectateurs (*voir*) s'élever un gros globe de toile. Une base en bois (*maintenir*) une large ouverture. Le tout (*être*) posé sur un foyer d'où (*sortir*) de grandes flammes. Huit hommes (*retenir*) l'enveloppe. Au signal de Joseph Montgolfier, ils (*lâcher*) la toile. La machine (*prendre*) de la hauteur, (*parcourir*) deux kilomètres et (*atterrir*) doucement.

J'écris   Cherche *Monet (Claude)* dans un dictionnaire. Relis le texte page 56. Écris quelques phrases pour le présenter. Emploie les verbes *dessiner, vouloir, devenir, peindre, voir* au présent.

57

Conjugaison 6 — L'EMPLOI DES TEMPS DE L'INDICATIF

Le passé composé et le passé simple

1. Une nuit, l'empereur <u>fit</u> un cauchemar qui le <u>réveilla</u>. Il <u>vit</u> ses deux superbes poulains blancs qui galopaient dans la steppe. Au lever du jour, il <u>se rendit</u> à l'enclos. Alors, il <u>remarqua</u> la barrière cassée. La jument hennissait de douleur.

2. Une nuit, l'empereur <u>a fait</u> un cauchemar qui l'<u>a réveillé</u>. Il <u>a vu</u> ses deux superbes poulains blancs qui galopaient dans la steppe. Au lever du jour, il <u>s'est rendu</u> à l'enclos. Alors, il <u>a remarqué</u> la barrière cassée. La jument hennissait de douleur.

3. Mon cher Papi
Papa m'<u>a acheté</u> un album de Lucky Luke et l'<u>a lu</u> avec moi.
Il m'<u>a expliqué</u> l'histoire de ce cow-boy.
Il <u>est allé</u> au grenier chercher d'autres albums de cette série. Nous les <u>avons feuilletés</u>.

4. Mon cher Papi
Papa m'<u>acheta</u> un album de Lucky Luke et le <u>lut</u> avec moi.
Il m'<u>expliqua</u> l'histoire de ce cow-boy.
Il <u>alla</u> au grenier chercher d'autres albums de cette série. Nous les <u>feuilletâmes</u>.

TEXTES **1.** À quel temps sont conjugués les verbes soulignés dans chaque texte ?
1 2 Quelle version de cet extrait de conte te paraît la plus adaptée ? Explique. Dans quel genre de textes trouve-t-on le **passé simple** ?

2. À quel temps sont conjugués les autres verbes ? Essaie d'expliquer pourquoi ils ne changent pas d'un texte à l'autre.

TEXTES **3.** À quels temps sont conjugués les verbes soulignés ?
3 4 Quelle version adopterais-tu si tu écrivais une lettre ? Pourquoi ?

Quels temps du passé connais-tu ? Comment sont-ils formés ?

Est-ce que je sais faire ?

a. Dans chaque texte, surligne les verbes de trois couleurs différentes selon qu'ils sont au passé composé, au passé simple et à l'imparfait.

1. Un éléphant mangeait tranquillement des feuilles. Un lion survint. L'éléphant se sauva. Un groupe d'antilopes fila dans la savane.
2. Un nouveau tronçon d'une ligne TGV a été ouvert l'an dernier. Le ministre des transports présidait l'inauguration.
3. Le chien a aboyé. Je me suis levé. J'ai regardé dehors. Dans le poulailler, les poules volaient, battaient des ailes. Dans la cour, un renard avançait prudemment.

b. Justifie l'emploi de ces temps. Quels sont les deux temps qui ne cohabitent pas dans un même texte ?

Je construis la règle

Le passé ... et le ... simple peuvent être employés avec l'imparfait. Cela dépend du genre de ... que l'on écrit.
Le ... ... n'est jamais employé avec le passé simple.

LES MOTS CLÉS
- Imparfait + passé simple
- Imparfait + passé composé

L'imparfait, le passé simple et le plus-que-parfait

Un soir, un vol de cygnes sauvages <u>passa</u> au-dessus du village, <u>tournoya</u> longtemps puis <u>se posa</u> près d'un lac. Avant la nuit, les cygnes <u>se nourrirent</u>, <u>se reposèrent</u> et <u>s'endormirent</u>. Ils venaient de très loin. Ils naissaient en Sibérie, y grandissaient et partaient pour gagner des régions moins froides.
Avant d'arriver au lac, ils **avaient volé** longtemps, **avaient fait** plusieurs haltes. Les plus jeunes cygnes **avaient suivi** le vieux mâle qui **s'était placé** en tête du vol en V.
Le lendemain matin, ils <u>s'envolèrent</u>.

1. Quels verbes précisent ce que font les cygnes près du village ?
Relève-les en suivant l'ordre des actions. Quels groupes de mots les introduisent ?
En quoi ces **mots et expressions de temps (indicateurs de temps)** sont-ils utiles ?
2. Dans le premier paragraphe, repère les phrases comportant des verbes à l'imparfait.
Qu'expliquent-elles ? Quel est le rôle de **l'imparfait** ?
3. Comment les verbes en gras sont-ils formés ? Ils sont au **plus-que-parfait**.
Quand se situent les faits racontés au plus-que-parfait ? Et ceux racontés au passé simple ?

Est-ce que je sais faire ?

Entoure de trois couleurs différentes les verbes à l'imparfait, ceux au passé simple et ceux au plus-que-parfait. Aide-toi des tableaux de conjugaison.

Un berger provençal, très solitaire, plante des arbres. Un promeneur fait sa rencontre.

Après le repas de midi, il recommença à trier sa semence. Je mis, je crois, assez d'insistance dans mes questions puisqu'il y répondit. Depuis trois ans, il plantait des arbres dans cette solitude. Il en avait planté cent mille. Sur les cent mille, vingt mille étaient sortis. […] Il s'appelait Elzéard Bouffier. Il avait possédé une ferme dans les plaines. Il y avait réalisé sa vie. Il avait perdu son fils unique, puis sa femme. Il s'était retiré dans la solitude où il prenait plaisir à vivre lentement, avec ses brebis et son chien. Il avait jugé que ce pays mourait par manque d'arbres. Il ajouta que, n'ayant pas d'occupations très importantes, il avait résolu de remédier à cet état des choses.
Jean Giono, *L'Homme qui plantait des arbres*, © Éditions Gallimard.

Je construis la règle

– Dans un récit, le passé simple sert à raconter des … ou des actions passés. Il est introduit par des indicateurs de … .
– L'… sert à expliquer, à planter le décor.
– Le …-que-… sert à raconter des évènements ou des faits qui se sont déroulés avant d'autres évènements situés eux-mêmes dans le passé.
Ces trois … expriment le passé. On les emploie surtout dans des … .

LES MOTS CLÉS
- L'imparfait
- Le passé simple
- Le plus-que parfait (faits plus anciens)

Conjugaison 7 — LA FORMATION DES TEMPS DE L'INDICATIF

Le passé composé (1)
Les verbes du 1er et du 2e groupes ; *être* et *avoir*

1. Les frères Grimm <u>ont réuni</u> des contes allemands.
2. Dans leurs contes, les chasseurs <u>ont délivré</u> le Petit Chaperon Rouge.
3. Il <u>a eu</u> plus de chance que dans les contes de Perrault.
4. Chez Charles Perrault, la fillette et sa grand-mère <u>ont été</u> dévorées.
5. Elles <u>sont restées</u> dans le ventre du loup !
6. Dans le conte de Grimm, la fillette <u>est arrivée</u> à échapper au loup et, par la suite, elle <u>a écouté</u> les conseils de ses parents.

1. Donne l'infinitif de chaque forme verbale soulignée. Elles sont au **passé composé**.
De quels éléments sont-elles composées ?
À quel temps sont les **auxiliaires** *être* et *avoir* ? Repère les **participes passés**.

2. Observe les participes passés dans les phrases 5 et 6. Que remarques-tu ?
Récris la phrase 5 comme s'il s'agissait *d'une brebis, d'un mouton, de deux moutons*.
Fais la même chose pour la phrase 6 en faisant varier le sujet *la fillette* en genre et en nombre.

3. Compare tous les participes passés.

Est-ce que je sais faire ?

1 Complète les tableaux au passé composé. Entoure la terminaison du participe passé.

Infinitif	Pronoms possibles	Verbe conjugué
marcher	tu	…
avancer	j'	…
pleurer	ils, elles	…
convoquer	Lola, elle	…
tomber	les pommes, elles	…
parler	vous	…
être	nous	…
avoir	tu	…

Infinitif	Pronoms possibles	Verbe conjugué
arriver	je (une fille)	…
avoir	elles	…
finir	il, elle, on	…
réciter	nous	…
sauter	j'	…
passer	tu (Alexis)	…
rester	vous (des garçons)	…
réfléchir	ils, elles	…

2 Conjugue les verbes *être* et *avoir* au passé composé, aux 2e et 3e personnes du singulier et du pluriel.

Je construis la règle

– Le … … est un temps du passé. Il est composé de l'… *avoir* ou *être* conjugué au … et du … … du verbe conjugué.
– Lorsque le verbe est conjugué avec l'auxiliaire …, le participe passé s'accorde avec le … .

MÉMO P. 42

LES MOTS CLÉS
- Le passé composé
- Un auxiliaire : *avoir* ou *être*
- Un participe passé

Je m'entraîne

À faire tout seul sur mon cahier
4 6 · 8 10   Corrigés p. 169

1 Relève les formes verbales au passé composé.

1. elle pleure – tu pleurais – ils ont pleuré
2. tu es rentrée – nous rentrons – il rentra
3. nous jouons – elles jouent – j'ai joué
4. il avance – vous avez avancé – ils avancèrent

2 Écris chaque phrase au passé composé.

1. Le chat miaule.
2. Le pigeon roucoule.
3. La pie jacasse.
4. Les moineaux pépient.

3 Même consigne que pour l'exercice 2.

1. La tourterelle se perche.
2. Les souris rentrent dans le grenier.
3. La perruche s'échappe.
4. Les poules finissent de pondre leurs œufs.

4 Récris chaque phrase avec le sujet proposé.

1. Le colis est arrivé hier. → La lettre …
2. La balle est tombée dans l'eau. → Le ballon …
3. L'équipe est arrivée à l'heure. → Les joueurs …
4. Ils sont rentrés chez eux. → Anaïs et Emma …

5 Écris toutes les phrases que tu peux avec les groupes proposés.

La grenouille	se sont perchées.
Les corbeaux	ont chassé.
Les pies	a plongé.
Le crapaud	s'est sauvée.

6 Récris le texte au passé composé. Pense aux accords des participes passés.

En automne, les canards quittent les marais du Nord. Ils volent pendant des jours. Le soir, ils se posent près d'un point d'eau. Ils se nourrissent. Chaque matin, ils remontent haut dans le ciel. Ils arrivent en Camargue dix jours après leur départ et ils se reposent.

J'écris Raconte au passé composé comment tu as réalisé une recette.
Emploie des indicateurs de temps pour montrer la chronologie des actions.

★ 7 Classe les phrases selon que le verbe est conjugué avec l'auxiliaire *être* ou *avoir*.

J'ai eu peur. – Tu as sursauté. – Elle a marché. – Ils sont tombés. – Il a réfléchi. – Nous avons crié. – Vous êtes arrivées. – Vous avez grandi.

★ 8 Écris les verbes entre parenthèses au passé composé. Veille aux accords.

Au cours du 19e siècle, les ouvriers *(gagner)* de nouveaux droits du travail. Ils *(s'organiser)* en associations professionnelles. Dans le même temps, des penseurs *(proposer)* des idées. Elles *(améliorer)* le sort des ouvriers.

★ 9 Complète chaque phrase avec un GN sujet.

1. … a donné des billes à Nasri.
2. … se sont posées sur une branche.
3. … ont fini leurs devoirs.
4. … s'est blessée au doigt.

★ 10 Récris cette phrase avec les GN proposés.

Élise et Marion ont vidé les corbeilles à papier dès qu'elles sont arrivées. Elles ont rangé leur casier puis elles se sont reposées.

Kamel – Alexis et Hortense – Les garçons

★ 11 Lis cette biographie. Écris-la au passé composé.

> #### RAYMOND QUENEAU (1920-1976)
>
> Né au Havre, il *(avoir)* d'abord du goût pour les mathématiques. Ce goût le *(porter)* à imaginer des jeux sur le langage. En 1947, il *(publier)* Zazie dans le métro dont on *(tirer)* un film. Cet ouvrage *(être)* apprécié. Il *(croiser)* les genres poétique et romanesque. Il *(refuser)* de séparer ces genres. En 1960, avec François Le Lionnais, il *(fonder)* l'OULIPO, un groupe d'écrivains, de poètes, de mathématiciens qui *(s'amuser)* avec la langue et *(jouer)* sur les mots. Ils *(composer)* des textes très drôles.

★ 12 Écris les phrases au passé composé en tenant compte du sens du verbe. Pense aux accords.

1. Le moral de l'équipe remonte après ce magnifique but.
2. Le plongeur remonte deux gros rougets.

61

Conjugaison 8 — LA FORMATION DES TEMPS DE L'INDICATIF

Le passé composé (2) : les verbes du 3ᵉ groupe

AU PAYS DES INUITS

Les esquimaux <u>ont vécu</u> pendant des milliers d'années près de la banquise et sur la toundra. Vers 1700, des Blancs <u>ont découvert</u> les régions polaires. Ces premiers Blancs <u>sont partis</u>, d'autres <u>sont venus</u>. Ils <u>ont</u> peu à peu <u>détruit</u> la culture des peuples du Grand Nord. Ceux-ci <u>ont perdu</u> une grande partie de leurs coutumes. Ils <u>ont reçu</u> une nationalité et <u>sont devenus</u> les Inuits. Mais <u>ont</u>-ils <u>suivi</u> la voie de leurs ancêtres ?

Chasseur, peinture inuit au pochoir sur peau de phoque, Niviaksiak (1906-1959)

1. Relève toutes les formes verbales soulignées. Analyse leur composition.
– À partir du participe passé, écris l'infinitif de chaque verbe.
– Entoure l'auxiliaire *être* en bleu, l'auxiliaire *avoir* en rose. À quel temps sont conjugués ces auxiliaires ?
2. Justifie la terminaison de *partis, venus, devenus*. Les autres participes passés prennent-ils une marque d'accord ? Pourquoi ?

Quand emploie-t-on le passé composé ?

Est-ce que je sais faire ?

1 Complète le tableau en conjuguant les verbes au passé composé. Aide-toi des tableaux de conjugaison du mémo.

Infinitif	Pronoms possibles	Verbe conjugué
offrir	ils, elles	…
courir	j'	…
boire	…	as bu
apercevoir	nous	…
lire	il, elle, on	…

Infinitif	Pronoms possibles	Verbe conjugué
devenir	vous (des garçons)	…
peindre	…	a peint
savoir	tu	…
surprendre	…	ai surpris
partir	ils	…

2 Écris le participe passé de ces verbes du 3ᵉ groupe. Classe-les selon leur terminaison : *-i, -is, -it, -t, -u.*

ouvrir – partir – conduire – dire – apprendre – apercevoir – souffrir – mettre – combattre – décrire – servir – perdre – remettre – accourir – peindre – répondre – cuire – connaître – atteindre – sourire – lire

Je construis la règle

Les verbes du … groupe conjugués au … …, ont des participes … aux terminaisons irrégulières : *-i, -is, -it, -t, -u…*

MÉMO P. 42

LES MOTS CLÉS

- Des participes passés irréguliers

Je m'entraîne

1 Conjugue les verbes au passé composé et aux troisièmes personnes.

1. rire – partir – dormir – recevoir – entendre – tenir – vouloir – dire – offrir – conduire
2. faire – reproduire – écrire – répondre – savoir – obtenir – couvrir – lire – sortir – voir

2 Écris les phrases au passé composé. Veille à l'accord des participes passés.

Les assaillants (*prendre*) des échelles. Ils ne (*pouvoir*) pas monter jusqu'aux remparts. Le seigneur et ses soldats (*défendre*) le château. Les villageois (*venir*) se réfugier dans la cour. Finalement, les ennemis (*partir*) car ils (*comprendre*) qu'ils étaient battus.

3 Écris les terminaisons des participes passés.

Pablo a refai… ses opérations. Il a compri… que, comme il n'a pas bien su… ses tables, il n'a pas pu… trouver des résultats justes. Youri a ouver… son livre de mathématiques et a promi… à Pablo de l'aider.

4 Récris les phrases avec les sujets proposés.

1. Le merle est venu dans le jardin.
   la merlette – les moineaux – les mésanges
2. Le loir est sorti de son refuge.
   les loirs – la marmotte – les taupes

5 Écris les verbes entre parenthèses au passé composé. Veille aux accords.

Au cours du Moyen Âge, la vie des femmes (*s'améliorer*). Les châteaux (*devenir*) plus grands et plus confortables. Des femmes (*recevoir*) plus de considération. Dans leurs poèmes, les troubadours (*écrire*) qu'elles étaient belles. Certaines reines, des dames nobles (*obtenir*) de grands succès avec leurs poèmes et leurs romans. De nombreuses œuvres (*rester*) célèbres, comme celles de Marie de France.

6 Conjugue les verbes au passé composé.

1. Chloé (*retenir*) une place et (*prendre*) le TGV.
2. Elle (*partir*) lundi et elle (*revenir*) samedi.
3. Max et Karim (*recevoir*) un prix et ils (*aller*) le montrer à leur entraîneur.

7 Récris cette phrase au passé composé.

Les hommes préhistoriques eurent peur du lion des cavernes, apprirent à faire du feu, purent cuire les viandes, devinrent de bons chasseurs et les fauves restèrent loin du foyer.

8 Récris ces phrases au passé composé. Veille à la place des mots et à la ponctuation.

1. Je ne comprends pas cette règle.
2. À quelle heure Ninon arrive-t-elle ?
3. Pourquoi sortent-elles si tard ?
4. Sacha ne dit rien.
5. Franck et Arthur viennent-ils au match ?

9 a. Complète avec les auxiliaires *être* ou *avoir* selon le sens de la phrase.

1. a. Hans … surpris par la pluie.
   b. Hans … surpris le chat en train de voler.
2. a. Le skieur … descendu la piste à toute allure.
   b. Le skieur … descendu dans la poudreuse.
3. a. Hugo … démonté par cette question.
   b. Hugo … démonté sa tour en Lego.

b. Récris les phrases en employant des sujets au féminin pluriel.

J'écris Écris quelques phrases au passé composé et à l'imparfait pour raconter ce que tu as fait mercredi, seul(e) ou avec un (des) ami(s).

Conjugaison 9 — LA FORMATION DES TEMPS DE L'INDICATIF

L'imparfait / * Le plus-que-parfait

1. Tout au long de son enfance, Punik <u>avait</u> toujours <u>vu</u> des grands tas de caribou gelé dans les réserves de viande des igloos. [...] La migration des caribous n'<u>avait</u> pas <u>eu</u> lieu. Les troupeaux n'<u>étaient</u> pas <u>revenus</u> du Sud. [...]

2. Maintenant il ne <u>restait</u> plus que le grand-père et lui-même pour tâcher de nourrir la famille. [...] Bien sûr, ses oncles qui <u>vivaient</u> dans les deux autres igloos les <u>aidaient</u> quand ils le <u>pouvaient</u>.

Le Passage des loups, James Houston,
© Castor Poche, Éditions Flammarion, 1998.

1. Quelle expression de temps entraîne le passé ?
2. Liste en deux colonnes les verbes conjugués à l'imparfait et ceux au plus-que-parfait.
Pour chaque verbe, écris son infinitif, son groupe et sa personne.
3. Conjugue oralement les verbes du paragraphe 2 à l'imparfait et à toutes les personnes.
Écris quelques formes. Observe les bases et les terminaisons. Fais des remarques.
Conjugue aux deux premières personnes du pluriel les verbes : *soigner, jouer, crier, payer, envoyer, voir, croire*. Écris ces formes. Entoure les terminaisons.
* 4. Dans le paragraphe 1, comment est construit le **plus-que-parfait** ? Conjugue au plus-que-parfait et à quelques personnes de ton choix les verbes : *être, avoir, rester, sortir, prendre, descendre*.
Qu'en conclus-tu ?

Explique comment tu reconnais l'imparfait et le plus-que-parfait.

Est-ce que je sais faire ?

1 Complète le tableau à l'imparfait.

Infinitif	Pronoms possibles	Verbe conjugué
payer	nous	...
jouer	vous	...
plonger	ils, elles	...
avancer	il, elle, on	...
se méfier	nous	...
briller	...	brilliez

* **2** Complète le tableau au plus-que-parfait.

Infinitif	Pronoms possibles	Verbe conjugué
prendre	il, elle, on	...
partir	j' (Clara)	...
aller	nous (des garçons)	...
venir	elles	...
sortir	vous (des filles)	...
vivre	...	avaient vécu

Je construis la règle

MÉMO P. 42

– À l'..., la ... (ou radical) du verbe reste identique à toutes les personnes pour ... les groupes. Attention aux verbes comme *crier, briller, voir* : nous cri*i*ons, vous brill*i*ez, vous voy*i*ez.

* – Le ...-que-... est un temps du ... . On le conjugue avec l'auxiliaire *être* ou ... à l'... + le participe ... du verbe.

64

Je m'entraîne

1 Recopie uniquement les formes verbales à l'imparfait.

1. je plonge – je plongeais – il a plongé – il plongera
2. il perçait – il percera – ils ont percé – nous percions
3. tu prends – il a pris – ils prendront – ils prenaient
4. tu brilles – il brillait – tu brilleras – nous brillions
5. il verra – tu as vu – tu voyais – vous voyiez

2 Récris chaque forme verbale aux deux premières personnes du pluriel.

j'étudiais – il souriait – tu grognais – elle scintillait – ils croyaient

3 Conjugue les verbes entre parenthèses à l'imparfait.

Nasreddine (*trouver*) que son âne (*manger*) trop. Chaque jour, il lui (*diminuer*) sa ration d'avoine. L'âne ne (*dire*) rien mais il (*maigrir*) à vue d'œil. Il (*devenir*) squelettique. Les voisins qui (*voir*) cela, (*penser*) que Nasreddine (*être*) un mauvais maître. L'âne (*dormir*) pour oublier sa faim. Un matin, il (*être*) mort. Nasreddine (*se lamenter*) : « Cet âne ne (*comprendre*) rien. Il (*devoir*) m'aider car il me (*revenir*) trop cher. Je ne (*pouvoir*) plus le nourrir mais il (*se plaire*) chez moi ! »

D'après un conte turc.

4 Conjugue les verbes à l'imparfait pour savoir à quoi servaient ces objets d'autrefois.

1. Le rasoir (*servir*) à raser la barbe.

2. Le face à main (*remplacer*) les lunettes.

3. Les réverbères (*éclairer*) les rues la nuit.

4. La plume d'oie (*faire*) des pâtés si l'on (*prendre*) trop d'encre.

5 Écris les verbes à l'imparfait aux personnes indiquées.

1. grandir → tu ..., nous ..., elles ...
2. vérifier → elle ..., vous ..., ils ...
3. plier → tu ..., il ..., nous ...
4. revoir → je ..., nous ..., vous ...
5. croire → il ..., nous ..., vous ..., ils ...

6 Écris les verbes entre parenthèses à l'imparfait.

Les hivers en Alsace (*être*) très longs. Les garçons (*attendre*) la neige avec impatience. Ils (*préparer*) des collets avec de la ficelle. Ils y (*accrocher*) des appâts et (*mettre*) leurs pièges sur des branches. Hans et moi, nous (*tailler*) des branches de houx. Nous les (*enduire*) de glu très collante. Cette glu (*se répandre*) sur la branche de houx. Lorsque les merles (*venir*) picorer les graines rouges, la glu (*piéger*) leurs pattes. Mais nous (*avoir*) pitié de leurs cris et nous leur (*rendre*) la liberté.

7 Lis le texte. Écris les verbes entre parenthèses à l'imparfait ou au plus-que-parfait selon la chronologie des événements.

Une tribu d'hommes préhistoriques…

1. La tribu (*fuir*) dans la nuit froide. Le feu (*être*) mort. Ils l'(*élever*) dans des cages. Des femmes et des enfants le (*nourrir*) nuit et jour. La veille, la pluie (*détruire*) deux foyers. Les hommes l'(*voir*) pâlir. Si faible qu'il n'(*pouvoir*) pas mordre aux herbes trop mouillées. Il (*palpiter*) quelques instants comme une bête malade et (*s'éteindre*).

2. Une autre tribu (*voler*) deux cages. Les hommes ne (*savoir*) pas faire le feu. Ce feu si précieux qui (*éloigner*) les bêtes sauvages, qui (*protéger*) l'homme de nombreux dangers. Alors, ce matin, le chef (*prendre*) la décision de changer de campement. Ici, ils (*devenir*) indésirables. L'ennemi (*repérer*) la tribu et reviendrait. Tous (*hurler*) de souffrance et de désespoir. Ils (*se diriger*) vers un rocher creux qu'un jeune guerrier (*découvrir*) en chassant.

J'écris Sur le modèle de l'exercice 4, écris des phrases pour expliquer à quoi servaient ces objets : une lessiveuse ; une charrette ; un encrier ; un joug ; une diligence.

Conjugaison 10 — LA FORMATION DES TEMPS DE L'INDICATIF

Le passé simple

Au fond d'une lointaine galaxie, un vaisseau spatial **filait** droit sur une adorable petite planète. À peine posé, le vaisseau s'ouvrit et un effroyable monstre en sortit.
« Attendez un peu que je vous attrape ! » rugit-il.
Le monstre sema la terreur parmi l'aimable peuple des bananes qui **vivait** là. Il renversa leurs statues, éparpilla leurs livres. Il dévora les montagnes, engloutit les océans, et garda les méduses pour le dessert […]
Comme il **avait** encore faim, le monstre remonta dans son vaisseau spatial, grignota quelques étoiles en chemin, et se dirigea vers une appétissante planète bleue : la Terre.

Tony Ross, *Attends que je t'attrape*, Folio Benjamin, © Éditions Gallimard.

1. Repère les verbes en gras. À quel temps sont-ils conjugués ? Pourquoi ?

2. Repère les verbes soulignés. Ils sont au **passé simple**. Cherche leur infinitif et leur groupe. Fais des remarques sur les terminaisons à la 3ᵉ personne du singulier. Récris la dernière phrase comme s'il s'agissait de *plusieurs monstre*s. Observe les terminaisons. Commente-les.

3. Conjugue oralement quelques verbes du 3ᵉ groupe aux troisièmes personnes : *ouvrir, sortir, vouloir, prendre, faire, apercevoir*. Compare les terminaisons avec celles des verbes du 1ᵉʳ et du 2ᵉ groupes.

Explique pourquoi on emploie l'imparfait et le passé simple dans ce récit.

Est-ce que je sais faire ?

1 Complète les tableaux au passé simple.

Infinitif	3ᵉ pers. du sing.	3ᵉ pers. du plur.
…	il avança	…
appeler	…	…
durcir	…	…
dire	…	…
…	il apprit	…

Infinitif	3ᵉ pers. du sing.	3ᵉ pers. du plur.
lire	…	…
venir	…	…
…	il voulut	…
…	…	ils éteignirent
mettre	…	…

2 Écris l'infinitif des verbes.

1. nous répondîmes – vous vîtes – vous crûtes – nous peignîmes – vous vécûtes – vous fîtes
2. nous vînmes – nous pûmes – vous tîntes – nous eûmes – vous fûtes – nous nous rendîmes

Je construis la règle

MÉMO P. 42

Au … …, les bases et les … varient selon le … du verbe conjugué. Certains verbes du … et du … groupes ont les mêmes terminaisons (-is, -is, -it) aux … personnes du singulier. Il faut s'appuyer sur le sens.

Je m'entraîne

1 Ajoute les terminaisons du passé simple.

Le nuage gross… . Le tonnerre grond… . De grosses gouttes s'écras… sur la terre chaude. Un éclair illumin… le ciel. Tu rentr… vite chez toi.

2 Même consigne que l'exercice 1.

Les escargots sort… et se régal… d'orties mouillées. Ils f… un festin. Les volailles, elles, cour… dans le hangar. Le canard se dandin… vers la mare et pr… un bon bain.

3 Récris la phrase au passé simple, à la 3ᵉ personne du singulier et du pluriel.

Je choisis un roman, je lus le début mais je ne compris pas bien et je le reposai sur l'étagère.

4 Récris les phrases au passé simple.

1. Il fait un gâteau.
2. Tu sais suivre la recette.
3. Ils sentent la bonne odeur.
4. Je surveille la cuisson et j'ouvre le four.
5. Elle veut goûter le gâteau et prend un couteau.

5 Écris les verbes entre parenthèses au passé simple.

1. Ali Baba (*se cacher*) derrière un arbre. Il (*entendre*) le chef des brigands crier : « Sésame, ouvre-toi ! » Et un gros rocher (*glisser*) laissant deviner l'entrée d'une grotte. Les brigands y (*pénétrer*) chargés de coffres. Un peu plus tard, ils en (*ressortir*) les mains vides. Ils (*partir*) au galop sur leurs chevaux.

2. Ali Baba (*rester*) caché derrière l'arbre puis une curiosité irrésistible (*finir*) par le pousser à aller voir ce fameux rocher. Il (*avoir*) beau essayer de le bouger, rien à faire. Alors, il se (*souvenir*) de la formule et (*prononcer*) les mots magiques. Et le rocher (*s'ouvrir*). Ali Baba (*découvrir*) un trésor. Il (*savoir*) qu'il ne serait plus jamais pauvre.

D'après « Ali Baba et les quarante voleurs », *Les Contes des mille et une nuits*.

6 Récris chaque phrase en utilisant successivement les verbes proposés.

1. Un jeune phoque <u>pêcha</u> un poisson.
surprendre – avaler – engloutir – apercevoir – reconnaître – attendre – suivre – tenir

2. Les rennes <u>filèrent</u> dans la toundra.
brouter – partir – s'enfuir – courir – se nourrir – dormir – souffrir

7 Complète avec des pronoms sujets.

C'est Vercingétorix qui parle (52 avant J.-C.).

1. « Ce jour-là, … partîmes à l'assaut des légions romaines venant du Sud. … commandai mes valeureux guerriers. … ne doutai pas de la victoire. Jules César conduisait son armée. … stoppa ses troupes au pied du plateau de Gergovie. … jurâmes de repousser l'envahisseur de notre pays, la Gaule. »

2. « Les Romains craignaient une embuscade. … firent demi-tour. Alors … les poursuivîmes dans la plaine. … se défendirent bien mais le peuple arverne fut victorieux. Pour cette fois, … préserva sa liberté ! »

8 Conjugue les verbes entre parenthèses au passé simple.

Les marins d'Ulysse ont fait une grosse bêtise…
Quand je (*se réveiller*), je (*trouver*) tous mes hommes en pleurs. Les vents (*se déchaîner*). Je ne (*savoir*) que décider. J'(*attendre*) que la tempête nous ramène vers l'île d'Eole, le dieu des vents. Je lui (*dire*) que mes marins avaient ouvert le sac contenant les vents mauvais que le dieu avait enfermés pour nous assurer une mer calme. Eole (*se mettre*) dans une colère effroyable. Il me (*chasser*). Je (*repartir*) vers mon navire. Les hommes (*comprendre*) alors qu'on devrait affronter la tempête.

D'après Homère, *L'Odyssée*.

J'écris Relis le texte de l'exercice 8. Imagine la suite du voyage d'Ulysse qui navigue vers l'île d'Ithaque. Emploie des verbes comme : *monter, souffler, gémir, prendre, retenir*… au passé simple.
Tu peux écrire quelques phrases à l'imparfait.

Conjugaison 11 — L'EMPLOI ET LA FORMATION DES TEMPS DE L'INDICATIF

Le futur

1

a. *Dans la prochaine décennie*, les loups <u>seront</u> de plus en plus nombreux dans les régions alpines. Ils <u>se déplaceront</u> et les associations <u>devront</u> instaurer des quotas.

b. *L'année prochaine*, des ours <u>vont arriver</u> des pays de l'Est. Ils <u>vont se réadapter</u> dans les Pyrénées.

c. Les éleveurs pensent : « *À partir de maintenant*, nous <u>surveillons</u> nos moutons ! »

2

Pendant des siècles, à la campagne, les loups effraient les hommes. On les chasse tellement qu'au XIXᵉ siècle, l'espèce <u>disparaîtra</u>.

TEXTE 1
1. Relève les indicateurs de temps. Qu'entraînent-ils pour le temps des verbes soulignés ? Ces verbes sont au **futur**.

2. Dans la série b, fais des remarques sur les formes verbales. Qu'exprime ce futur ? Quelle différence fais-tu entre : *ils arriveront* et *ils vont arriver* ?
Dans la phrase c, à quel temps est conjugué le verbe *surveiller* ? Quelle valeur a-t-il ?
Quelles sont les deux façons d'exprimer un **futur proche** ?

TEXTE 2
3. Quand se passent les événements racontés ?

4. À quel temps sont conjugués les deux premiers verbes ? Que peux-tu dire de la valeur de ce temps ici ? Quel temps emploie-t-on pour expliquer ce qui s'est passé ensuite ?

5. Conjugue oralement au futur simple : *être, avoir* ; *manger, appeler, acheter, repérer, oublier* ; *finir* ; *perdre, devoir, venir, accueillir*. Transcris quelques formes. Aide-toi des tableaux de conjugaison.
Entoure les bases et les terminaisons. Fais des remarques.

Est-ce que je sais faire ? (COLLECTIF)

Classe les verbes dans le tableau selon leur valeur.

1. « Tu vas aller chez ta grand-mère immédiatement. Tu ne t'attarderas pas en chemin. Tu ne parleras à personne. » Aussitôt, le Petit Chaperon Rouge va désobéir. Elle va rencontrer le loup. Ce dernier profitera de la désobéissance de la fillette. Quelques instants plus tard, il rencontre l'enfant sur le chemin. Il lui parle puis va l'attendre chez sa grand-mère.

2. Au XVIIᵉ siècle, on adorera frissonner avec les contes. Petits et grands apprécieront les contes de Perrault. Ces contes seront connus grâce à leur publication dans les *Petits livres bleus*.

Futur simple pour raconter des événements à venir	Futur proche pour raconter ce qui se passera bientôt		Futur pour raconter des événements du passé
	Aller au présent + infinitif	Présent	
...	...	...	...

Le Petit Chaperon Rouge illustré par Warwick Gable, 1913.

Je construis la règle

MÉMO P. 22 ; 42

– Le ... exprime une action qui se déroulera ... .
– Au futur, la ... du verbe est la même à toutes les ... .
Les ... sont les mêmes pour tous les verbes. Elles commencent toutes par ... .
– Le futur proche est composé :
du verbe ... conjugué au présent + l'... du verbe employé.

LES MOTS CLÉS

- Une action à venir
- Le futur simple
- Le futur proche
- Le futur pour raconter le passé

Je m'entraîne

1 Complète le tableau au futur simple.

Infinitif	Pronoms possibles	Verbe conjugué
remuer	vous	...
s'écrier	je	...
enlever	nous	...
jeter	tu	...
acheter	il, elle, on	...
repérer	ils, elles	...
envoyer	j'	...

Infinitif	Pronoms possibles	Verbe conjugué
sortir	il, elle, on	...
venir	tu	...
atteindre	vous	...
ouvrir	ils, elles	...
nourrir	je	...
poursuivre	il, elle, on	...
voir	nous	...

2 Souligne les verbes conjugués au futur simple. Entoure les indicateurs de temps.

Demain, dès l'aube, à l'heure où blanchit la campagne,
Je partirai. Vois-tu, je sais que tu m'attends.
J'irai par la forêt, j'irai par la montagne. [...]
Et quand j'arriverai, je mettrai sur ta tombe
Un bouquet de houx vert et de bruyère en fleur.
Victor Hugo, *Les Contemplations*.

3 Même consigne que pour l'exercice 2.

GRAND STANDIGNE
Un jour on démolira
ces beaux immeubles si modernes [...]
on dévissera les ascenseurs
on anéantira les vide-ordures
on broiera les chauffoses
on pulvérisera les frigidons
quand ces immeubles vieilliront
du poids infini de la tristesse des choses
Raymond Queneau, in *Courir les rues*,
© Éditions Gallimard.

4 Écris les verbes entre parenthèses au futur. Entoure les indicateurs de temps.

Quand nous (*chanter*) le temps des cerises
Et gai rossignol et merle moqueur (*être*) tous en fête !
Les belles (*avoir*) la folie en tête
Et les amoureux du soleil au cœur.
Quand nous (*chanter*) le temps des cerises
(*Siffler*) bien mieux le merle moqueur.

J.-B. Clément, *Le Temps des cerises*, 1867.

5 Exprime le futur d'une autre manière.
1. La semaine prochaine, nous lirons *Ivanhoé*.
2. Tu termineras ton exercice tout à l'heure.
3. Il choisira une BD ce soir.
4. Dans une heure, nous partirons à la piscine.
5. Les élèves nageront bientôt tous sur le dos.

6 Classe ces verbes qui expriment le passé dans le tableau.

Verbes au présent	Verbes au futur
...	...

1. En 1519, Magellan entreprend un tour du monde en caravelle. Avec son équipage, il quitte l'Espagne, contourne l'Amérique du Sud et rejoint l'océan Pacifique. Le navire de Magellan rentrera en Espagne en 1522. Ce premier tour du monde prouvera que la Terre est une sphère.

2. Les Celtes occupent des territoires immenses. Ces peuples possèdent des langues mais ils n'écrivent pas. Ce sont les Grecs et les Romains qui raconteront leurs coutumes.

Monnaie en or, IIe siècle avant J.-C.

J'écris Imagine trois slogans pour protéger l'environnement. Emploie le futur.
Ex. : *Arrêtez les pesticides et vous mangerez plus sain.*

Conjugaison 12 — L'EMPLOI ET LA FORMATION DES TEMPS DE L'INDICATIF

* Le futur antérieur

1
a. *Dans cinquante ans*, on **aura perdu** des milliers d'espèces animales et végétales.
b. *Bientôt*, les hommes **auront découvert** des galaxies d'étoiles inconnues.

2
a. *Lorsque* l'astronome **aura observé** la pleine lune, il enregistrera ce qu'il a vu.
b. Aucune preuve de la disparition des dinosaures ne subsistera, cette mystérieuse extinction ne **sera** donc pas **expliquée** avant longtemps.

SÉRIE 1
1. Quand les faits auront-ils lieu ? Quel est le rôle des mots et expressions (indicateurs) de temps en italique ?
2. Analyse la composition des verbes en gras. Quelles formes verbales reconnais-tu ? Nomme-les. Ce temps de conjugaison est le **futur antérieur**.

SÉRIE 2
3. Combien comptes-tu de propositions dans chaque phrase ? Dans quelles propositions le verbe est-il conjugué au futur simple ?
4. Quelles actions seront achevées (action 1) avant celles exprimées au futur simple (action 2) ?
5. Repère les formes verbales au futur antérieur sur l'axe du temps :

Présent | Futur antérieur (action 1) | Futur (action 2)
Lorsque l'astronome aura observé… | il enregistrera…

6. Dans la phrase b, remplace *extinction* par *phénomène* puis par *extinctions* et *phénomènes*. Écris les propositions obtenues en faisant accorder le participe passé.
7. Conjugue les verbes *marcher, grandir, prendre, aller, sortir, avoir, être* au futur antérieur.

Est-ce que je sais faire ?

1 Numérote les actions (1 et 2) selon leur ordre chronologique.
1. Dès que j'aurai fini mon roman, je te le prêterai.
2. Je serai rassurée lorsque j'aurai reçu de vos nouvelles.
3. Lorsque Tom aura appris à plonger, il s'entraînera aux pirouettes.
4. Isa nous préviendra sitôt qu'elle sera arrivée.
5. Quand les cerises auront mûri, Mamie nous invitera à les cueillir.

2 Complète le tableau au futur antérieur.

Infinitif	Pronoms possibles	Verbe conjugué
avancer	j'	…
calculer	nous	…
…	…	sera arrivée
fleurir	…, …	auront fleuri
grandir	tu	…
…	…	seront sortis
vouloir	…	aurez voulu
revenir	je (une fille)	…
…	il, elle, on	aura détruit
…	…	aurons mis

Je construis la règle

Le futur antérieur est un temps …. Il est introduit par un … de … .
Il indique qu'une action s'est achevée … une autre exprimée au … simple.

MÉMO P. 23 ; 42

LES MOTS CLÉS
- La chronologie des faits
- Le futur antérieur
- Un temps composé : *être* ou *avoir* au futur + participe passé

Je m'entraîne

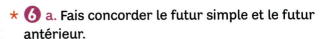

Corrigés p. 170

★ ❶ Relève uniquement les formes verbales au futur antérieur.
1. tu courras – tu auras couru – elle aura couru – vous aviez couru – elle courait
2. elles auront suivi – tu suivis – elle avait suivi – j'aurai suivi – ils suivent
3. je boirai – tu auras bu – nous buvions – elles avaient bu – ils burent
4. nous sûmes – vous aviez su – je saurai – elle savait – vous aurez su
5. elle voulait – tu voudras – elle aura voulu – j'avais voulu – tu voulais

★ ❷ Conjugue les verbes au futur antérieur à la troisième personne du singulier.
1. manger – grandir – dire – suivre – croire
2. venir – rester – entrer – demeurer – aller

★ ❸ Complète avec le pronom sujet qui convient.
1. ... aurez compris
2. ... serons repartis
3. ... aurai réfléchi
4. ... sera redescendue
5. ... auront joué
6. ... aura ouvert
7. ... seront parties
8. ... aurez vu
9. ... se seront calmées
10. ... aura suivi

★ ❹ Écris les verbes au futur antérieur. Souligne les indicateurs de temps.
1. En l'an 3000, la mer (*recouvrir*) des îles.
2. Bientôt, tous les phoques (*disparaître*).
3. À très court terme, les rennes (*décimer*).
4. Dans vingt ans, les peuples du nord sibérien (*perdre*) leurs troupeaux. Ces peuples (*devenir*) sédentaires.

★ ❺ Conjugue les verbes entre parenthèses au futur antérieur. Récris les phrases avec les sujets proposés. Pense aux accords des participes passés.
1. Dans deux heures, l'oie (*rentrer*). *les dindons – les poules – le coq*
2. Dans 50 ans, les glaciers (*disparaître*). *la baleine blanche – le caribou – les terres*
3. Dans une semaine, le printemps (*revenir*). *les hirondelles – les coucous – la belle saison*

★ ❻ a. Fais concorder le futur simple et le futur antérieur.
1. Quand la tempête (*cesser*), nous (*dormir*).
2. Tu (*corriger*) ton erreur lorsque tu (*comprendre*).
3. Dès que la sonnette (*retentir*), nous (*sortir*) en récréation.
4. Les élèves (*aller*) à la piscine lorsqu'ils (*revenir*) de la bibliothèque.
5. Lorsque vous (*commencer*) votre contrôle, vous n'(*avoir*) plus le droit de parler.

b. Souligne :
– en bleu les verbes qui expriment l'action 1 (antérieure) ;
– en rose ceux qui expriment l'action 2.

★ ❼ Conjugue au futur simple et au futur antérieur. Pense aux accords.
1. Lorsque Tom (*partir*) en vacances, il (*écrire*) à ses parents.
2. Les passagers (*détacher*) leur ceinture dès que l'avion (*décoller*).
3. Quand j'(*apprendre*) ma leçon, j'(*aller*) jouer.
4. Il (*baisser*) le store dès que la nuit (*tomber*).
5. Aussitôt qu'Isa et Hélène (*rentrer*) du stade, vous (*suivre*) un cours d'anglais.

★ ❽ Complète les phrases. Emploie le futur antérieur.
1. Tu répéteras les chants lorsque ...
2. Je choisirai une BD ...
3. Elle goûtera ...
4. Peter jouera aux cartes ...
5. Sylvia me prêtera son CD ...

J'écris Continue le texte en employant des verbes au futur et au futur antérieur.
Bientôt on aura épuisé l'eau de notre planète.

Conjugaison 13 — L'EMPLOI ET LA FORMATION DE L'IMPÉRATIF

Le présent de l'impératif

1. Qui donne des ordres ? À qui ? Écris l'infinitif des verbes soulignés, leur groupe, leur personne de conjugaison.

2. Compare le présent de l'impératif et le présent de l'indicatif.

3. Conjugue les verbes soulignés aux autres personnes du présent de l'impératif. Que peux-tu en dire ?

4. Observe l'écriture de *Restes-y* et *Ramènes-en*. Quelle est la nature et la fonction de *y* et de *en* ? Justifie la présence du *s* et du *tiret*.

Est-ce que je sais faire ?

Complète les tableaux au présent de l'impératif.

Infinitif	2ᵉ pers. du sing.	1ʳᵉ pers. du plur.	2ᵉ pers. du plur.
demander	...	...	...
...	...	avançons	...
appeler	...	...	...
...	repère	...	...
...	paye	...	...
...	...	...	ayez
être	...	...	...

Infinitif	2ᵉ pers. du sing.	1ʳᵉ pers. du plur.	2ᵉ pers. du plur.
retenir	...	...	...
...	...	...	répondez
...	ouvre	...	...
agir	...	...	...
...	...	allons	...
sortir	...	...	...
faire	...	...	...

Je construis la règle

– Le présent de l'... permet de donner un ordre, d'interdire.
– Ce temps ne comporte que ... personnes (*mange, mangeons, mangez*).
La 2ᵉ personne du ... permet aussi de vouvoyer quelqu'un (*permettez-moi*).

MÉMO P. 23 ; 42

Je m'entraîne

À faire tout seul sur mon cahier

② ④ • ⑤   Corrigés p. 170

① Écris l'infinitif et le groupe des verbes conjugués à l'impératif.

1. Choisissons un film.
2. Ralentissez.
3. Allez chercher du pain.
4. Fais tes devoirs.
5. Rangeons notre chambre.
6. Prends le bus.
7. Recueille cet oiseau blessé.
8. Expédiez le colis.
9. Rayons les phrases fausses.
10. Éteignez la lumière.

② Écris les verbes au présent de l'impératif.

1. Vous courez vite.
2. Tu achètes le journal.
3. Nous essayons un nouveau jeu.
4. Tu appuies fort sur le frein.
5. Vous répétez un chant.
6. Tu jettes cette vieille revue.
7. Nous bougeons.
8. Vous allez à la piscine.
9. Tu apprends à plonger.
10. Nous faisons un cross.

③ Même consigne que pour l'exercice 2.

1. Tu te dépêches.
2. Vous vous levez.
3. Tu te baisses.
4. Nous nous essuyons les pieds.
5. Tu prépares des tomates, tu les laves, tu les coupes en rondelles.

④ Écris les verbes à l'impératif selon la personne demandée. Attention aux changements.

1ʳᵉ **personne du pluriel →** (*S'installer*) à sa place, (*attendre*) le lever de rideau, (*écouter*) sans parler, (*applaudir*) à la fin de la pièce.

2ᵉ **personne du pluriel →** (*Prendre*) son goûter dans le placard, (*donner*) à boire au chat, (*débarrasser*) la table, (*faire*) ses devoirs puis (*aller*) jouer dans le jardin.

J'écris Lis le texte de l'exercice 7. Écris quelques phrases à l'impératif pour continuer le texte de François Clément.

★ ⑤ Écris cette fiche de fabrication destinée à tous les élèves de la classe, au présent de l'impératif.

L'ÉLEVAGE DES LOMBRICS

1 Prendre un vieil aquarium en verre.
2 Y déposer une couche de terre humide.
3 Retourner un carré de terre dans un jardin.
4 Prélever les lombrics et les mettre dans un pot.
5 Assez rapidement, verser les lombrics dans l'aquarium.
6 Recouvrir lombrics et terre d'une couche de feuilles sèches.
7 Couvrir l'aquarium d'un carton.
8 Humidifier régulièrement, sans excès.
9 Observer les feuilles chaque semaine.
10 En déduire le rôle des lombrics dans la décomposition des feuilles.

★ ⑥ Récris les phrases selon l'exemple.

Exemple : *Mange du pain.* → *Manges-en.*

1. Reste au lit. – 2. Pars à la fête. –
3. Va te coucher. – 4. Parle-nous de ta vie. –
5. Récite un poème.

★ ⑦ Récris ce texte comme si l'auteur tutoyait « Mademoiselle ».

Les inestimables fleurs de girafe

Voyez-vous, Mademoiselle, le dernier soir d'orage de la saison des pluies, les girafes se déploient, les girafes se déplient, étirent leur long cou vers les derniers nuages et les savourent comme des barbes à papa. C'est à ce moment-là que les girafes fleurissent, l'espace d'un éclair.

Imaginez quel spectacle enchanteur la course folle des girafes en fleurs.

Fermez les yeux,

imaginez

un peu...

Magasin Zinzin de Frédéric Clément, avec l'aimable autorisation des Éditions Albin Michel.

73

Conjugaison 14 — L'EMPLOI ET LA FORMATION DU CONDITIONNEL

* Le présent du conditionnel

1

Renard avait le ventre creux. Soudain, il vit arriver une charrette pleine de poisson frais. Il eut une idée.
« Si je <u>faisais</u> le mort, les marchands **s'arrêteraient** sûrement. Ils me **chargeraient** avec leurs poissons et je **mangerais** enfin ! »
Ce qu'il fit. Renard se rassasia puis sauta de la charrette en emportant quelques anguilles.
« Mes beaux messieurs, si vous <u>dormiez</u> moins, vous **resteriez** plus attentifs et je ne **repartirais** pas avec vos belles anguilles ! Adieu ! »

2

a. J'**aimerais** voler.
b. Même s'il nage de travers, je ne **voudrais** pas que le crabe finisse au court-bouillon !
c. Mille-pattes, vous **pourriez** jouer au ballon comme tout le monde ?
d. D'après la morphologie des crânes, les chercheurs pensent que le langage **remonterait** à environ 100 000 ans.

TEXTE 1 1. À quel temps sont conjugués les verbes soulignés qui expriment une **condition** ?
Si ces conditions étaient remplies, quelles seraient les **conséquences** ?
Le temps qui, associé à l'imparfait, exprime la conséquence est le **présent du conditionnel**.

SÉRIE 2 2. Qu'exprime les verbes au conditionnel dans ces phrases : un souhait, un ordre poli, une incertitude (ou une supposition) ?
3. Conjugue oralement au présent du conditionnel les verbes : *être, avoir, remplir, supplier, vouloir, prendre.*
Transcris quelques formes. Aide-toi de tableaux de conjugaison.
4. Écris ces mêmes formes à l'imparfait puis au futur.
Que remarques-tu à propos des bases et des terminaisons ?

Est-ce que je sais faire ?

1 Pour chaque phrase, indique la valeur du conditionnel.
1. Si tu voulais, on irait à la piscine.
2. Je désirerais faire du trapèze.
3. On dit que les premières fables auraient plus de 4 000 ans.
4. Les enfants, voudriez-vous vous taire ?
5. Si tu t'asseyais, on pourrait voir.

2 Relève les formes au présent du conditionnel.
1. je grandissais – je grandirai – je grandirais
2. tu remuerais – tu remuais – tu remueras
3. elle jouait – elle jouera – elle jouerait
4. nous avons cru – nous croyions – nous croirions
5. ils riaient – ils riraient – ils riront

LES MOTS CLÉS
- Le présent du conditionnel
- Une condition
- Une conséquence
- Un souhait
- Un ordre poli
- Une incertitude
- Une supposition

À faire tout seul sur mon cahier

3 5

Corrigés p. 170

Je construis la règle

– Le présent du ... est souvent employé après un verbe à l'...
qui exprime une condition. On l'emploie aussi pour donner un ...,
pour exprimer quelque chose que l'on ... bien faire ou avoir.

– On forme ce ... avec la même base que le futur.
On met le -r du futur + les terminaisons de l'... .
Il ne faut pas confondre la 1ʳᵉ personne du singulier de ces deux
temps (je marcherai, je marcherais).

Futur   Présent
              du conditionnel

MÉMO P. 24 ; 42

Je m'entraîne

★ ❶ **Complète le tableau au présent du conditionnel.**

Infinitif	Pronoms	Verbe conjugué
fournir	tu	...
crier	je	...
louer	il, elle, on	...
avoir	nous	...
relever	je	...
décrire	ils, elles	...
balayer	tu	...
croire	il, elle, on	...

★ ❷ **Écris la phrase en appliquant la concordance des temps : imparfait/présent du conditionnel.**

Si tu (aller) à la piscine, tu (nager) → ...
Si j'... ; Si elle ... ; Si nous ... ; Si vous ... ; Si elles ...

★ ❸ **Écris les verbes entre parenthèses au présent du conditionnel pour raconter ce rêve.**

Si je partais en fusée, j'(emmener) mes meilleurs amis avec moi. Je (prendre) la direction d'une planète inconnue. Nous (se poser) tout doucement. Nous (sortir) et nous (installer) notre matériel d'exploration. De petits personnages étranges (venir) vers nous avec des cadeaux. Ils (parler) une langue que nous ne (comprendre) pas. Alors nous (échanger) nos idées grâce à un code. Ils (jouer) avec nous et nous (dire) le nom de leur planète : Utopia.

J'écris Imagine deux rencontres que tu pourrais faire et écris deux nouvelles strophes pour le poème de l'exercice 5.

★ ❹ **Récris les phrases selon le modèle.**

Ex. : *L'explorateur pense qu'il rentrera pour Noël.*
→ *L'explorateur pensait qu'il rentrerait pour Noël.*

1. Les explorateurs se demandent si les habitants les accueilleront bien.
2. Ils estiment que les îles seront découvertes.
3. Ils croient que les bateaux reviendront chargés d'or et de pierres précieuses.
4. Les aventuriers imaginent qu'ils rentreront riches.

★ ❺ **Lis cet extrait de poème. Relève les verbes conjugués au présent du conditionnel accompagnés de leurs sujets.**

LE TEMPS DES CONTES

S'il était encore une fois
Nous partirions à l'aventure,
Moi, je serais Robin des Bois
Et toi tu mettrais ton armure... [...]

Nous irions trouver Blanche-Neige
Dormant dans son cercueil de verre,
Nous pourrions croiser le cortège
de Malbrough revenant de guerre.

G. Jean, *Les plus beaux Poèmes pour enfants*,
J. Orizet, © le cherche midi éditeur.

★ ❻ **Pour chaque phrase, donne la valeur exprimée par le conditionnel.**

un souhait – un fait soumis à une condition – un ordre poli – une supposition

1. Pourriez-vous nous lire la suite de cette histoire, s'il vous plaît ?
2. Si le navire parvenait à trouver une île, les navigateurs se réjouiraient.
3. Des milliers d'êtres vivants auraient disparu dans un tremblement de terre.
4. Ce savant aimerait tellement faire la découverte du siècle !

75

Conjugaison ⑮ DES CONSTRUCTIONS DE VERBES

* Les formes active/passive

1

a. Des promeneurs **découvrent** et **observent** de surprenantes traces.

b. Des traces surprenantes **sont découvertes** et **observées** par des promeneurs.

c. Un spécialiste des dinosaures **a effectué** des relevés des traces.

d. Des relevés **ont été effectués** par un spécialiste des dinosaures.

e. Le savant **est allé** observer ces relevés dans un laboratoire.

f. Les recherches **ont prouvé** qu'il s'agissait de traces de diplodocus.

SÉRIE **1**

1. Compare les phrases *a* et *b*, *c* et *d*. Ont-elles le même sens ?

2. Analyse grammaticalement chacune de ces quatre phrases. Quelles différences repères-tu ? Le temps du verbe a-t-il changé ?
Dis comment on passe d'une phrase à la **forme active** à une phrase à la **forme passive**.
Écris l'ordre des composants grammaticaux.
Le groupe sujet du verbe actif devient **complément d'agent** du verbe passif.
Quelle préposition introduit les compléments d'agent ? Que devient le COD du verbe actif à la forme passive ?

3. Les phrases *e* et *f* sont-elles à la forme active ou passive ? Pourquoi ? À quel temps sont conjugués les verbes ?

COLLECTIF ◼ Est-ce que je sais faire ?

Souligne en vert les phrases actives et en rose les phrases passives.
Encadre les compléments d'agent.

Comme chaque année, sur les rivages, il arrive que des centaines de baleines soient retrouvées par des promeneurs ou des pêcheurs. Elles se sont échouées sur le sable et n'ont pas été capables de rejoindre la haute mer. Celles qui étaient encore vivantes ont été arrosées d'eau de mer afin de préserver l'humidité de leur peau. Elles ont été nourries et leurs plaies ont été soignées par des spécialistes. Chaque fois qu'ils l'ont pu, les scientifiques et les riverains ont installé les cétacés dans des filets et les ont tirés vers le large. Il est certain que l'espèce est menacée par la pêche, la pollution, le réchauffement climatique. Il est temps d'agir.

Je construis la règle

MÉMO P. 24-25

– À la forme active, le sujet fait l'... .

– À la forme ..., le sujet subit l'action. Celui ou ce qui fait l'action s'appelle le complément d'agent. Il est introduit par la préposition ... .
La forme passive est construite avec l'auxiliaire ... .

LES MOTS CLÉS

- La forme active
- La forme passive
- Le complément d'agent

76

Je m'entraîne

À faire tout seul sur mon cahier

Corrigés p. 171

★ ❶ Écris pour chaque phrase si elle est à la forme active ou passive.

1. Le chien ronge un os.
2. La fermière gave l'oie.
3. Les pigeons ont été nourris par Luce.
4. Les lapins ont mangé leur pâtée.
5. La souris a été effrayée par un chat.

★ ❷ Écris les phrases à la forme passive. Pense aux accords.

1. Un homme préhistorique taille une pierre.
2. Deux femmes pêchent des truites.
3. Les enfants tendent les arcs.
4. Le feu crache des étincelles.
5. Les flammes repoussent les ours.

★ ❸ Complète chaque phrase passive par un complément d'agent.

1. Les fruits sont déchargés par … .
2. Ils ont été rangés par … sur l'étalage.
3. Les produits fragiles sont protégés par … .
4. À midi, les cagettes sont remballées par … .
5. Des clients ont été surpris par … .

★ ❹ Récris les phrases en plaçant les GN soulignés au début. Fais tous les changements nécessaires.

1. *La Symphonie pastorale* est composée par Beethoven.
2. Mozart a écrit plusieurs opéras.
3. Les amateurs de musique apprécient les œuvres de Vivaldi.
4. Vivaldi a imaginé *Les quatre Saisons*.
5. Ravel compose le très populaire *Boléro*.

★ ❺ Transforme ces phrases actives en phrases passives. Veille à l'accord des participes passés. Souligne les compléments d'agent.

1. Les frères Lumière créent des images animées.
2. La photographie remplace le portrait peint.
3. Nadar réalise les premières vues aériennes de Paris.
4. Denis Papin invente la machine à vapeur.
5. James Watt met cette machine au point.

★ ❻ Transforme ces phrases passives au présent en phrases actives.

1. Les ateliers ruraux sont remplacés par des usines implantées près des villes. → Des usines …
2. La métallurgie est concernée par la Révolution industrielle du XIXe siècle. → La Révolution …
3. La production et la diminution des coûts sont accélérées par l'utilisation des machines à vapeur. → L'utilisation …

★ ❼ Conjugue les verbes entre parenthèses au passé composé. Souligne les verbes au passif.

1. Un rapace rare, dit « Jean le Blanc », (*se blesser*).
2. Il (*repérer*) par un enfant.
3. L'enfant (*prévenir*) les ornithologues responsables du secteur.
4. L'oiseau (*emmener*) dans un centre spécialisé.
5. Ses blessures (*soigner*) par des mains compétentes.
6. Dans quelques jours, il pourra retrouver la liberté.

★ ❽ Dis pour chaque phrase si elle est à la forme active ou passive. Indique le temps du verbe conjugué.

1. Où t'es-tu renseigné sur Verlaine ?
2. Paul Verlaine est né en 1844 à Metz.
3. Avant d'être poète, il a été employé de bureau à la ville de Paris.
4. Le poème *La bonne chanson* a été inspiré par son épouse Mathilde.
5. Il était l'auteur de très bon recueils de poèmes avant de plonger dans une existence bohème.
6. Il est mort en 1864.
7. En 1894, il a été élu « Prince des poètes » par ses pairs.

LA LUNE BLANCHE

La lune blanche
Luit dans les bois ;
De chaque branche
Part une voix
Sous la ramée…

Ô bien-aimée.

L'étang reflète,
Profond miroir,
La silhouette
Du saule noir
Où le vent pleure…

Rêvons, c'est l'heure.

Extrait de *La Bonne chanson*, Paul Verlaine.

77

Conjugaison 16 — DES CONSTRUCTIONS DE VERBES

* La forme pronominale

1. Un pic-épeiche multicolore <u>se pose</u> sur le tronc du marronnier.
2. Je <u>m'approche</u> doucement de la fenêtre pour voir ce bel oiseau <u>se mettre</u> à donner des coups de bec saccadés sur le tronc.
3. Il <u>se nourrit</u> de larves et d'insectes cachés sous l'écorce.
4. « Alex, viens voir ! Trop tard ! Il <u>s'est envolé</u>. »
5. Nous **nous** <u>sommes</u> trop <u>montrés</u>.

1. Dans les phrases 1, 2 et 3, à qui renvoient les **pronoms réfléchis** en gras ? Où sont-ils placés ?
Dans la phrase 2, remplace *je* par *tu, il, nous, vous, ils*.
Quels pronoms réfléchis as-tu employés ? Indique leur personne.
Définis ce qu'est la **forme pronominale**.

2. Dans les phrases 4 et 5, à quel temps sont conjugués les verbes ?
Relève les participes passés. Justifie leur accord.
Dans la phrase 4, remplace *il* par *la pie, les corbeaux, les mésanges*.
Récris les phrases obtenues.
Dans la phrase 5, remplace *nous* par *il, ils, elle, elles*.
Récris les phrases obtenues.

Est-ce que je sais faire ?

1 Conjugue les verbes pronominaux *se remuer* et *se rendre* au présent de l'indicatif et au passé composé. Au passé composé, fais varier les sujets en genre et en nombre.

2 a. Relève les verbes qui peuvent être pronominaux.
Essaie de les conjuguer avant de choisir.

relever – redescendre – avoir – occuper – ouvrir – offrir – poser – souffler – lire – mettre

b. Dans un dictionnaire, cherche des phrases exemples dans lesquelles les verbes que tu as relevés sont à la forme pronominale.

3 Cherche *s'enfuir, s'envoler* dans un dictionnaire.
Quelles formes prennent ces verbes ?

Je construis la règle

Lorsqu'un verbe est à la forme ..., il comporte un pronom ... et un verbe. Le pronom réfléchi change selon la ... *(je me couche, tu te couches)*.
Aux temps composés, les verbes ... se conjuguent avec l'auxiliaire ... .

LES MOTS CLÉS
- Un verbe pronominal
- Un pronom réfléchi

Je m'entraîne

A faire tout seul sur mon cahier
6 8   Corrigés p. 171

★ **1** Ne recopie que les phrases comportant un verbe à la forme pronominale.

1. Inès se couche à huit heures.
2. Elle lit vingt minutes.
3. Sa maman vient lui dire bonne nuit.
4. Inès se pelotonne sous sa couette.
5. Elle s'endort jusqu'à sept heures.

★ **2** Entoure les pronoms réfléchis.

Tu te salis. – Elle se lève. – Nous nous reconnaissons. – Alix et Chung s'appliquent. – Je me repose. – Vous vous énervez.

★ **3** Complète avec des pronoms réfléchis.

À l'automne, le mulot … prépare à hiberner. Les écureuils … activent, … blottissent dans un tronc d'arbre creux puis … endorment. Tu … renseignes sur l'hibernation. Nous … demandons pourquoi les oiseaux n'hibernent pas. Vous … souvenez que certains oiseaux migrent ? De fin novembre à Noël, 70 000 grues cendrées … sont dirigées vers le sud. Cette année, elles … sont reposées en Auvergne. Je … documente pour savoir pourquoi elles … sont détournées de leur voie habituelle.

★ **4** Récris ce texte comme si le loup parlait de lui-même. Remplace *le loup* et *il* par *je*.

Le loup se précipite sur sa proie. Il se hâte tant de manger qu'il s'étrangle avec un os. Il se sent mal. Il s'adresse à une cigogne qui passe par là. Il se décide à lui demander de l'aide. Il se couche sur le dos et ouvre la gueule. Il se retient de ne pas la refermer sur le cou de la cigogne. Finalement, il se comporte bien et il se remet vite de son embarras.

★ **5** Écris l'infinitif des verbes pronominaux conjugués.

1. Ali se réveilla en sursaut.
2. Il s'était endormi la lumière allumée.
3. Il ne se souvenait pas de son cauchemar.
4. Il se frotta les yeux et se leva.
5. La lumière éteinte, il se remit au lit.

★ **6** Écris chaque phrase au temps demandé.

1. La Lune (*se perdre*) derrière les nuages.
→ passé composé
2. La Lune et le Soleil ne (*se rencontrer*) jamais.
→ présent
3. Dans un an, (*se produire*) une éclipse solaire.
→ futur
4. L'astronome Galilée ne (*se tromper*) pas.
→ passé composé
5. Il a prouvé que le Soleil ne (*se déplacer*) pas autour de la Terre. → imparfait

★ **7** Récris chaque phrase au passé composé. Écris-la ensuite avec les sujets proposés. Veille aux accords.

1. Chloé se trompe.
Léna et Roxane – ils
2. Nous nous disputons.
Hans et Tony – vous
3. Lucie et Éléonore s'amusent.
je – il
4. Tu te prépares.
tu (une fille) – nous (des garçons) – ils
5. Je me déguise.
je (Lucas) – tu (Lisa) – vous (des filles) – ils

★ **8** Remplace les pronoms *je* et *tu* par *nous* et *vous*.

1. Tu te dépêches de te préparer.
2. Je me rends à la douche puis je m'habille.
3. Je m'aperçois de mon erreur.
4. Tu te rapproches du but et tu t'appliques à marquer.
5. Je m'étale de tout mon long et je m'écorche un genou.

★ **9** Écris les verbes au passé composé. Pense aux accords nécessaires.

1. a. Cendrillon regarde les robes de ses sœurs.
b. Cendrillon se regarde dans la glace.
2. a. La belle jeune fille se réveille mal vêtue.
b. La fée réveille des rats, des souris, des lézards.
3. a. La fée trouve des idées.
b. Cendrillon se retrouve vêtue en princesse.

J'écris Écris une phrase pour illustrer chaque sens des verbes proposés.
poser/se poser – ouvrir/s'ouvrir – placer/se placer

79

Conjugaison 17 — LES PARTICIPES

Le participe passé

Les renardeaux étonnés <u>ont découvert</u> le monde.
Ils <u>ont regardé</u> et <u>sont entrés</u> dans leur abri.
Leur mère attendrie leur <u>a donné</u> la tétée.

Comment se font les accords du participe passé ?

1. Classe les participes passés en deux colonnes :
– ceux qui font partie d'un temps composé ;
– ceux qui sont employés comme adjectifs.
Justifie tous les accords.

Est-ce que je sais faire ?

Souligne en bleu les participes passés appartenant à un temps composé et en rose ceux qui sont employés comme adjectifs.

La neige est tombée. Les branches des arbres, chargées, ont ployé sous son poids. Après la neige, le ciel est redevenu bleu. Pendant la nuit, il a gelé. En se refroidissant, la neige a durci. Ce matin, Axel cherche sur les carreaux givrés, des formes de feuillages dentelés, mêlés à des personnages fabuleux.
Bien vite, le soleil a effacé le voyage qu'Axel avait commencé. Envolés les rêves éblouis au pays du givre effacé.

Je construis la règle

– Le … passé est une forme verbale utilisée dans les temps composés.
– Il s'accorde avec le … lorsqu'il est conjugué avec l'auxiliaire … .
– Lorsqu'il est employé comme adjectif, il s'… en … et en … avec le nom qu'il précise.

MÉMO P.36-37

LES MOTS CLÉS
- Un participe passé
- Un temps composé
- Un adjectif qualificatif

Je m'entraîne

1 Écris le participe passé de chaque verbe.

avoir – être – aller – recevoir – défaire – défendre – pouvoir – savoir – surgir – servir – suivre – voir – éteindre – coudre – résoudre

2 Récris les phrases avec les sujets proposés. Fais les accords.

1. Yasmine est rentrée.
   Il – Yoan – Elles
2. Chloé a joué.
   Karl et Zoé – Célia et Maud
3. Les oiseaux sont perchés.
   La mésange – Le merle – Les pies
4. Le mouton a bêlé.
   Les béliers – La chèvre – Les brebis

3 Fais les accords des mots entre parenthèses.

1. La grive *(étourdi)* oublie d'emporter le raisin.
2. Ce bruit a *(étourdi)* les spectateurs.
3. Les buses *(blessé)* sont *(soigné)* au refuge pour oiseaux.
4. Cette chouette est *(blessé)* à une patte.
5. Cette année-là on a *(redouté)* les loups.
6. Les loups *(redouté)* ont disparu.
7. Les maisons *(inhabité)* s'abîment vite.
8. Ces châteaux sont *(inhabité)* depuis longtemps.

* Le participe présent

1
a. **Voyant** qu'il n'y avait aucun danger, les renardeaux se sont aventurés jusqu'à un champ.
b. Mais ils ont entendu un bruit et sont revenus vers leur mère **en courant** et **en glapissant**.

2
a. Le bruit **effrayant** provenait d'un gros tracteur.
b. Il était conduit par un personnage **étonnant**.

SÉRIE 1
1. Quelles formes verbales non conjuguées repères-tu dans ces phrases ? Comment sont-elles formées ? Cette forme verbale se nomme le **participe présent**.
* 2. Dans la phrase *a*, remplace le participe présent par un verbe conjugué.
* 3. Dans la phrase *b*, quelle est la fonction du participe présent ? Lorsqu'il est précédé de *en*, le participe présent s'appelle le **gérondif**.
* 4. Dans ces phrases, les participes présents sont-ils variables ou invariables ?

SÉRIE 2
* 5. Dans la phrase *a*, remplace successivement *bruit* par *explosion*, puis par *ronflements* et *explosions*. Dans la phrase *b* remplace *personnage* par *femme*, *monstres*, *bêtes*. Écris les phrases que tu obtiens.
Que remarques-tu à propos de **l'adjectif verbal** ?

Explique tout ce que tu as observé concernant le participe présent.

Je construis la règle

MÉMO P.37

* Le participe ... est une forme verbale (*voir → voyant*). Précédé de la préposition ..., c'est un gérondif.
Lorsqu'on peut le remplacer par un adjectif, il s'accorde en ... et en ... avec le nom. C'est un ... verbal.

LES MOTS CLÉS
- Un participe présent
- Un gérondif
- Un adjectif verbal

Je m'entraîne

* **4** Recopie les mots qui sont à la fois des participes présents et des noms. Tu peux chercher dans un dictionnaire.

claquant – brillant – sortant – marchant – mordant – soulevant – suivant – voyant – pouvant

* **5** Recopie les mots qui ne sont jamais des participes présents.

chant – battant – représentant – enfant – instant – éléphant – pendant – arrivant – méchant

* **6** Accorde les participes présents et passés entre parenthèses lorsque c'est nécessaire.

Les eaux (*mugissant*) de la rivière dévalent l'étroit canyon. Les flots s'écrasent dans des grondements (*assourdissant*). Les gros poissons au corps (*fuselé*), (*fatigué*) par leur long voyage, luttent contre le courant. Leurs queues (*puissant*) battent l'eau tandis qu'ils en remontent le cours. Se (*tordant*) et (*bondissant*), ils progressent lentement. Leurs grands corps rouges sont (*meurtri*) par les rochers.

J'écris Écris un petit texte pour dire ce que tu as fait en te réveillant ce matin. Emploie des participes passés et des participes présents.

DICTÉES

1 AUTODICTÉE

Les sorcières **aiment** se retrouver la nuit. Pour goûter des potions, pour échanger des recettes. Elles **comparent** leurs idées, **font** des mélanges. Elles se **réunissent** les nuits de pleine lune sur une colline. Certaines **viennent** de très loin. Elles **cuisinent** dans de grands chaudrons puis elles remplissent des bocaux.
* Lorsque le jour se lève, elles **disparaissent**. Elles **reviendront** le mois prochain.

2 DICTÉE À COMPLÉTER

Jeudi dernier nous avons visité un musée. Nous sommes partis de l'école en bus à 14 heures. Nous sommes arrivés au musée vingt minutes après. Un guide nous a expliqué l'origine de ce château : qui l'a construit, qui l'a habité. Nous avons écouté attentivement. Léna a utilisé un caméscope. Julien et Pierre ont été chargés de
* prendre des notes écrites.
Le lendemain, nous avons fait un compte rendu de notre visite. Léna a sorti son film.
– Avez-vous découvert un trésor ? a dit le directeur en riant.

3 DICTÉE PRÉPARÉE

Un pêcheur **vivait** pauvrement. Il **vendait** ses poissons mais **gagnait** mal sa vie. Il **nourrissait** à peine sa famille. Un jour, il a senti que son filet **bougeait** très fort. Il **l'a tiré vers** la berge et **a vu** un magnifique turbot. Ce turbot **pesait** au moins dix livres. Le poisson **a parlé**. Il **a promis** au pêcheur que **s'il** lui **laissait** la vie sauve, sa richesse **était** faite.
* Le pêcheur **a remis** le turbot dans l'eau. Chaque jour qui **a suivi**, il **a trouvé** des pièces d'or dans son filet.

4 DICTÉE À COMPLÉTER

Le chat noir avait rencontré une bande de chats abandonnés. Au village, on craignait ces chats, ils volaient dans les fermes. L'un d'eux s'appelait Chat-Borgne. Un jour, alors qu'il essayait d'entrer dans un poulailler, un gros chien lui sauta dessus. Ils se battirent. Le chat en réchappa mais il avait laissé un œil dans la bagarre. Depuis on ne le connaissait que sous le nom de Chat-Borgne. Il menait la bande.
* Un chat noir qui vivait seul s'y introduisit. Il devint redoutable. Une nuit, il quitta ses camarades, sans dire pourquoi. Chat-Borgne l'avait pourtant bien accepté.

Attention aux accords des mots en gras !

Sois attentif à l'orthographe des mots en rouge !

DICTÉE DE CONTRÔLE

Zeus★, le roi des dieux, avait partagé l'univers★.
À l'un de ses fils, il donna les eaux, à un autre, il attribua le monde des ténèbres et du feu. À un troisième, il proposa de garder la terre. Mais d'autres dieux semèrent la panique : par exemple, Prométhée★ trouvait que les hommes avaient trop froid. Sans chaleur, tous les humains allaient périr. Alors, il vola les précieuses flammes qu'il porta chez les hommes.
* Zeus, en apprenant cela, laissa éclater sa colère. Prométhée fut puni et attaché à un arbre. Chaque jour un aigle venait l'attaquer.

★ mots écrits au tableau.

Vocabulaire

▶ Comprendre des mots nouveaux et les utiliser à bon escient
▶ Maîtriser quelques relations de sens entre les mots
▶ Maîtriser quelques relations concernant la forme et le sens des mots
▶ Savoir utiliser un dictionnaire papier ou numérique

L'ORIGINE DES MOTS

① Des mots d'origine grecque et latine 84
② Des mots venus d'ailleurs 86

LE DICTIONNAIRE

③ L'organisation d'un dictionnaire 88
④ L'article de dictionnaire 90

LA FORMATION DES MOTS

⑤ Les familles de mots 92
⑥ Les suffixes 94
⑦ Les préfixes 96
⑧ Les mots composés 98

LE SENS DES MOTS

⑨ Des mots autour d'un mot-thème – Le nom générique 99
⑩ Le sens propre et le sens figuré 100
⑪ L'image et la comparaison 102
  Les expressions toutes faites 103
⑫ Les synonymes 104
⑬ Les contraires 106
⑭ Comprendre un mot inconnu dans un texte 108
⑮ Les niveaux de langue 109
⑯ Des homophones 110
⑰ Les mots des sensations 112
⑱ Les mots des sentiments et des émotions 114

DICTÉES 116

83

Vocabulaire  L'ORIGINE DES MOTS

Des mots d'origine grecque et latine

thermal, -ale, -aux adj. 1 *Des eaux thermales* sont des eaux de source, en général chaudes, utilisées comme traitement pour leurs propriétés naturelles. 2 *Une station thermale* est une station de cure où l'on trouve des eaux thermales.

HISTOIRE DU MOT
Vient du grec *thermos* qui signifie « chaud ».

thermidor n.m. Le onzième mois du calendrier révolutionnaire français, qui commençait le 19 ou le 20 juillet et finissait le 17 ou le 18 août.

HISTOIRE DU MOT
Vient du grec *thermos* qui signifie « chaud » et *dôron* qui signifie « don ». Thermidor est le mois où il fait le plus chaud.

thermique adj. Qui concerne la chaleur. *Dans une centrale thermique, on transforme la chaleur en électricité.*

thermomètre n.m. Instrument qui indique la température d'un lieu, d'une matière, d'un corps, etc. *Elle a pris sa température et le thermomètre indiquait 38 °C. Le thermomètre, sur le balcon, indique – 5 °C.*

HISTOIRE DU MOT
Vient du latin *aqua*, « eau ».

aquaculture n.f. Élevage des animaux aquatiques et culture des plantes aquatiques.
▲ REM. On prononce [akwa-].

HISTOIRE DU MOT
Vient de l'italien *acquarella* qui signifie « couleurs détrempées ». On reconnaît l'élément latin *aqua*, « eau ».

aquarelle n.f. Peinture à l'eau aux couleurs légères et transparentes, que l'on utilise sur un papier spécial ; l'œuvre réalisée avec cette peinture. *Peindre à l'aquarelle. Exposer ses aquarelles.*
▲ REM. On prononce [akwa-].

aquarelle

aquarium n.m. 1 Bac en verre rempli d'eau dans lequel on fait vivre des plantes et des animaux aquatiques. 2 Bâtiment dans lequel se trouvent de très grands aquariums où l'on peut voir toutes sortes de poissons. *L'aquarium de Québec, de Boulogne-sur-Mer.*
▲ REM. On prononce [akwarjɔm].

aquatique adj. Qui vit dans l'eau ou près de l'eau. *Les nénuphars sont des plantes aquatiques. Les oiseaux aquatiques, comme les flamants roses, aiment les marais et les étangs.*
▲ REM. On prononce [akwa-].

Larousse Super Major CM/6ᵉ © Larousse 2006.

1. Que t'explique la rubrique « HISTOIRE DU MOT » dans ce dictionnaire ?

2. Compare l'origine des mots.
Quelle **base grecque** est à l'origine des mots de la colonne de gauche ?
Quelle est la **base latine** des mots de la colonne de droite ? Quel est son sens ?

3. Essaie d'expliquer pourquoi les mots ont changé au cours du temps.
Que penses-tu des mots *album, prospectus* ?

4. Les mots : *biologie, biologiste, chirurgie, pharmacie, chronologie, astronome* sont des mots d'origine grecque. Sais-tu dans quels domaines on les emploie ?

5. Que veut dire « **l'étymologie** » ?

Sais-tu quelle est l'origine de nombreux mots de la langue française ?

Est-ce que je sais faire ?

1 Retrouve le nom des jours de la semaine à partir de leur origine latine.
Ils sont donnés dans le désordre.

1. *Jovis + dies* (c'est le jour de Jupiter, le roi des dieux) → ...
2. *Luna + dies* (c'est le jour de la Lune) → ...
3. *Veneris + dies* (c'est le jour de Vénus) → ...
4. *Sabbatum + dies* (c'est le jour de Saturne, puis celui du repos) → ...
5. *Martis + dies* (c'est le jour du dieu Mars) → ...
6. *Mercurii + dies* (c'est le jour du dieu Mercure) → ...
7. *Dominicus + dies* (c'est le jour du Soleil, puis du Seigneur) → ...

LES MOTS CLÉS
- Des mots d'origine latine ou grecque
- Une base
- L'étymologie

2 Associe chaque mot grec (série a) au mot que tu utilises aujourd'hui (série b).

a. *biblios – graphé – micros – patêr – epitihêmi*

b. graphie – petit – épithète – livre – père

84

Je construis la règle

MÉMO P.27

La plupart des ... de la ... française sont d'origine grecque ou ... .
Les mots scientifiques sont souvent d'origine ... .
La ... d'un mot nous aide à le comprendre. Au cours des ...,
ces mots ont ... . Certains ... n'ont pas changé depuis l'Antiquité.

Je m'entraîne

1 Classe les mots selon leur base grecque commune : *éco* (maison, habitat) ; *graphô* (écrire) ; *chronos* (temps).

orthographe – écologie – géographe – chronomètre – écomusée – chronologie – cartographe – chronique – économiser

2 Classe les mots selon leur base latine commune : *pédis* (pied) ; *manus* (main) ; *lumin* (lumière).

manuscrit – lumineux – pédestre – allumer – piédestal – manœuvrer – lumière – illuminer – manucure – bipède

3 Forme deux ou trois mots à partir des préfixes.
a. latin : *multi-* ; *extra-* ; *bi-* ; *super-*
b. grec : *mal-* ; *poly-* ; *tri-* ; *télé-*

4 En latin, *vore* signifie « manger ». Forme des noms désignant un régime alimentaire. Explique-le. Attention aux changements de base.
1. herbe → ... → qui mange de ...
2. insecte → ...
3. ⚠ grain → ...

5 En grec, *philo* signifie « aimer ». Forme des noms désignant des personnes. Explique-les.
1. cinéma → un ... → celui qui ... les ...
2. colombe → ...
3. bibliothèque → ...

6 Associe chaque nom à sa définition première (étymologie).

dinosaure • • argent pour acheter du sel
pétrole • • caillou
salaire • • énorme lézard
musique • • huile de pierre
calcul • • art des muses

7 Associe chaque mot d'origine latine (*scribere*) à sa définition.

| script | scripteur | scribe | post-scriptum |

1. celui qui écrivait des textes officiels à la main
2. complément ajouté au bas d'une lettre
3. type d'écriture
4. celui qui écrit un manuscrit

8 Forme trois mots à partir des préfixes.
a. latin : *mini-* ; *extra-* ; *agri-* ; *anti-*
b. grec : *tri-* ; *aero-* ; *agros-*

9 Retrouve les mots formés à partir des racines grecques écrites en rouge. Aide-toi des informations entre parenthèses.
1. para (à côté) + graphè (écriture) → un ...
2. orthos (juste) + graphè → une erreur d'...
3. bios (vie) + graphè → une ...
4. choros (chœur avec danses) + graphè → un ...

10 Relève les mots latins qui sont encore utilisés aujourd'hui.

Avant de partir à l'auditorium de l'opéra pour assister au concert donné par un quatuor de violonistes, j'ai relu le prospectus puis j'ai consulté mon agenda. J'avais adressé un duplicata du prospectus à Arthur. Il ne viendra pas. Il a un alibi : un enregistrement vidéo urgent.

11 Cherche ces noms propres grecs : *Amazone, Atlantique, Europe* et *Océan*. À quoi les a-t-on attribués ? Explique leur origine.

Ex. : *L'Amazone est un ... . Chez les Grecs, ...*

J'écris

Chimère et Méduse sont les noms de deux monstres grecs. Imagine deux phrases dans lesquelles ces noms seront utilisés comme des noms communs.

Vocabulaire ② L'ORIGINE DES MOTS

Des mots venus d'ailleurs

Pour jouer au football, j'ai mis mes baskets, enfilé un short et un tee-shirt.

Nous avons fait une razzia sur le couscous et les loukoums puis nous sommes allés dans le souk.

Bien à l'abri dans l'igloo, vêtus d'un anorak doublé de peau de caribou, avec papa nous guettons un phoque.

Après le karaté, je rangerai mon kimono et je mangerai des sushis.

1. Chaque adolescent emploie des mots qui sont d'origine étrangère. De quel pays viennent-ils ? Quels mots connais-tu ? Cherche les autres mots dans un dictionnaire pour adultes.

2. Donne la définition de ces mots qui viennent d'ailleurs.

3. Essaie d'expliquer pourquoi de nombreux mots se sont fixés dans la langue française. Rappelle le sens du mot *étymologie*.

Est-ce que je sais faire ?

Lis le poème. Relève dix mots d'origine étrangère.

> S'il fallait renvoyer chez eux
> Les mots arabes ou arabo-persans
> Ça ferait du monde
> Et un drôle de vide sur notre carte de séjour :
> Azur hasard
> D'algèbre à Zénith
> Jupe (ce serait dommage) et matelas et nuque (mon amour)
> Abricot et sirop et sorbet et sucre et tambour
> Sans oublier la famille (tambourin,
> tambour battant) et guitare lilas luth nénuphar orange
> Maboul comme azimut qui va bien et comme
> Zéro qui nous résume
> Et on serait bien ennuyé.

Bernard Chambaz, *Petit poème d'occasion, Le Livre blanc de toutes les couleurs.*

Je construis la règle

De nombreux mots provenant de … étrangères se sont ajoutés à ceux de la langue … en changeant ou non de … .

LES MOTS CLÉS
- Une langue maternelle
- Une langue étrangère
- L'origine des mots

Je m'entraîne

1 Associe chaque mot d'origine étrangère à sa définition.

1. cow-boy (États-Unis)
2. scénario (Italie)
3. week-end (Angleterre)
4. pull-over (Angleterre)
5. judo (Japon)

a. vêtement chaud en laine ou en coton que l'on enfile
b. sport de lutte très règlementé
c. présentation écrite d'une scène de théâtre ; plan détaillé d'un roman
d. gardien de troupeaux de bovins monté sur un cheval
e. congé de fin de semaine

2 Relève les mots d'origine étrangère dans chaque texte. Quelle est leur origine ?

1. « Je pars demain dans ma datcha. On fera la fête déguisés en cosaques et en moujiks. On boira du thé infusé dans le samovar et on mangera des blinis. »

2. « Je me rêve en diva à l'opéra. Mais ce soir, je me contente d'une pizza et d'antipasti. Flora a pris du salami et du carpaccio. Les spaghettis sont al dente. C'est la dolce vita ! »

3. « C'est la fiesta dans l'hacienda. Des hidalgos un peu machos dansent le tango et la salsa. Nous mangeons du chorizo et des tortillas. Quel Eldorado ! »

4. « Après le match de rugby, je suis invité à une garden-party dans un building. Cette soirée aura un standing et un look très people. On écoutera du jazz sur un vieux juke-box. On restera entre friends. »

3 Cherche de quel pays proviennent ces mots.

1. hamster – opéra – feeling – kiosque
2. véranda – loukoum – moustique – typhon
3. wagon – drakkar – café – chocolat
4. thé – vasistas – mammouth – yaourt

4 Trouve l'intrus dans chaque série.

1. football – goal – match – jeu – basket
2. isba – igloo – casbah – ville – yourte
3. concert – ténor – soprano – duo

5 Associe chaque mot désignant un aliment à son pays d'origine.

1. litchi	a. Angleterre
2. paëlla	b. Chine
3. corn flakes	c. États-Unis
4. ravioli	d. Russie
5. aubergine	e. Espagne
6. bortsch	f. Italie
7. pudding	g. Afrique du Nord

6 Associe les mots géographiques d'origine étrangère à leur définition.

1. blizzard – 2. canyon – 3. iceberg – 4. oued – 5. sierra

a. chaîne de montagnes
b. énorme bloc de glace qui s'est détaché de la banquise
c. vallée très étroite et profonde creusée par un cours d'eau
d. cours d'eau du Maghreb souvent à sec, dangereux en cas de pluies abondantes
e. vent glacial soufflant dans le Grand Nord

7 Complète avec les mots italiens proposés.

> Autrefois, 40 jours avant Pâques, les Italiens ne mangeaient pas de viande. En italien, on disait *carne levare*, c'est-à-dire « enlever la viande ».
> Ainsi est né le mot …, devenu le nom d'une fête déguisée qui a lieu à la fin de l'hiver. On défilait en costume en se jetant des dragées, des « confits », les … qui sont aujourd'hui des petits papiers ronds multicolores.
> Des comédiens étaient habillés comme Pantalone représentant un paysan avare et stupide. Transformé, ce nom a donné … en français.
> Puis on allait manger la … à la … et au jambon.

pantalon – pizza – confetti – carnaval – mozarella

Emploie les mots *lieder*, *raï*, *bel canto*, *blues* dans des phrases pour les expliquer.

Vocabulaire 3 — LE DICTIONNAIRE

L'organisation d'un dictionnaire

Dis ce que tu sais sur l'organisation des dictionnaires.

1. Feuillette un dictionnaire et explique :
– le rôle des pages en début et en fin d'ouvrage ;
– l'organisation des pages consacrées aux **définitions** de mots ;
– le rôle des **mots-repères** placés en haut des pages.

2. Observe cet extrait de dictionnaire. ▶
– Comment sont rangés les **mots-entrées** ?
– Pourquoi *malicieusement* est-il placé avant *malicieux* ?
– Quelles sont les lettres communes aux mots-entrées ?
– Quels renseignements donnent les abréviations ?
– Quel est le rôle des explications données en marge ?

3. Observe les définitions de *malicieux* et *malin*. Quelle remarque peux-tu faire ?

4. Explique comment on cherche un mot dans un dictionnaire.

> **malice** n.f. Tendance à s'amuser aux dépens des autres mais sans méchanceté. *Un enfant plein de malice qui aime taquiner ses camarades* (SYN. espièglerie). ■ *Sans malice* : sans méchanceté. *Ne te fâche pas, il a fait ça sans malice !*
> **HISTOIRE DU MOT** Vient du latin *malitia* qui signifie « méchanceté » ; le sens du mot s'est peu à peu affaibli.
>
> **malicieusement** adv. De façon malicieuse. *Elle souriait malicieusement.*
>
> **malicieux, -euse** adj. Qui a de la malice. *Agnès est une enfant malicieuse* (SYN. espiègle, taquin, coquin).
>
> **malignité** n.f. Le caractère malin de quelqu'un ou de quelque chose.
>
> **malin, maligne** adj. et n. Qui fait preuve de ruse, de finesse d'esprit. *Pierre est malin* (SYN. astucieux, dégourdi). *C'était pourtant facile, tu n'es pas très maligne* (SYN. intelligent). *Il a voulu jouer au plus malin* (SYN. futé). ■ *Faire le malin* : vouloir se rendre intéressant, montrer son esprit, sa force, son courage. ■ *Malin comme un singe* : très malin. ■ *Le Malin* : nom parfois donné au diable, à Satan. ◆ adj. **1** *Un malin plaisir*, c'est le plaisir que l'on a à faire une méchanceté. *Elle éprouvait un malin plaisir à le contredire.* **2** *Une maladie maligne*, c'est une maladie grave qui évolue mal. *Il a été opéré d'une tumeur maligne* (CONTR. bénin). ■ *Ce n'est pas bien malin !* : c'est facile, ça ne présente pas de difficultés. ■ *C'est ou ce n'est pas malin !* : c'est idiot, stupide. ▲ REM. Au sens 1, on trouve parfois le féminin *maline*.
> **HISTOIRE DU MOT** Vient du latin *malignus* qui signifie « méchant ».

Larousse Super Major CM/6ᵉ © Larousse 2006.

Est-ce que je sais faire ?

Choisis une page de dictionnaire.
a. Combien comptes-tu d'articles dans cette page ?
b. Quelles sont les lettres communes aux mots entrées ?
c. Relève les mots ayant trois ou quatre lettres en commun.
d. Liste les ressemblances et les différences entre cette page de dictionnaire et l'extrait que tu as observé ci-dessus.

Je construis la règle

MÉMO P.26

– Un ... contient tous les ... employés dans la langue française. Ces mots sont ... par ordre alphabétique.

– Pour chercher un mot dans un dictionnaire, on regarde sa ... lettre puis les lettres suivantes. De nombreux mots ont plusieurs lettres ... (*illumination*, *illuminer*).

Chaque ... de dictionnaire donne, en plus de la définition du mot, des renseignements qui peuvent être différents d'un ... à l'autre.

LES MOTS CLÉS
- Un dictionnaire
- L'ordre alphabétique
- Un mot-repère
- Un mot-entrée
- Un article de dictionnaire
- Une abréviation

Je m'entraîne

1 Classe les mots dans l'ordre alphabétique.
1. offrir – oie – ogive – oiseau – ogre – ouvert
2. maison – paix – nuit – lumière – étoile – ville
3. foire – force – folâtre – forêt – forteresse – four

2 Même consigne que pour l'exercice 1.
1. fable – fabuliste – fabuleux – fabrique – fabliau – fabrication
2. interdit – interminable – interdire – intervenir – interrompre – interne

3 Cherche dans un dictionnaire quel mot vient immédiatement avant et après chacun des mots suivants.
1. farce – naïveté – personnage – drôle
2. course – lenteur – gagner – perdre

4 Cherche entre quels mots-repères figure chacun de ces mots.
1. enfant – jeu – récréation – cour
2. mygale – tortue – lièvre – cigale – fourmi

5 Écris le mot-entrée complet correspondant à chaque mot.
Exemple : *malicieux* → *malicieux, -euse*
1. fabuleux – vif – paternel – secret – gentil – coquet – doux – roux – vieux – mou
2. géant – ogre – lion – chat – chien – berger – vendeur – lecteur – ami – invité

6 Trouve les abréviations données pour les mots suivants.
raconter – course – pour – solide – terrier – et – qui – vite – lentement

7 Transcris les abréviations qui indiquent la nature grammaticale des mots. Illustre-les avec un exemple.
art. → ...   n.m. → ...   adv. → ...
adj. → ...   n.f. → ...   pron. → ...
v. → ...   prép. → ...   conj. → ...

8 Associe chaque mot à sa défintion.
1. chanson – 2. écrire – 3. heureux – 4. concert – 5. célèbre

a. Qui éprouve un sentiment de bonheur.
b. Tracer, former des lettres. Rédiger un texte.
c. Texte mis en musique.
d. Qui est très connu, a une grande renommée.
e. Séance musicale donnée par un ensemble de chanteurs et de musiciens.

9 a. Indique la nature des mots soulignés puis écris-la en abrégé.

Dans la cour, les élèves organisent un jeu collectif. Une très grande ronde se forme et une fille commence à expliquer clairement la règle de ce jeu : la chandelle.

b. Quels mots-entrées vas-tu chercher pour les mots en gras ?

10 Relève la définition qui correspond à chaque mot encadré.

problème → 1. Facilité d'écriture – 2. Exercice scolaire consistant à trouver la ou les solutions – 3. Ce qui me permet de me distraire

bibliothèque → 1. Salle de sport – 2. Lieu de réunions – 3. Salle où sont rangés et conservés des livres

choisir → 1. Ne pas se décider – 2. Adopter, sélectionner ce que l'on préfère – 3. Ne pas savoir ce que l'on veut

11 Lisez cette devinette très ancienne. Essayez de trouver la réponse. Appuyez-vous sur les lettres en gras pour expliquer son double sens.

> Le **l**aquais précède le **m**aître.
> Le **m**anant passe avant le **r**oi
> Le simple **c**lerc avant le **p**rêtre
> Le **p**rintemps vient après l'été
> **N**oël avant la **T**rinité
> C'en est assez pour me connaître.

L'ALPHABET

 Trouve des anagrammes pour les mots suivants. Emploie ces couples de mots dans des phrases.
Exemple d'anagramme : *image* → *magie*
chien → ...   rame → ...   brave → ...   loupe → ...   lampe → ...   pouce → ...

Vocabulaire  LE DICTIONNAIRE

L'article de dictionnaire

aventure n.f. **1** Ce qui arrive de manière imprévue, surprenante ; événement peu habituel. *Un roman plein d'aventures passionnantes. Il m'est arrivé une drôle d'aventure* (**SYN.** histoire). **2** Toutes les activités qui comportent des risques. *Pascal aime partir dans des pays lointains et dangereux, il aime l'aventure.* ■ **À l'aventure** : au hasard, sans but fixé. *Quand elle fait un voyage, elle ne réserve aucun hôtel, elle part à l'aventure.* ■ **D'aventure** : par hasard. *Si d'aventure tu le rencontres, tu lui transmettras mes amitiés.* ■ **Dire la bonne aventure** : prédire l'avenir.

Larousse Super Major CM/6ᵉ © Larousse 2006.

1. À quoi correspondent les numéros 1 et 2 dans cet article ?
2. Que signifie l'abréviation « n.f. » ?
3. Quel est le rôle des phrases écrites en italique ?
4. Qu'indiquent les signes ■ ?

Est-ce que je sais faire ?

a. Lis ces articles de dictionnaire et renseigne le tableau.

➔ **réflexion** n.f. **1** Le fait de réfléchir, de concentrer sa pensée. *Laisse-moi quelques jours de réflexion avant de te donner une réponse.* **2** Observation, critique adressées à une personne. *Anne m'a fait des réflexions désagréables* (**SYN.** remarque). **3** Phénomène par lequel la lumière se réfléchit. *La réflexion des rayons du soleil sur un mur blanc* (**SYN.** réverbération). ■ **Réflexion faite** : après avoir bien réfléchi. *Réflexion faite, je crois que je viendrai.*

Larousse Super Major CM/6ᵉ © Larousse 2006.

réflexion n. f. **1.** *La réflexion de la lumière*, c'est le phénomène par lequel elle est réfléchie, renvoyée. → aussi **reflet**. **2.** Le fait d'examiner au fond de soi une idée, un problème. → aussi **méditation**. *Il a demandé une semaine de réflexion avant de prendre sa décision, il a demandé une semaine pour réfléchir. Réflexion faite, je pars demain, après avoir bien réfléchi.* **3.** Observation, remarque. *Elle fait sans cesse des réflexions désagréables.*

Le Robert Junior CE, CM © Le Robert-Sejer 2009.

▶ **réflexion** (nom féminin) **1.** Action de réfléchir. *Il demande plusieurs jours de **réflexion** avant de se décider à accepter cet emploi.* **2.** Remarque ou critique adressée à quelqu'un. *Tes **réflexions** sont vraiment vexantes !* **3.** Phénomène par lequel la lumière ou le son sont réfléchis. *La réflexion d'un rayon lumineux.* • **Réflexion faite** : après avoir bien réfléchi.

Hachette Junior, Hachette Livre 2006.

	Renseignements grammaticaux	Nombre de sens	Synonymes	Expressions toutes faites
Article 1	…	…	…	…
Article 2	…	…	…	…
Article 3	…	…	…	…

b. Quelles remarques fais-tu ? Comment vas-tu vérifier tes conclusions ?

Je construis la règle

MÉMO P.26

Un … de dictionnaire commence par le mot-… .
Un mot peut avoir plusieurs … qui sont numérotés et illustrés par une … exemple.

LES MOTS CLÉS
- Un article
- Les sens d'un mot
- Une phrase exemple

90

Je m'entraîne

1 a. Cherche les verbes *marcher* et *dévorer*. Recopie les phrases qui illustrent leurs sens. Numérote-les.

b. Relève les synonymes à côté des phrases exemples.

2 Cherche les noms *histoire* et *légende*. Relève le nom que tu retrouves dans les deux définitions.

3 Cherche les noms *dos* et *pied*. Relève les expressions toutes faites.

4 Cherche le nom *dent*. Relève les mots de la même famille. Indique leur classe grammaticale.

5 Associe chaque définition du nom *diable* à la phrase exemple qui convient.

1. Esprit qui représente le mal.
2. Enfant désobéissant et turbulent.
3. Petit chariot à deux roues qui sert à transporter des caisses, des sacs lourds, etc.

a. *Ce diable est très utile au livreur.*
b. *L'enfer est, dit-on, le royaume du diable.*
c. *Ce diable de garçon est insupportable.*

6 Écrivez correctement les mots correspondant aux illustrations. Entourez la première lettre.

7 Trouve le mot correspondant à chaque définition.

1. Ensemble de musiciens donnant des concerts.
   O _ _ _ _ _ _ E
2. Ensemble de chanteurs interprétant des morceaux.
   C _ _ _ _ _ E
3. Plante d'automne à grosses fleurs.
   C H R _ _ _ _ _ _ _ _ E
4. Lieu où se déroulent des courses de chevaux.
   H I _ _ _ _ _ _ _ E
5. Animal de la famille des équidés, au pelage rayé, vivant en Afrique.
   _ _ _ _ E

8 Associe chaque sens du verbe *passer* à l'exemple qui convient.

1. Mettre un vêtement.
2. Subir des épreuves écrites.
3. Filtrer pour rendre plus clair.
4. Étendre quelque chose sur…
5. Prêter quelque chose pour quelque temps.

a. *Il a passé un examen.*
b. *On a passé une couche de peinture sur un panneau.*
c. *On a passé le potage.*
d. *Tu as passé ta BD à Alex.*
e. *Il a passé un manteau.*

9 Pour chaque nom souligné, écris le sens qui correspond au contexte.

Colbert, ministre de Louis XIV, fait construire une <u>flotte</u> pour organiser des échanges avec les <u>colonies</u> conquises. Les <u>coupes</u> de chênes se font dans la forêt de Tronçais pour construire la <u>coque</u> des navires. Les grands <u>fûts</u> bien droits serviront de <u>mâts</u>.

J'écris Écris trois ou quatre phrases dans lesquelles le mot *pièce* aura des sens différents.

Vocabulaire 5 — LA FORMATION DES MOTS

Les familles de mots

> ① **voler** v. (conjug. 1) **1.** Se déplacer dans l'air grâce à des ailes. *Les hirondelles volent bas ce soir. L'avion vole à très haute altitude.* **2.** Effectuer des vols en avion. *Ce pilote a cessé de voler parce que sa vue baissait.* **3.** Se déplacer en l'air. *Le vent fait voler la poussière.* **4.** La vitre a volé en éclats, elle s'est cassée et ses éclats sont partis loin. **5.** Aller très vite. *Alex a volé au secours de son frère.*
> ▷ Autres mots de la famille : CERF-VOLANT, ENVOL, S'ENVOLER, SURVOL, SURVOLER, ① VOL, VOLAILLE, VOLAILLER, ① ET ② VOLANT, VOLATIL, VOLATILE, SE VOLATILISER, VOL-AU-VENT, VOLÉE, VOLETER, VOLIÈRE.

Le Robert Junior CE, CM © Le Robert-Sejer, 2009

Rappelle-toi le rôle des suffixes et des préfixes.

1. Que repères-tu à la fin de cet article de dictionnaire ? Comment sont classés ces mots ?
2. À partir de quelle **base (radical)** est formée cette famille de mots ?
Comment expliques-tu ce regroupement ?
3. Les noms *voleur* et *antivol* ne sont pas répertoriés comme appartenant à cette famille. Dis pourquoi.
4. *Cygne* est-il un mot simple ou un mot construit ? Pourquoi ?
5. Dans un dictionnaire pour adultes, cherche l'origine du nom *couleur*.
Cherche ensuite des mots de la même famille. Que remarques-tu ?
Fais les mêmes recherches pour *maritime*.

Est-ce que je sais faire ?

a. Cherche des mots de la famille du nom *feuille*.
Cherche aussi à *eff-*. Classe ces mots dans le tableau.

Mot de base étendu par la gauche avec un préfixe	Mot de base	Mot de base étendu par la droite avec un suffixe
...	...	...

b. Fais le même travail avec le nom *poing*. Cherche aussi à *emp-*, à *poi-*.

Je construis la règle

– Les mots construits à partir d'une même ... forment une ... de ... .
– On forme des mots ... en ajoutant un ... devant la base et/ou un ... après.
– Certaines bases changent (*un cheveu* → *la chevelure*, *une fleur* → *la floraison*).

LES MOTS CLÉS

- Une famille de mots
- Une base (ou un radical)
- Un mot dérivé avec :
  – un préfixe à gauche
  – un suffixe à droite

Je m'entraîne

À faire tout seul sur mon cahier
3 5 • 8 10 Corrigés p. 172

1 Classe les mots dans le tableau.

grandeur – salle – sanglant – matinal – fête –
dépasser – impoli – village – animalier –
reproduire – antigel – déplacement – matin

Mot simple	Mot construit avec un préfixe et/ou un suffixe
...	...

2 Entoure le mot de base dans chaque famille.

1. paillasson – empailler – rempaillage – paille – paillotte
2. roulade – dérouler – roue – roulette – enroulement
3. bras – embrasser – embrassade – brasser – brassage – brasserie

3 Entoure la base qui a permis de former les mots dérivés.

1. portière – territoire – voisinage – aventurier – sangsue – calmement – amitié
2. enterrer – rempoter – déplacer – triangle – décamètre – supermarché – sursaut
3. déshabillage – enjambement – médisance – malheureusement – déposition – effilage

4 Pour chaque nom, trouve deux noms de la même famille.

terre ➜ ...   dent ➜ ...
pot ➜ ...   sac ➜ ...
lait ➜ ...   gardien ➜ ...

5 Regroupe les mots pour former trois familles. Entoure le mot de base dans chaque famille.

dossier – écrit – égalité – adosser – égal – décrire –
écriture – inégal – dos – égaliser – écrivain –
inégalité – endosser – écritoire

6 Entoure l'intrus dans chaque série.

1. terrain – terreau – terrible – déterrer
2. habiller – habiter – habillement – habillage
3. boiserie – déboisement – boire – reboiser
4. ouvrir – ouverture – couvert – ouvertement

★ 7 Classe les mots dans le tableau.

cabane – pêcheur – lac – thé – inondation –
barrage – loin – cygne – île – flottement – théière –
glace – bloc – cabanon – danger – conte – eau –
dangereux – raconter – embarcation – lointain –
îlotage – incomparable

Mots simples	Mots dérivés
...	...

★ 8 Regroupe les mots pour former trois familles. Entoure le mot de base dans chaque famille.

empâté – dépassement – placeur – pâtisserie –
passant – passe – place – pâteux – emplacement –
pâte – passeur – passager – pas – pâtissier –
déplacer – passage

★ 9 Entoure l'intrus dans chaque série.

1. voleter – volière – s'envoler – voleur – volaille
2. peinture – peine – peindre – repeindre – peinturlurcr
3. bruit – bruitage – bruissant – bruiter – bruine
4. coller – encollage – décoller – collier – décollage

★ 10 Entoure la base des mots de chaque famille. Que remarques-tu ?

1. charrette – carrosse – carrossier – chariot – charrue – charrier – charretier – charroi
2. maintien – maintenir – manuscrit – manœuvre – maintenance – manipuler – manipulation – mainmise – manufacture

★ 11 Trouve un ou deux mots de la même famille que chaque mot souligné. Cherche d'abord sa base.

L'épouvantable reine maudit ceux qui avaient
recueilli sa rivale, Blanche-Neige. Elle jura de
trouver un sortilège pour assurer sa vengeance.

J'écris ✏️ Emploie des mots de la famille de *vert*
dans des phrases.
Pense à *verd-* et à *reverd-*.

★ Emploie des mots de la famille de *art* dans des phrases.

93

Vocabulaire 6 — LA FORMATION DES MOTS

Les suffixes

1. Complète les tableaux. Écris la classe grammaticale des mots en tête de chaque colonne. Qu'as-tu ajouté aux mots de base pour former ces mots dérivés ?

...	...
un animal	animal**ier**
une lumière	...
un soupçon	...
une caricature	...
la vérité	...
un individu	...

...	...
traîner	un traîn**eau**
venger	...
nourrir	...
circuler	...
trouver	...
résonner	...

...	...
couvert	une couvert**ure**
responsable	...
noir	...
prudent	...
sage	...
mondial	...

...	...
le thé	la thé**ière**
un boucher	...
la montagne	...
la chirurgie	...
le sucre	...
le point	...

2. Qu'est-ce qu'*un chaton, un coquelet, un louveteau, une côtelette, un bottillon* ? Quel est le sens des suffixes ?
Quel sens donnes-tu aux suffixes dans *la pierraille, la marmaille, maigrelet, maigrichon, verdâtre* ?

Explique à quoi sert un suffixe.

Est-ce que je sais faire ?

1 Relève les noms qui ne changent pas de classe grammaticale après l'ajout du suffixe. Écris le mot de base pour confirmer ta réponse.

boulangerie – paysage – oisillon – intelligence – branchage – coquelet – moraliste – passoire – maisonnette – poulet – vernissage – ferraille – générosité – romancier – capuchon – connaissance – lapereau – promenade – navigation – laitage – fabuliste – renardeau

★ **2** Forme des adverbes à partir des adjectifs.
Entoure les suffixes qui expriment « la manière de ».

lent → ...   correct → ...   rare → ...   calme → ...

★ **3** À partir de chaque adjectif, forme un nom, un adverbe, un verbe en ajoutant des suffixes. Explique leur sens.

jaloux → ...   actif → ...   réel → ...
patient → ...   faible → ...   sale → ...

Je construis la règle

MÉMO P. 28 ; 32

– Le ... se place après la base d'un mot.
– Il ... souvent la classe grammaticale du mot (*sale → une saleté ; créer → une création*) mais pas toujours (*l'oiseau → l'oisillon*).
– Les suffixes ont un ... . Connaître le sens des ... permet de comprendre le sens de nombreux ... .

LES MOTS CLÉS
- Un suffixe
- Le sens de certains suffixes :
  – un suffixe diminutif
  – un suffixe péjoratif

94

Je m'entraîne

1 Complète.

1. La bonté, c'est le fait d'être …
La beauté, …
La pureté, …
2. Le repassage, c'est l'action de …
Le lavage, …
Le pliage, …
3. Lavable, c'est quelque chose qui peut être …
Jetable, …
Vendable, …
4. La rédaction, c'est l'action de …
La répétition, …
L'invention, …

2 Recopie seulement les noms dont le suffixe désigne une action ou le résultat d'une action.

1. le collage – un paysage – le nettoyage – une page
2. la portion – la natation – la nation – la conjugaison
3. un déguisement – un serment – un classement – un vêtement

3 Ajoute un suffixe diminutif à chaque nom. Entoure les suffixes.

1. âne – éléphant – lion – mouche – porc
2. coffre – côte – porte – table – maille

4 Dans chaque série, relève le mot qui n'a pas de suffixe.

1. la rage – le passage – le garage – un coloriage
2. une sonnette – une assiette – une poulette – une fillette
3. une dictée – une pelletée – une brouettée – une potée
4. l'ouverture – la cassure – la figure – la confiture

5 Écris le nom de ces bébés animaux.

6 Ajoute un suffixe à chaque verbe pour former un nom dérivé.

laver → le …   ouvrir → l'…
naviguer → la …   fermer → la …
corriger → la…   salir → la …
saler → le …   amuser → un …
tondre → la …   assurer → l'…

7 a. Écris le mot de base pour chaque mot dérivé.

1. glaciation – blancheur – diablerie – expédition – jappement – ourson – bavardage – musicien
2. polaire – théâtral – romanesque – aventurier – historique – diablotin – fleuriste – règlement

b. Souligne les mots qui ne changent pas de classe grammaticale après l'ajout d'un suffixe.

8 Entoure les suffixes. Indique leur sens.

1. une roseraie, c'est un ensemble de …
2. une chênaie, …
3. un mécanicien, …
4. le feuillage, …
5. la gentillesse, …

9 Change le sens de chaque mot en ajoutant :

> **un suffixe diminutif :**
> *-et, -ette, -elet, -elette, -eau, -on*

garçon – voile – coffre – goutte – mignon – mie – jardin – pigeon – histoire – croûte – plaque – os

> **un suffixe péjoratif :** *-âtre, -et, -elet, -aille*

vert – fer – doux – aigre – rouge – simple – pierre – blanc

10 Relève seulement les mots qui n'ont pas de suffixe.

napperon – mouton – bouquet – réglette – paille – bonbon – cordelette – maille – parquet – caille – coquet – plâtre – cueillette

J'écris Écris des phrases pour dire ce que l'on allait faire, au temps des rois, chez le perruquier, la corsetière, le barbier, le rémouleur.

Vocabulaire 7 — LA FORMATION DES MOTS

Les préfixes

inexact	inclassable	mécontent	imprudence	recoiffer	remonter
relecture	déshonneur	refaire	décoiffer	méfait	malpropre
	décongélation	détacher		inégal	malchance
	illisible	irrégulier	malheur	médire	irréel
	immortel	méconnu	illettré	revenir	recoiffer
	irresponsable	déshabiller	survêtement		

Essaie de classer ces mots. Explique ton classement.

1. Entoure les **préfixes** dans ces mots.
2. L'ajout d'un préfixe change-t-il la classe grammaticale d'un mot ?
3. Quels préfixes a-t-on ajoutés au mot *coiffer* ? Qu'est-ce que cela entraîne ?
4. Compare *dé*tacher et *dés*habiller ; *in*classable et *im*prudence. Justifie l'orthographe des préfixes.
★ 5. Compare *démarrer* et *démonter* ; *refaire* et *regarder* ; *expérience* et *exportation*. Que peux-tu en conclure ?

Est-ce que je sais faire ?

a. Explique comment est composé ce poème. Relève les mots formés avec le préfixe *anti-*. Quel est le sens de ce préfixe ? Quels sont les deux mots commençant par *anti-* qui n'ont pas de préfixe ?
b. Relève d'autres mots comportant le préfixe *anti-*. Entoure le préfixe.
c. Cherche le sens des préfixes d'origine grecque ou latine : *trans-, bi-, tri-, uni-, super-, para-, pré-* ?

> De l'antigel
> Pour le cœur
>
> De l'antichar
> Pour la paix
>
> De l'anticonformisme
> Pour l'usage
> De l'antilope
> Pour le lion […]
>
> De l'antinomie
> Pour son contraire
> De l'anticipé
> Pour hier […]
>
> De l'antiphrase
> Pour le s i l e n c e

H. Ciffinières, *Sucré Salé*, Éd. Thierry Magnier, 2004.

Je construis la règle

Le … est toujours placé au … d'un mot.
Les préfixes ont un … .
⚠ On écrit *dé*colorer mais *dés*unir ; *il*lisible ; *ir*respirable ; *im*mangeable ; *ré*unir.

LES MOTS CLÉS

- Un préfixe peut indiquer :
  – un contraire
  – une répétition
  – une quantité

Je m'entraîne

1 a. Entoure le préfixe commun à ces mots. Quel est son sens ?

reprise – recommencer – renouer – redoux – redescendre – réédition – redistribution

b. Relève les mots que tu peux ajouter à la liste précédente.

répondre – repos – repartir – renaissance – réception – recoller – réparation – repasser – rédaction – ressortir

2 Associe chaque définition au mot qui convient.

1. contraire de patient   a. dénouer
2. lire à nouveau   b. impatient
3. enlever des nœuds   c. bipède
4. qui a deux pieds   d. relire

3 Regroupe les mots qui appartiennent à la même famille. Entoure les préfixes.

encollage – démission – malentendant – recoller – remettre – entente – décoller – entendre – soumettre – permis – incollable – mésentente

4 Dans chaque série, relève l'intrus.

1. impoli – immobile – immense – imprudent
2. illisible – illogique – illustrer – illégal
3. déshabiller – désavantage – désinfecter – désoler
4. malade – maladroit – malhabile – malheureux

5 a. Cherche trois mots commençant par chaque préfixe.

super- ; sur- ; para- ; tri- ; poly-

b. Pour chaque série, indique le sens du préfixe : opposition (contre) ; grandeur, excès ; quantité.

6 Écris le nom correspondant à chaque illustration. Entoure les préfixes.

7 Trouve deux mots formés avec chaque préfixe.

1. *multi- ; intra- ; para- ; bi-*
2. *poly- ; tri- ; télé- ; inter-*

8 Écris un autre mot en employant un préfixe.

1. capable → …
2. activité → …
3. habile → …
4. agréable → …
5. perméable → …
6. lettré → …
7. content → …
8. pluie → …
9. régulier → …
10. chance → …
11. vent → …
12. mite → …

9 Dans chaque série, relève le mot intrus.

1. refaire – recycler – relever – repartir – refléter
2. prédisposer – précipiter – prévaloir – préoccuper
3. expatrier – extraordinaire – extralucide – extraire
4. analphabète – annuel – anormal – annulation

10 Regroupe les mots selon le sens de leur préfixe.

impossible – quadrupède – préparation – entourer – déshabituer – inconfortable – quadrilatère – prénom – incommoder – préposition – illégitime – démonter – prémolaire – quadragénaire – délaisser – désagréable – immanquable – enfermer

 Lis le dialogue.

LE MENU DU MICROBE

– Qu'est-ce que vous prendrez ?
–
– Vous dites ? Parlez plus fort !
–
– Je regrette, nous n'avons pas ça sur la carte.

Jacques Roubaud, « Le menu du microbe », recueilli dans *Menu, menu*, © Éditions Gallimard Jeunesse.

Imagine les réponses du microbe. Elles doivent contenir des mots construits avec *micro-* (du grec *mikros* qui signifie *petit*). Tu peux inventer des mots (*une micro-crêpe*).

Vocabulaire 8 — LA FORMATION DES MOTS

Les mots composés

un porte-monnaie

un rouge-gorge

un chou-fleur

un arc-en-ciel

une queue-de-cheval

un avant-bras

1. Analyse la composition des **noms composés**.
2. Écris quelques mots composés que tu connais. Explique leur formation.

MÉMO p. 29

Je m'entraîne

1 Analyse la composition des mots composés.
1. demi-cuit ; sous-préfet ; cache-cache ; tire-bouchon ; sous-développé ; sourd-muet
2. avant-dernier ; arrière-cuisine ; abat-jour ; plus-que-parfait ; laissez-passer ; bien-aimé

2 Forme des mots composés correspondant aux compositions demandées.
1. **nom + nom**
   a. poisson, pochette, reine, sac, jupe
   b. surprise, claude, lune, culotte, poubelle
2. **verbe + nom**
   a. réveille, presse, pare, chauffe, casse
   b. brise, matin, eau, noix, citron
3. **adjectif + nom**
   a. grand, libre, chauve, pur, plate
   b. souris, père, service, bande, sang
4. **adverbe + nom**
   a. sous, sans, arrière
   b. marin, souci, gêne, boutique, couche
5. **nom + préposition + nom**
   a. pied, tête, langue, pot
   b. de, à, au
   c. tête, mouton, feu, terre, chat

3 Cherche des noms composés formés avec *bec* et *pied*. Écris-les sans erreur.

4 Complète les noms composés.
1. L'oiseau s'envole à tire-… .
2. Un cerf-… est un jouet de papier et de tissu que l'on fait voler.
3. On utilisait autrefois un porte-… pour écrire à l'encre.
4. Les hirondelles ont niché sous l'avant-… .
5. Le commerçant garde ses réserves au sous-… de son magasin.

5 Ajoute des mots à ceux proposés pour former le plus de mots composés possible.

grand	tire	tête
porte	sous	passe
monte	sans	semi

J'écris
Forme des noms composés d'oiseaux. Écris des phrases pour les présenter.

pic	bec
gobe	mouches
bec	croisé
gros	vert

Vocabulaire 9 — LE SENS DES MOTS

Des mots autour d'un mot-thème
Le nom générique

caribou — dictionnaire — album — manuel — phoque — ballon — chambre — recueil — glace — roman — iceberg — cahier — nuit polaire — musique — baleine bleue — igloo — morse — documentaire — lit — dégel — ours blanc — blizzard — toundra — chien de traîneau — banquise

1. Classe les mots selon leur lien de sens. Combien trouves-tu de **thèmes** ?
Quels mots n'as-tu pas pu classer ? Pourquoi ?

2. Choisis le **mot-thème** qui convient à chaque série : *livres – environnement du Grand Nord – animaux du Grand Nord*.

3. Cherche les noms : *Loire, Seine, Garonne, Rhône*. Quel **nom générique** définit ces noms ?

MÉMO p. 29 et 30

Je m'entraîne

1 Classe les mots en deux colonnes : *fleurs* ou *légumes*.

tulipe – radis – épinard – rose – œillet – dahlia – salade – chou – iris – lys – carotte – jonquille

2 Trouve le nom générique qui correspond à chaque série.

1. sardine – saumon – hareng – bar – sole
2. moineau – mésange – merle – roitelet – pinson
3. écureuil – mulot – souris – loir – castor

| mammifères rongeurs | poissons | oiseaux |

3 Trouve le nom générique dans chaque série.

1. poule – canard – volaille – dinde – oie – coq
2. cerise – prune – abricot – fruit – poire – pomme
3. cartable – école – cahier – leçon – maîtresse
4. concert – flûtiste – musique – orchestre – violon

4 Classe les mots autour du mot-thème *jeu*.

cartes à jouer – perdre – poupée – partenaire – gagner – dominos – ballon – billes – rugby – shooter – défendre – raquette – joueur – adversaire – cache-cache – Lego – football – dés – tennis – robot – s'amuser – ours en peluche

jouets	jeux/joueurs	verbes
...	...	...

★ 5 Classe les mots autour du mot-thème *grand cervidé* en quatre colonnes : **espèce – habitat – morphologie – régime alimentaire**.

renne – toundra – élan – sabots fendus – bois – cerf – lichen – caribou – pattes longues et fines – herbes – museau velu – feuillage – pelage ras – jeunes pousses – herbivore – marécage – arbustes – steppe – ruminant

★ 6 Trouve le nom générique qui correspond à chaque série.

1. dragée – bonbon – nougat – sucre d'orge
2. *Le Petit Poucet – Blanche-Neige – Les fées*
3. bison – buffle – gnou – yack – zébu
4. baleine – dauphin – orque – cachalot

| contes | confiseries | cétacés | mammifères ruminants |

★ 7 Trouve le nom générique qui désigne chaque nom.

le lion – l'antilope – le boa – le perroquet

J'écris Cherche les noms *orange – iris – kiwi*. Trouve les noms génériques qui les définissent. Emploie ces noms dans une phrase.

Vocabulaire 10 — LE SENS DES MOTS

Le sens propre et le sens figuré

1. Cherche les mots soulignés dans un dictionnaire.
Relève les phrases exemples dans lesquelles ils sont employés au **sens propre**
(le sens premier auquel on pense lorsqu'on les rencontre, le sens le plus **courant**).

2. Quel sens donnes-tu à ces mots dans les bulles ? Étudie leur contexte.
Sont-ils au **sens propre** ou au **sens figuré** ?

Est-ce que je sais faire ?

1 Cherche les sens propres et les sens figurés des mots donnés.
Écris une courte phrase pour chaque sens.

bras – ligne – figure – face

2 Entoure les noms qui ont plusieurs sens propres.

sommet – montagne – arête – alpage – aiguille – pic – pente –
forêt – altitude – plateau – chaîne – massif

Je construis la règle

Un même mot peut avoir plusieurs … . C'est le contexte qui permet
de comprendre ce sens (*une pièce pour se reposer, une pièce
de théâtre, une pièce de monnaie*).
– Le sens … d'un mot est son sens le plus courant (*le loup dévore
l'agneau*).
– Le … figuré est imagé (*Je dévore un livre*).

LES MOTS CLÉS
- Un sens propre
- Un sens figuré (imagé)
- Un sens particulier selon le contexte

Je m'entraîne · AIDE-TOI D'UN DICTIONNAIRE

❶ Relève le mot qui change de sens selon le contexte.

1. **a.** Je descends du vélo, la côte est rude.
   b. Le joueur s'est cassé deux côtes.

2. **a.** On range les livres sur les rayons.
   b. Les rayons du soleil éclairent la prairie.

3. **a.** Alix a eu une bonne note.
   b. Je prends des notes sur Charlemagne.

❷ Indique pour chaque mot souligné s'il est au sens propre ou au sens figuré.

1. **a.** La poupée <u>est lavée</u> par Célia.
   b. Le suspect <u>est lavé</u> de tout soupçon.

2. **a.** La <u>pie</u> est un oiseau au plumage noir et blanc.
   b. Ninon bavarde trop, c'est une vraie <u>pie</u>.

3. **a.** Cet acteur est au <u>sommet</u> de sa gloire.
   b. L'alpiniste a vaincu ce <u>sommet</u>.

❸ Lis les phrases. Dans chaque série, trouve le mot qui convient.

1. **a.** La bulle de savon ... rapidement.
   b. L'orage ... les soirs d'été.
   c. Élise ... en sanglots après sa chute.

2. **a.** Devant un nom, on place souvent un ... .
   b. Tu as lu un bon ... sur les léopards.
   c. Mon vieux chien est à l'... de la mort.

❹ Trouve le mot qui correspond à chaque série de définitions.

1. **a.** le milieu d'un espace
   b. le cœur d'une ville
   c. un regroupement de commerces

2. **a.** une couleur sombre
   b. l'obscurité complète
   c. le travail clandestin

❺ Écris des phrases en employant le verbe souligné au sens propre.

1. Mes notes <u>montent</u>.
2. Cet effort me <u>coûte</u>.
3. L'heure <u>tourne</u> vite.

★ **❻ Emploie chaque expression dans une phrase qui explique le sens des verbes.**

casser un vase – se casser la figure – casser la croûte – casser les prix – casser les pieds

★ **❼ Relève les GN dans lesquels le mot _or_ est au sens figuré.**

un bijou en or	des cheveux d'or
des pièces d'or	l'âge d'or
une voix en or	un chercheur d'or
l'or noir	un cœur d'or
la poule aux œufs d'or	l'or des blés mûrs
des noces d'or	couvrir d'or
l'or d'un trésor	un livre d'or

★ **❽ Emploie chaque mot au sens propre et au sens figuré dans une phrase.**

voler – brillant – joue – brûler – dent

★ **❾ Relève les groupes de mots au sens figuré.**

1. courir un 100 mètres – courir derrière le bus – courir dans la neige – courir après un rêve

2. brûler des papiers – brûler les étapes – le torchon brûle entre voisins – la bougie brûle – brûler d'impatience

3. monter la pente – la montée des prix – un champion qui monte – monter à Paris – monter la garde – monter la tête à quelqu'un

★ **❿ Relève les phrases dans lesquelles l'adjectif _rouge_ est au sens propre.**

1. Cette robe est d'un rouge profond.
2. Elle a les joues rouges.
3. J'ai acheté un pull rouge.
4. Il est rouge de honte.
5. Cette provocation m'a fait voir rouge.
6. Le rouge-gorge a des plumes de couleurs vives sur le jabot.
7. Mars est appelée la planète rouge car elle est composée de fer qui rouille.
8. Ce coq a une belle crête rouge.
9. Thomas est devenu rouge comme un coq.

J'écris Écris deux ou trois phrases pour expliquer les différents sens du mot _dos_.

Vocabulaire 11 — LE SENS DES MOTS

L'image et la comparaison

Voici venir les temps où vibrant sur sa tige
Chaque fleur s'évapore ainsi qu'un encensoir*

Les sons et les parfums tournent dans l'air du soir ;
Valse mélancolique et langoureux vertige ! […]
Le violon frémit comme un cœur qu'on afflige ; […]
Le ciel est triste et beau comme un grand reposoir.

Charles Baudelaire, vers extraits de *Harmonie du soir*, *Les Fleurs du mal*, 1875.

* **encensoir** : petite cassolette où l'on brûle de l'encens

Simon Denis, *Coucher de soleil sur la campagne romaine*.

1. Vers 2, 5, 6, à quoi le poète compare-t-il la fleur, le violon, le ciel ? Quels mots introduisent ces **comparaisons** ?
2. Comment comprends-tu les vers 3 et 4 ? Quel effet produisent ces **images** sur le lecteur ?

MÉMO p. 31

Je m'entraîne

1 Associe chaque animal à l'image qui l'évoque.
a. le chat – **b.** l'écureuil – **c.** la chouette –
d. le papillon
1. Visage de chat aux yeux ronds
2. Boule de fourrure insoumise et menteuse
3. Plié en deux comme un billet noir en dedans, flamme en dehors
4. Le panache rutilant des bois

2 Relève les images qui évoquent la neige.

> Fantôme léger fantôme
> Court sur les toits
> Danse à la fenêtre
> Laisse dans le jardin
> La blancheur de ses pas
>
> Dormeuse lente dormeuse
> Couve le paysage
> Endort la mémoire
> Laisse dans nos mains
> Une lumière froide
>
> Ourse, belle ourse blanche
> Ne connaît de printemps
> Que l'élan du ruisseau
> Qui lui prend sa fourrure
> Pour de très longs voyages
>
> Jean-Pierre Siméon, *À l'aube du buisson*, *Poèmes pour grandir*, Cheyne éditeur.

★ 3 Retrouve le sens de chaque image.
a. un ange noir – **b.** noircir quelqu'un –
c. broyer du noir – **d.** une veuve noire –
e. être dans le noir

1. accuser quelqu'un – 2. une araignée venimeuse –
3. ne rien comprendre – 4. une personne néfaste – 5. être d'humeur chagrine

★ 4 Relève en deux colonnes les images et les comparaisons.

La guêpe

Elle semble vivre dans un état de crise continue qui la rend dangereuse. Une sorte de frénésie ou de forcènerie qui la rend aussi brillante, bourdonnante, musicale qu'une corde tendue […]. Un petit siphon ambulant, un petit alambic à roues et à ailes […] une petite cuisine volante, une petite voiture de l'assainissement public : la guêpe ressemble en somme à ces véhicules qui se nourrissent eux-mêmes et fabriquent en route quelque chose. […]

Francis Ponge, *La Rage de l'expression*, © Éditions Gallimard.

J'écris Écris trois ou quatre phrases dans lesquelles tu décriras des objets en employant des comparaisons et/ou des images.

Les expressions toutes faites

1. Tu as le visage rouge comme une écrevisse.
2. Ce garçon est rouge de honte.
3. Je vois rouge lorsque je suis en colère.
4. Les hommes n'iront jamais sur la Planète Rouge (Mars).
5. Il est malheureux, il a des bleus à l'âme.
6. Anaïs reste bleue de stupeur !
7. Ma pauvre amie, tu n'y as vu que du bleu.
8. Au stade on crie : « Allez les Bleus ! »
9. Je tremble : « J'ai eu une frousse bleue. »

1. Dans les expressions en couleur, les mots ont-ils leur sens habituel, c'est-à-dire leur **sens propre**, ou un **sens figuré** ?

2. Essaie d'expliquer chaque expression. Appartiennent-elles à un **niveau de langue soutenu**, **courant** ou **familier** ? Quel est le rôle de ces **expressions toutes faites** ?

Je construis la règle

À partir de certains mots, de certaines idées, on peut créer des ... .
Les images introduites par *comme, ainsi que, semblable à*, sont des ... .
Dans le langage familier, on utilise de nombreuses ... toutes ... souvent très anciennes.

LES MOTS CLÉS
- Un sens propre
- Un sens figuré (imagé)
- Une image
- Une comparaison
- Une expression toute faite

Je m'entraîne

5 Retrouve le sens de chaque expression toute faite.

1. une mère poule
2. une poule mouillée
3. avoir la chair de poule

a. frissonner de froid ou de peur
b. une personne poltronne, timorée
c. une personne très protectrice

6 Complète chaque expression toute faite avec la couleur qui lui convient le mieux.

1. Rire ..., c'est rire pour cacher sa gêne.
2. Voir ..., c'est être aveuglé par la fureur.
3. Être ..., c'est avoir très peur.
4. Faire ... mine, c'est être mécontent.
5. Être ... comme neige, c'est être innocent.

| vert | jaune | rouge | blanc | grise |

7 Relève seulement les expressions qui appartiennent à un niveau de langue familier.

avoir les pattes coupées – avoir le moral dans les chaussettes – être rose de plaisir – être bleu de froid – avoir les crocs – rester sans voix – avoir les jambes en coton – en avoir plein le dos – se faire tirer l'oreille – avoir le nez creux

8 Relève les expressions toutes faites.

Pour faire ce problème, ne cherchez pas la petite bête, ne tournez pas comme un lion en cage. Vous pouvez y arriver. Arrêtez de faire votre tête de mule et réfléchissez. Sautez dans ce problème à pieds joints. Vous n'y voyez que du bleu ? Essayez encore.

Écris une phrase avec une expression toute faite correspondant à chaque illustration.

①

②

③

④

Vocabulaire LE SENS DES MOTS

Les synonymes

engager (verbe) ◦ conj. n°5
1. Prendre une personne à son service. *La municipalité vient d'engager un nouveau jardinier.* (Syn. embaucher, recruter.) **2.** Donner envie de faire quelque chose. *Ce soleil engage à la baignade. Je vous engage à me suivre.* (Syn. encourager, inciter, inviter.) **3.** Introduire quelque chose dans un endroit étroit. *Zoé m'a ouvert la porte au moment où j'engageais la clé dans la serrure.* **4.** Commencer une action. *Les syndicats ont engagé un dialogue avec la direction.* **5.** S'engager à faire quelque chose : promettre de le faire. *Ce magasin s'engage à échanger le matériel défectueux.* **6.** S'engager : pénétrer dans une voie. *Le camion a allumé ses phares avant de s'engager dans le tunnel.* **7.** S'engager : se faire recruter. *Son oncle s'est engagé dans la marine.* (Syn. s'enrôler.) ◦ Famille du mot : engageant, engagement.

flamme (nom féminin)
1. Forme lumineuse produite par le feu. *Le vent a éteint les flammes des bougies.* **2.** Au sens figuré, enthousiasme et passion. *Il a fait un discours plein de flamme.* (Syn. exaltation, fougue.) ◦ Famille du mot : s'enflammer, flammèche, inflammable.

inattentif, ive (adjectif)
Qui n'est pas attentif. *Les élèves sont inattentifs aujourd'hui.* (Syn. distrait.)

Dictionnaire Hachette Junior
© Hachette Livre, 2006.

1. Lis ces trois articles de dictionnaire. À quelle classe grammaticale appartient chaque mot-entrée ?

2. Explique ce qu'est un **synonyme**.

3. À quelle classe grammaticale appartiennent les synonymes de chaque mot-entrée ? Qu'en conclus-tu ?

4. Dans le premier article, quels sont les différents sens de *engager* et *s'engager* ? Qu'est-ce que cela entraîne pour les synonymes ?

Que signifie l'abréviation *syn.* ?

Est-ce que je sais faire ?

1 Cherche des synonymes pour ces mots et complète le tableau.

douceur – strident – l'expédition (d'un colis) – une expédition (en Afrique) – sauver – se sauver – endommager

	Mots donnés	Synonymes
Noms	...	...
Adjectifs	...	...
Verbes	...	...

2 Remplace les verbes *faire* et *avoir* par des verbes plus précis.

1. faire une photo
2. faire une bêtise
3. faire une maison
4. faire 1,50 mètres
5. faire une veste en laine

a. mesurer
b. prendre
c. tricoter
d. commettre
e. construire

1. avoir un mal de tête
2. avoir un anorak
3. avoir le premier prix
4. avoir un appartement
5. avoir peur

a. gagner
b. craindre, redouter
c. souffrir
d. porter
e. posséder

Je construis la règle

MÉMO P.31

– Les synonymes sont des mots de ... sens ou de sens ... . Ils appartiennent à la même ... grammaticale.
– Les ... peuvent être différents selon le contexte (*faire du judo* → *pratiquer* le judo ; *faire 40 kg* → *peser 40 kg*).

LES MOTS CLÉS
- Un synonyme
- Un mot de sens voisin
- Un synonyme différent selon le contexte

Je m'entraîne

1 Associe chaque GN comportant l'adjectif *léger* à synonyme possible.

1. un vent léger
2. un murmure léger
3. un plat léger
4. une étoffe légère
5. un travail léger

a. insuffisant
b. imperceptible
c. fine
d. faible
e. digeste

2 Associe chaque emploi du verbe *détacher* à un synonyme possible.

1. détacher son chien
2. détacher les mots
3. détacher un vêtement
4. détacher un paragraphe
5. se détacher en tête de course

a. nettoyer
b. faire ressortir
c. prendre de l'avance
d. défaire l'attache
e. séparer pour mieux comprendre

3 Trouve un verbe plus précis pour remplacer le verbe *faire*.

1. Faire une course de 100 mètres, c'est ...
2. Faire un choix, c'est ...
3. Faire un envoi de colis, c'est ...
4. Faire du nettoyage, c'est ...
5. Faire une lecture, c'est ...

4 Remplace chaque mot en gras par un mot de sens voisin proposé.

1. Ce problème est très **dur**.
2. Le train est **plein**.
3. Cet enfant est très **agité**.
4. Tu vas au centre-ville **régulièrement**.
5. Le jeune chiot a **cassé** un vase.

| turbulent | brisé | souvent | complet | difficile |

J'écris Cherche trois synonymes de l'adjectif *lourd*. Écris une phrase avec chacun d'eux pour montrer leurs différents sens selon le contexte.

5 Associe chaque sens de l'adjectif *doux* à un synonyme possible.

1. une voix **douce**
2. une brise **douce**
3. un **doux** regard
4. une peau **douce**
5. une pente **douce**
6. un hiver **doux**
7. une brosse **douce**
8. une couette **douce**
9. une eau **douce**
10. **doux** comme un agneau

a. fine, satinée
b. clément, peu rigoureux
c. non salée
d. faible, modérée
e. moelleuse
f. obéissant, docile
g. souple
h. harmonieuse
i. légère, agréable
j. attendri, câlin, affectueux

6 Associe chaque sens du verbe *étaler* à un synonyme possible.

1. étaler sa marchandise
2. étaler ses richesses
3. étaler une carte routière
4. étaler du beurre sur son pain
5. étaler ses paiements
6. s'étaler de tout son long
7. s'étaler sur un sujet
8. étaler ses affaires partout
9. étaler ses sentiments

a. tartiner – b. déplier – c. s'étendre –
d. déballer – e. tomber – f. montrer avec orgueil –
g. dévoiler – h. échelonner – i. éparpiller

7 Remplace *mettre* par un verbe plus précis.

1. Mettre une lettre à la poste
2. Mettre des papiers dans la corbeille
3. Mettre un sweat
4. Mettre de l'ordre dans son cartable
5. Mettre des chaises ailleurs

8 Cherchez la définition de ces mots. Complétez le tableau.

Classe grammaticale	Mots définis	Synonymes
...	bonheur	...
...	timide rêveur sombre	...
...	montrer remettre se remettre	...

9 Cherche les synonymes de *montrer* et *se montrer*.

Relève les phrases exemples qui permettent de comprendre les différents sens.

Vocabulaire 13 — LE SENS DES MOTS

Les contraires

1 calme adj. **1** Où il n'y a ni trouble, ni agitation, ni excès d'activité. *Nous habitons un quartier très calme* (**SYN.** tranquille ; **CONTR.** bruyant). *La mer est calme* (**CONTR.** houleux). *Nous avons passé un dimanche très calme* (**SYN.** tranquille, paisible ; **CONTR.** animé). **2** Qui ne se laisse pas emporter par ses sentiments. *Julia est une femme très calme, elle s'énerve rarement* (**SYN.** placide ; **CONTR.** emporté, violent).

victoire n.f. **1** Le fait de gagner un combat, une bataille, une guerre, de vaincre l'adversaire. *Les alliés remportèrent une éclatante victoire sur l'ennemi* (**SYN.** triomphe ; **CONTR.** défaite). **2** Succès remporté sur un adversaire dans une lutte, une compétition. *Cette joueuse de tennis a remporté une brillante victoire.*

partir partant, parti v. **1** S'en aller, quitter un lieu. *La fête ne fait que commencer et tu veux déjà partir ?* (**CONTR.** rester). *Je pars en vacances le mois prochain.* **2** Avoir pour commencement, pour origine ou pour point de départ. *Son geste partait d'une bonne intention. Le souterrain part du château* (**CONTR.** aboutir). **3** Disparaître. *Cette tache partira au lavage.* ■ À partir de : à partir de ce moment, à partir de cet endroit. *À partir de demain, nous sommes en congé. À partir d'ici, nous sommes sur les terres du voisin.* ■ (Familier) Être mal parti : être mal engagé. *Cette affaire me semble vraiment mal partie.*
▲ **REM. CONJUG.** 19 ; auxiliaire *être*.

1. À quelle classe grammaticale appartient chaque mot-entrée ? Et les mots de sens contraire ? Qu'en conclus-tu ?
2. Pourquoi le verbe *partir* a-t-il deux contraires ? Et pourquoi l'adjectif *calme* en a-t-il quatre ?
3. Cherche des mots dont les contraires sont formés avec les préfixes *dé-* ou *dés-*, *in-* ou *im-*, *il-*, *mal-*, *mé-* ou *més-*.

Larousse Super major CM/6e © Larousse 2006.

Est-ce que je sais faire ?

1 Cherche le contraire de chaque mot. Complète le tableau.

épaissir – un ami – libre – tomber – étroit – attrister – paisible – le courage – uni

	Mots donnés	Mots de sens contraire
Noms	…	…
Verbes	…	…
Adjectifs	…	…

2 Retrouve le texte exact en remplaçant les mots soulignés par des mots de sens contraire.

Mon cher Alex

Je vais te raconter la <u>mésaventure</u> qui m'est arrivée. Hier, à six heures du <u>matin</u>, avec Sélim, nous étions dans les sous-sols <u>clairs</u> du château. Je mourais d'envie de <u>monter</u> les escaliers <u>larges</u>. Sélim me <u>conseilla</u> cette expédition. L'endroit était <u>rassurant</u>. Par <u>chance</u>, ma lampe de poche était <u>allumée</u> et mon périple semblait <u>facile</u>. Soudain, un <u>petit</u> oiseau noir s'engouffra dans le souterrain et se posta à l'entrée en refermant ses ailes. Sélim se mit à rire : « Tu as <u>perdu</u> ton fantôme ! » J'ai bien dû <u>refuser</u> que ce n'était qu'une chouette effraie.

Max

Je construis la règle

MÉMO P. 32

– Les mots de sens … s'opposent par leur … . Ils sont de même nature … . Ils varient selon le contexte (*un animal* **sauvage** → *un animal* **domestique** ; *une région* **sauvage** → *une région* **civilisée**).

– Certains contraires sont formés à l'aide de préfixes (*in-*, *im-*, *dé-*, *mal-*…).

LES MOTS CLÉS
- Un mot de sens contraire
- Un préfixe indiquant un contraire

Je m'entraîne

À faire tout seul sur mon cahier
1 6 • 9 12   Corrigés p. 173

❶ Remplace chaque adjectif souligné par l'adjectif de sens contraire qui convient.

1. une <u>forte</u> tempête – une personne <u>forte</u> – être <u>fort</u> en mathématiques

fragile	*faible*	*petite*

2. un vent <u>léger</u> – une voix <u>légère</u> – un paquet <u>léger</u> – une brume <u>légère</u>

grave	*lourd*	*fort*	*épaisse*

3. un soleil <u>vif</u> – un caractère <u>vif</u> – un vent <u>vif</u> – une couleur <u>vive</u>

léger	*doux*	*terne*	*pâle*

❷ En utilisant des préfixes, écris le contraire des adjectifs. Entoure les préfixes.

compris – mobile – capable – buvable – content – connu – adroit – propre

❸ En utilisant des préfixes, écris le contraire des noms. Entoure les préfixes.

l'espoir – l'équilibre – l'habillage – l'adresse – l'honnêteté – l'égalité

❹ En utilisant des préfixes, écris le contraire des verbes. Entoure les préfixes.

monter – faire – armer – orienter – égaler – mobiliser – contenter

❺ Écris le contraire de chaque mot. Indique sa nature grammaticale.

lentement – trouver – le départ – rapide – aimer – la lâcheté

❻ Écris le contraire de chaque mot. Entoure l'intrus dans chaque série.

1. stable – patient – coller – offensif – possible – croyable – satisfait
2. habiller – coiffer – mobiliser – poli – ranger – caler – loger

❼ Écris un mot de sens contraire pour chaque mot. Indique sa nature grammaticale.

pauvre – la sortie – lent – le haut – le silence – commencer – doucement

★ ❽ Utilise des préfixes pour former des mots de sens contraire. Entoure ces préfixes.

1. enchanter – saisir – obliger – honorer
2. mortel – mobile – maculé – moral
3. légal – lisible – limité – logique
4. bienvenu – bienveillant – bonheur – bienheureux
5. entente – estimer – allier – aventure

★ ❾ Associe chaque sens de l'adjectif *clair* à son contraire.

1. un ciel clair	a. trouble
2. une voix claire	b. sombre
3. une consigne claire	c. incompréhensible
4. une couleur claire	d. épaisse
5. une pièce claire	e. foncée
6. une soupe claire	f. cassée, enrouée
7. une eau claire	g. nuageux

★ ❿ Ajoute deux préfixes à chaque mot pour obtenir deux mots de sens contraire.

poli – propre – mobiliser – sensibiliser

★ ⓫ Associe chaque nom abstrait à son contraire.

1. l'avarice	a. l'agitation
2. le courage	b. la générosité
3. le calme	c. la douceur
4. la violence	d. l'interdiction
5. l'autorisation	e. la lâcheté

★ ⓬ Dis le contraire de deux façons différentes.

Exemple : *L'homme était jeune.*
→ *L'homme n'était pas jeune.*
→ *L'homme était vieux.*

1. Son regard était gai.
2. Il marchait vite.
3. Il avait de l'espoir.
4. Le ciel s'éclaircissait.
5. La vie des soldats était facile.

J'écris Cherche trois sens du verbe *tomber*. Écris une phrase avec le contraire de chaque sens.

107

Vocabulaire 14 — LE SENS DES MOTS

Comprendre un mot inconnu dans un texte

Au Japon, au XVIIIᵉ siècle, man-ga signifiait « dessins au fil de la pensée ».

Le royaume des Han : c'était le nom qu'on donnait à l'ancienne Chine.

Statuette de guerrier, 206 avant J.-C./220 après J.-C.

En revenant du Céramique, l'important quartier des potiers à Athènes, le jeune artiste réfléchit au vase unique qu'il doit créer. Arrivé chez lui, il s'installe dans l'andron, la grande pièce du rez-de-chaussée réservée aux hommes.

Récipient pour l'eau, 340-320 avant J.-C.

1. Comment les auteurs de ces textes s'y sont-ils pris pour t'aider à comprendre les mots soulignés ?

2. Où sont situées les explications par rapport à ces mots ? Quels sont les procédés utilisés pour les présenter ? Quels signes de ponctuation les mettent en relief ?

■ Est-ce que je sais faire ?

Souligne l'explication qui aide à comprendre chaque groupe de mots en gras. Entoure les signes de ponctuation et les verbes qui présentent les explications.

1. Si tu lis des extraits de l'épopée grecque très ancienne ***L'Iliade*** (un long poème de plus de quinze mille vers), tu découvriras les aventures des dieux et de héros fabuleux.
2. Zeus, le roi des dieux, régnait sur l'Univers. Sa demeure était située au sommet du mont **Olympe**, un massif montagneux qui dominait le monde d'en bas.
3. Dans l'antiquité, on appelait **Europe** une jolie princesse de légende dont le roi des dieux, Zeus, tomba amoureux et qui donna son nom à notre continent.

■ Je m'entraîne

❶ Entoure les mots expliqués et souligne leur explication.

L'aide humanitaire est l'ensemble des actions d'aide aux personnes qui souffrent de catastrophes naturelles, de guerres, de famines.
Des ONG (Organisations Non Gouvernementales) agissent en ce sens.
L'ONU (Organisation des Nations Unies) intervient dans le désamorçage des crises internationales.

❷ Récris le texte en expliquant les mots soulignés. Cherche ces mots dans un dictionnaire.

Le XVIIIᵉ siècle fut marqué par une soif de liberté. Des philosophes comme Voltaire, condamnaient l'intolérance et critiquaient la monarchie absolue. Ce mouvement se propagea à travers le pays grâce aux colporteurs qui vendaient des livres et des journaux.
On préparait la révolution de 1789.

Vocabulaire 15 — LE SENS DES MOTS

À faire tout seul sur mon cahier
3
Corrigés p. 173

Les niveaux de langue

Le détective **en a plein les pattes**.
Il **en a sa claque**.
C'est un brave **type**.
Il fait **son boulot**.

Il est fourbu, éreinté.

Il est fatigué.

C'est un gentil garçon.

Il n'en peut vraiment plus.

C'est un homme remarquable.

Il accomplit sa tâche.

Il en a assez.

Il fait son travail.

1. Que peux-tu dire de la manière dont on parle du détective dans le texte ?
C'est le **niveau de langue familier**. Emploies-tu ce niveau de langue ? Où ? Avec qui ?

2. Récris le texte en utilisant le **langage courant** que tu emploies en classe,
pour demander un renseignement, t'adresser correctement à quelqu'un.
Choisis les phrases sur fond couleur qui conviennent.

3. Récris le texte en utilisant le **langage soutenu** utilisé pour écrire,
s'adresser à quelqu'un que l'on ne connaît pas.
Choisis les phrases sur fond couleur qui correspondent à ce niveau de langue.

Je m'entraîne — MÉMO p. 30

1 Classe les mots en trois colonnes. Indique en tête de chaque colonne le niveau de langue auquel ils appartiennent.

1. partir – se tirer – quitter les lieux
2. un pote – un ami – un copain
3. une automobile – une voiture – une bagnole

2 Récris les phrases en langage courant.

1. Avec des vitamines, tu auras la pêche.
2. Les mômes ont mangé tout le gâteau.
3. Alexis a piqué un sprint.

3 Associe chaque mot familier à celui de langage courant qui lui correspond.

1. a. trouillard – bouquin – paluche
 b. livre – main – peureux
2. a. cavaler – piger – se marrer
 b. s'amuser – courir – comprendre

4 Associe chaque expression familière de la série 1 à celles qui lui correspondent dans les deux autres niveaux de langue.

1
avoir un mal de chien
avoir le moral dans les chaussettes
gagner sa croûte

2
travailler pour manger
avoir un mauvais moral
avoir très mal

3
déprimer
souffrir atrocement
subvenir à ses besoins

J'écris Écris trois phrases avec *cabot, râler, mioche*.
Récris-les en changeant de niveau de langue.

109

Vocabulaire LE SENS DES MOTS

Des homophones

1

PIERROT-SANS-TÊTE

Pierrot-**sans**-tête fait sa valise. […]
Il s'en va **sans** pyjama.
Sans chaussons et **sans** brosse à dents.
Ne te fais pas de mauvais **sang** !
Dit Pierrot-**sans**-tête à sa maman.
Sans mentir, mon copain Vincent
Des pyjamas, il en a **cent** !

2

Ce **livre** a coûté vingt **livres**.
Il **livre** de nombreuses recettes de cuisine.

3

PRÈS OU PRÊT

Si je suis **près** de vous
C'est que je ne suis pas loin.
Si je suis **prêt** à tout
J'ai un T comme témoin.

Textes 1 et 3 : *Mots futés pour écrire sans se tromper*,
Claire Derouineau, © Éditions Actes Sud, 2003.

Quels moyens as-tu pour ne pas confondre certains homophones ?

1. Que peux-tu dire des mots en gras ? Compare ces **homophones**.
2. Comment fais-tu pour ne pas te tromper en écrivant *sang* et *cent* ? *champ* et *chant* ?
La lettre finale suffit-elle toujours à bien orthographier un mot ?

Est-ce que je sais faire ?

Écris le nom correspondant à chaque illustration.
Distingue bien les homophones.

Je construis la règle

MÉMO P. 32

– Les homophones sont des mots qui se … de la même manière, mais qui n'ont pas le même … .
– Quelques-uns ont la même orthographe (*un kiwi* → un fruit ; *un kiwi* → un oiseau de Nouvelle Zélande).
La plupart ont des … différentes.

LES MOTS CLÉS
- Un homophone
- Des sens différents
- Des orthographes différentes ou non

Je m'entraîne

1 Complète les séries de phrases avec les homophones proposés.

1. cour   cours   court

a. J'ai tracé un trait trop ... .
b. Le champion ... à en perdre haleine.
c. Pendant la récréation, on joue dans la ... .
d. Le ... de musique est à cinq heures.

2. pot   peau

a. La ... recouvre le corps.
b. On plante ces cactus dans un ... .

3. sans   sang   cent

a. L'ogre peut vivre plus de ... ans.
b. On ne peut pas vivre ... manger.
c. La grenouille est un animal à ... froid.

4. conte   compte

a. L'histoire du Petit Poucet est un joli ... .
b. Lucas ... très vite mentalement.

2 Trouve l'homophone de chaque mot. Aide-toi des définitions entre parenthèses.

1. une salle / ... *(malpropre)*
2. un signe / ... *(oiseau aquatique blanc)*
3. le quart / ... *(moyen de transport en commun)*
4. une fois / ... *(organe digestif)*

3 Trouve les homophones correspondant à chaque devinette.

1. a. C'est une vaste étendue d'eau.
   b. Elle a des enfants.
2. a. On mange les fruits quand ils le sont.
   b. Le maçon en construit.
3. a. Je suis un récipient pour boire.
   b. Je suis une couleur.
4. a. Il en faut deux pour en faire une.
   b. C'est un papa.

4 Complète avec les homophones proposés.

port   porc   pore

1. Le nom scientifique du cochon est le ... .
2. Notre voilier passe l'hiver dans un ... .
3. Nous transpirons par les ... de la peau.
4. Ce mannequin a un joli ... de tête.
5. Autrefois, le ... du chapeau était fréquent chez les femmes.

★ **5** Complète chaque série de phrases avec les homophones proposés. Appuie-toi sur le sens.

1. maux   mot

a. Je cherche les ... que je ne connais pas dans un dictionnaire.
b. Lorsque je prends froid, j'ai des ... de gorge.

2. saut   sceau   sot   seau

a. François 1er a apposé son ... au bas du texte qui impose la langue française.
b. Ce jeune prince n'était pas beau, mais il était loin d'être ... .
c. Grâce à ses bottes magiques, l'ogre franchit la montagne d'un seul ... .
d. J'ai rempli un ... d'eau pour arroser.

★ **6** Trouve l'homophone de chaque mot. Aide-toi des mots entre parenthèses. Entoure la lettre finale du mot que tu as trouvé.

un cor → ... *(corporel)*   gai → ... *(guetter)*
le thym → ... *(teinture)*   l'eau → ... *(hauteur)*
le cou → ... *(coûter)*   le lait → ... *(laideur)*
trop → ... *(trotter)*   bon → ... *(bondir)*
le pain → ... *(la peinture)*   sans → ... *(sanguin)*

★ **7** Trouve les homophones.

Je suis une couleur. → ...
Je suis un petit invertébré sans pattes. → ...
Je suis une matière fragile. → ...
Je suis une ligne de poème. → ...
J'indique une direction. → ...

★ **8** a. Cherche des homophones des mots suivants. Indique leur classe grammaticale.

dos – rat – trompe – goutte – faim – coque

b. Écris leur définition.

 Cherche un homophone pour chaque mot. Écris de courtes phrases pour illustrer leurs sens.
une souris – la bouche – le tour – un vase – une classe

Vocabulaire 17 — LE SENS DES MOTS

Les mots des sensations

parfumer	voir	apercevoir	sentir	regarder
entendre	observer	tinter	sucré	épicer
senteur	scruter	bruit	oreille	criard	acide
œil	doux	hurler	vision	crier	écouter
goût	sonore	délicat	voyant	chuchotement
salé	bruyant	visible	odorant	parfum
gémir	amer	arôme	nez	intense

1. Classe les mots selon les quatre thèmes : **vue – ouïe – odorat – goût**.
Ce sont quatre de nos **sens**.

2. Dans chaque thème, classe les mots selon leur nature grammaticale.

Est-ce que je sais faire ?

▪ Surligne de trois couleurs différentes les mots qui relèvent de la vue, de l'ouïe, de l'odorat.

Elle [la mer] était là, partout devant lui, immense, gonflée comme la pente d'une montagne, brillant de sa couleur bleue, profonde, toute proche, avec ses vagues hautes qui avançaient vers lui. […] Il entendait le bruit lent des vagues qui se mouvaient sur la plage. Il n'y avait plus de vent, tout à coup, et le soleil luisait sur la mer, allumait un feu sur chaque crête de vague.

Le sable de la plage était couleur de cendres, lisse, traversé de ruisseaux et couvert de larges flaques qui reflétaient le ciel. […] Elle brillait dans la lumière, elle changeait de couleur et d'aspect, étendue bleue, puis grise, verte, presque noire, bancs de sable ocre, ourlets blancs des vagues. […] À mesure qu'il s'approchait, le bruit des vagues grandissait, emplissait tout comme un sifflement de vapeur. C'était un bruit très fort et très lent, puis violent et inquiétant comme les trains sur les ponts de fer. […] Il sentit l'odeur des profondeurs et il s'arrêta. Un point de côté brûlait son aine et l'odeur puissante de l'eau salée l'empêchait de reprendre son souffle.

Jean-Marie Gustave Le Clézio, *Celui qui n'avait jamais vu la mer…*, © Éd. Gallimard.

Eugénio Foz, *La mer*, 1998.

LES MOTS CLÉS
- Une sensation
- La vue
- L'ouïe
- L'odorat
- Le goût

Je m'entraîne

1 Classe ces mots en trois colonnes selon leur thème : *vue, ouïe, odorat*.

humer – éblouir – lunettes – musique – puanteur – brillant – assourdissant – surveiller – scruter – senteur – clapotis – frémir – dire – crisser

2 Remplace les formes du verbe *voir* par des termes plus précis.

1. Avez-vous *vu* le match de handball ?
2. Que devient Alice ? Je ne la *vois* plus.
3. Je ne *vois* pas ce que tu veux dire.
4. Tous ont *vu* cet article dans le journal.
5. Nous avons à peine *vu* le renard.

| comprends | regardé | fréquente | aperçu | lu |

3 Associe les expressions de sens voisin.

1. tourner de l'œil
2. avoir à l'œil
3. jeter un coup d'œil

a. surveiller
b. regarder rapidement
c. s'évanouir

4 Regroupe deux par deux les adjectifs de sens contraire.

odorant – mûr – sucré – maigre – amer – relevé – doux – vert – fade – salé – gras – inodore

5 Remplace les expressions contenant le verbe *entendre* par des termes plus précis.

1. Nous avons *entendu* cette nouvelle.
2. Zoé *ne veut rien entendre*.
3. Je *ne veux pas entendre* parler de ce voyage.
4. Tu lui *feras entendre raison*.

| est têtue | appris | refuse de | convaincras |

6 Classe les mots en deux colonnes : bruit fort/bruit faible.

vacarme – chuchotement – brouhaha – clapotis – gémissement – frôlement – hurlement

7 Remplace les formes du verbe *regarder* par un verbe plus précis.

1. L'agent *regarde* sa montre.
2. En *regardant* la masse blanche, ils aperçurent le Mont Blanc.
3. Nous avons *regardé* le merle faire son nid.
4. *Regarde* ce tableau : c'est un chef-d'œuvre.
5. Kim a *regardé* partout pour trouver sa trousse.

| scrutant | contemple | cherché | consulte | observé |

8 Relève la bonne interprétation.

1. « Tous les goûts sont dans la nature » signifie :
   a. Il faut goûter tous les aliments.
   b. À chacun ses goûts.
   c. À la campagne, le beurre a un goût différent.
2. « Être au goût du jour » signifie :
   a. Préférer le sucré au salé.
   b. Lire le journal avec plaisir.
   c. Être à la mode.

9 Classe les adjectifs pour montrer l'intensité d'un parfum. Va du plus léger au plus fort.

sobre – enivrant – pénétrant – intense – discret – tenace – capiteux

10 Relève les mots qui désignent une odeur désagréable.

une puanteur – un fumet – une senteur – une infection – un effluve – la pestilence – le bouquet – l'arôme – la délicatesse

11 Associe les phrases de sens voisin.

1. On écouta le discours.
2. Il écoutait battre le cœur du malade.
3. Il faut que tu écoutes.

a. Il prenait le pouls.
b. Il faut que tu obéisses.
c. On prêta une oreille attentive.

J'écris Emploie chaque expression toute faite dans une phrase.

mettre le nez dehors – faire monter la moutarde au nez
★ un accident qui pend au nez – fourrer son nez partout – à vue de nez

Vocabulaire  LE SENS DES MOTS

Les mots des sentiments et des émotions

1
Le rossignol au chant troublant chanta si bien que l'empereur de Chine fut profondément ému : deux larmes coulèrent sur sa joue. Le chant du petit oiseau gris fit chavirer le cœur de tous les courtisans qui ne cachaient pas leurs yeux embués de larmes. L'empereur, enchanté, voulut honorer le chanteur. Mais le rossignol refusa. Il était suffisamment récompensé par les larmes du souverain.

D'après H. Ch. Andersen, *Le Rossignol et l'empereur de Chine*.

2
La ruelle était étroite, je ne l'aimais pas beaucoup. En m'y engageant j'avais **peur** et je n'en menais pas large. Il régnait dans cet endroit un silence de mort et j'avais la chair de poule. L'**inquiétude** me gagnait. L'**affolement** me paralysait peu à peu et ma peur bleue devenait **terreur**. Finalement, il y eut plus de peur que de mal : j'étais enfin arrivé chez moi.

TEXTE 1
1. Explique tous les mots et groupes de mots soulignés. Quelles réactions traduisent-ils ? Comment se manifestent-elles ?

2. L'émotion de l'empereur est-elle de longue durée ou limitée dans le temps ? Est-ce un moment heureux ou malheureux ?

3. Liste des mots (verbes, noms, adjectifs, expressions) qui expriment des émotions. Ce sont des **mots abstraits**.

TEXTE 2
4. Compare les noms en gras. Classe-les selon leur degré d'intensité. Où placerais-tu le mot *crainte* ?

5. Explique les **expressions toutes faites** soulignées. Dans des dictionnaires, trouves-en d'autres avec le mot *peur*.

Comment exprime-t-on un sentiment ? une émotion ?

Est-ce que je sais faire ?

Relève tous les mots et expressions qui évoquent des sentiments ou des émotions.

Lorsque le directeur est rentré dans la classe, cet après-midi-là, il y avait une fille sur ses talons. Je ne savais pas encore que l'amour ne prévenait pas avant d'entrer, alors évidemment, ça m'a fait drôle. […] Quand ses yeux verts se sont arrêtés sur moi, j'ai rougi jusqu'au bout des orteils (enfin je suppose […]).
Elle habite la maison des Marais. À ces mots, tous les élèves ont réprimé un frisson. Pas un frisson d'amour. Un frisson de peur. Les marais se trouvaient au nord du village. Aucun enfant ou adulte n'y mettait jamais les pieds […]. Ils étaient hantés. Les marais étaient maudits depuis un assassinat vieux de deux cents ans mais qui continuait à terroriser le village. Je connaissais bien cette histoire.
Ma grand-mère la racontait souvent. À chacun de ses récits, mon sang se glaçait […].
Mila a relevé la tête. Ses yeux verts ont accroché les miens aussi intensément que le premier jour. Au lieu de m'apaiser, son regard m'a affolé.
Dans ma tête, j'ai entendu *Sor-cière, sor-cière*.
Je n'ai pas pu contenir plus longtemps la frayeur qui s'était accumulée au fond de mon ventre. […] Mes jambes ont chancelé.
J'ai poussé un cri d'effroi.

T. Lenain, *La Fille de Nulle part*, © Éd. Nathan.

LES MOTS CLÉS
- Une émotion
- Un sentiment
- Un mot abstrait
- L'intensité

Je m'entraîne

À faire tout seul sur mon cahier
2 5 · 8 10   Corrigés p. 173

1 Trouve le nom qui exprime chaque sentiment.

être amical – être ému – être triste – être joyeux – être sympathique

2 Recopie uniquement les noms qui expriment un sentiment.

la haine – le mensonge – la vue – l'amour – la peine – la gourmandise – l'agitation – le mécontentement

3 Classe les mots dans le tableau.

le bonheur – la tristesse – la gaîté – la honte – la tendresse – la méchanceté – la reconnaissance – le rire – les pleurs – l'indifférence

émotions ou sentiments positifs	émotions ou sentiments négatifs
...	...

4 Relève les expressions qui traduisent un sentiment ou une émotion.

1. **a.** Tu trembles de peur.
   b. Tu trembles de froid.
2. **a.** Il a touché au but.
   b. Tu es touché par ce cadeau.
3. **a.** Tu rougis de honte.
   b. Le gel rougit les feuilles.
4. **a.** Je suis bouleversé par cette nouvelle.
   b. Ton arrivée bouleverse ma journée.

5 Complète avec l'un des mots proposés.

1. Je saute *(de joie/de tristesse)* lorsque j'ai gagné.
2. Paul est *(heureux/malheureux)* car il a perdu son chat.
3. Bravo ! Ton succès me laisse *(admiratif/indifférent)*.
4. Je *(rêve/tremble)* en attendant ma note.

6 Retrouve le sentiment qu'évoque chaque expression : *la générosité, l'insensibilité, la tristesse, l'amour.*

1. avoir le cœur sur la main
2. avoir le cœur qui bat pour quelqu'un
3. avoir le cœur serré
4. avoir un cœur d'or
5. avoir un cœur de pierre
6. avoir le cœur lourd
7. être sans cœur
8. avoir de la peine

★ **7** Classe les adjectifs selon l'intensité du sentiment éprouvé (du plus faible au plus fort).

épouvanté – inquiet – angoissé – affolé – effrayé – anxieux – terrifié

★ **8** Relève l'intrus dans chaque série.

1. terreur – terriblement – terrasse – terrifié
2. épouvanter – épouvantable – époustoufler – épouvantail
3. effacer – effrayer – frayeur – effrayant
4. peureusement – peureux – heureux – apeurer
5. horrible – horreur – horrifié – honteux

★ **9** Complète avec les noms proposés. Ils ont tous un lien de sens avec *peur*.

1. Chloé a la ... avant chaque contrôle.
2. Lio aime les films d'... .
3. Tu as éprouvé une grande ... sur ce manège.
4. J'attends ma note de maths avec un peu d'... .
5. Léonard éprouve une certaine ... à l'idée de s'élancer du plongeoir.

| *frayeur* | *angoisse* | *hantise* | *horreur* | *appréhension* |

★ **10** Associe chaque expression contenant le mot *peur* à sa définition.

1. être blanc de peur
2. ne pas avoir peur des mots
3. de peur d'être ridicule
4. un homme sans peur
5. être cloué par la peur
6. n'avoir peur de rien

a. dire les choses
b. courageux
c. ne rien redouter
d. avoir peur au point de ne plus pouvoir bouger
e. de crainte de…
f. être livide, blême

J'écris Raconte une peur que tu as eue. Emploie les expressions proposées.
être bleu de peur – claquer des dents – prendre ses jambes à son cou – être secoué de frissons

115

DICTÉES

1 AUTODICTÉE

Dans les **dictionnaires**, les mots sont classés par ordre **alphabétique** de A à Z. L'alphabet compte **vingt-six** lettres. On regarde d'abord la première lettre, puis la deuxième, la troisième ou la quatrième : **allumer** et **allumette** ont six lettres en commun.
Les mots sont définis dans des articles.
On trouve leur nature **grammaticale** en **abrégé** et le genre des noms et des adjectifs.

★ On trouve les verbes à l'infinitif. Un article donne la **définition** d'un mot. Des mots ont plusieurs sens qui sont **numérotés**.

2 DICTÉE À COMPLÉTER

★ Les nouvelles voitures sont équipées d'accessoires très perfectionnés.
Les pare-brise sont en verre qui ne blesse pas. L'eau pour les essuie-glace contient de l'antigel. Les compte-tours permettent de régler sa vitesse. Les quatre-quatre font du tout-terrain mais polluent beaucoup.
On appelle des pattes-d'oie, les ronds-point où plusieurs routes partent dans des directions différentes.
Sur la neige, attention aux tête-à-queue.

3 DICTÉE PRÉPARÉE

1. Cette pièce de bois **flotte** sur le fleuve.
2. La pièce qui donne au **nord** restait toujours sombre.
3. Les pièces de **théâtre** de **Molière** amusaient le roi et ses courtisans.
4. Deux canards colverts nagent sur la belle pièce d'eau qui est située au milieu du parc.
5. La pauvre petite fille n'avait plus aucune pièce dans sa poche. Elle regardait avec envie une pièce montée caramélisée.
★ **6.** Avoir une araignée au plafond, c'est être un peu dérangé. Imaginez une belle bestiole suspendue dans votre crâne. Il y a de quoi perdre la raison !

4 AUTODICTÉE

1. J'aime ce vent léger et doux qui court dans les feuilles fines et fragiles du bouleau.
J'aime ce vent fort, violent qui court dans les feuilles épaisses, résistantes du chêne.
2. Les températures sont basses et négatives. Les températures sont élevées, très chaudes.
3. Ces tables hautes ont des **pieds** longs.
Ces tables basses ont des pieds courts.
4. Cette pomme est mauvaise, trop acide.
Cette pomme est **excellente**, sucrée.
5. Il a un regard mauvais et méchant.
Il a un regard bon et **bienveillant**.
★ **6.** Comment un **ver** de terre a-t-il pu entrer dans le **verre** à pied ? Il est **mieux** dans le **vert** de l'herbe, **vers** la fraîcheur !

Sois attentif à l'orthographe des mots en rouge !

Orthographe

▶ Maîtriser l'orthographe grammaticale
▶ Maîtriser l'orthographe lexicale
▶ Orthographier correctement un texte simple de dix lignes lors de sa rédaction ou de sa dictée – en se référant aux règles connues d'orthographe et de grammaire ainsi qu'à la connaissance du vocabulaire

1. Les valeurs de la lettre *c* 118
2. Les valeurs de la lettre *g* 119
3. Le son [j] 120
4. Les valeurs de la lettre *h* 122
5. Les valeurs de la lettre *x* 123
6. Utiliser *à, où, là, voilà* 124
7. Des formes verbales de *être* et *avoir* et leurs homophones 126
8. Employer des homophones : *ce/se, c'/s', ces/ses, c'est/s'est, sa/ça, mais/mes* 128
* 9. Employer des homophones : *quel/qu'elle* 130
* 10. Des déterminants numéraux 131
* 11. Employer des homophones : *ni/n'y, si/s'y, peu/peux/peut* 132
    s'en/sans, d'en/dans, quand/quant/qu'en 133
* 12. Des déterminants et des pronoms 134
13. Des finales de noms masculins 136
14. Des finales de noms féminins 138
* 15. Les consonnes doubles 140
16. Des verbes irréguliers au présent de l'indicatif 142
17. L'accord sujet/verbe 144
18. L'accord du participe passé 146
19. Des formes verbales en [e], [ɛ] 148
20. Les accords dans le GN : Le genre des noms 150
    Le nombre des noms 151
21. Les accords dans le GN : Le genre et le nombre des adjectifs 152
* 22. Des pluriels particuliers : Les adjectifs de couleur 154
    Les noms composés 155
23. Les signes : Les accents 156
    Le tréma, la cédille, l'apostrophe 157

DICTÉES 158

Orthographe

Corrigés p. 173

Les valeurs de la lettre c

Cendrillon — une écharpe — une citrouille — un tronc — accourir — le prince — un arc — la richesse — un orchestre — la glace — un cygne — la cigogne — ça — un carosse — un acacia — chevelu — une chouette — un schéma — il effaçait — un pic — un château — un écho — cinq — un almanach — un lacet — un chrysanthème — chercher — un banc — accélérer — un spectacle — le coq — cent — le bec — comme

Que dois-tu savoir pour ne pas te tromper lorsque tu lis ?

1. Classe ces mots dans le tableau.

Je vois **c** ou **ç**				
J'entends [k]	J'entends [ʃ]	J'entends [s]	La lettre **c** est muette
…	…	…	…

2. Cherche d'autres mots dans lesquels tu vois c ou ç. Ajoute-les dans le tableau. Cherche aussi à c-, ch-, sch-. Où classeras-tu *caoutchouc* ?

3. Liste les sons formés avec la lettre c. Que savais-tu déjà de cette lettre ?

Je construis la règle

– La lettre **c** sert à former plusieurs sons. Cela dépend des lettres qui l'… .
– En fin de mot, la lettre **c** peut être sonore ou … (*le bec, un tronc*).

Je m'entraîne

❶ Complète la comptine.

> **LE CHAGRIN DE CHEVÈCHE**
>
> À la cime du …êne,
> …evè…e pleurni…e
> « Qui a …apardé
> mon beau …apeau-clo…e ? »
> Dans un grand …ahut
> toutes les …ouettes amies
> …er…ent et …u…otent.
> C'est le …at-huant,
> ce …enapan,
> qui l'avait …ipé !
>
> Françoise Bore, Delphine Durand,
> *100 Comptines rigolotes à plumes et à poils.*

❷ Complète la comptine avec ch, c, ck.

> **UNE VIE DE CHIEN**
>
> En faisant le grand é…art
> Pour épater mon co…er
> Mon cani…e la bou…e en …œur
> S'étala de tout son …orps
> Ses blessures hélas requirent
> Plus de dix journées de …ure.
>
> Jean-Hugues Malineau,
> *100 Comptines rigolotes à plumes et à poils.*

❸ Classe les mots en deux colonnes selon la valeur de la lettre c : [ʃ] ou [k].

une orchidée – un chœur – un chant – un litchi – un marchand – une chrysalide – une pochette – du mercurochrome – un pachyderme

118

Orthographe ②

À faire tout seul sur mon cahier ②
Corrigés p. 173

Les valeurs de la lettre *g*

1. Observe ces expressions. Quelles lettres les mots en gras ont-ils en commun ?

2. Liste les sons que tu entends lorsque tu lis la lettre *g*. Dans quel mot la lettre *g* est-elle muette ? Comment peux-tu savoir qu'il faut l'écrire ? Fais des essais avec *long* et *rang*.

3. Quel son entends-tu lorsque la lettre *g* est associée à la lettre *n* ?

4. Classe les mots en gras dans le tableau. Attention, un même mot peut être classé dans deux colonnes.

1. Quelle **langue** de vipère !
2. Malin comme un **singe**
3. **Peigner** la **girafe**
4. Le **geai geignait** dans la **vigne**.
5. Avoir une taille de **guêpe**
6. Se faire du mauvais **sang**
7. **Gare** au loup **garou** !
8. **Grignoter** des **gros grains** d'orge pour le **goûter**

Je vois *g*			
J'entends [g]	J'entends [ʒ]	J'entends [ɲ]	La lettre *g* est muette
...	...	...	...

Je construis la règle

– La lettre ... se prononce [g] devant *a, o, u, r, l* (*la gare, la glace*).

– Pour obtenir le son [g] devant *e* et ..., on ajoute un ....
On dit *un légume* mais *longue*. Il faut s'appuyer sur le sens.

– Associée à la lettre *n*, la lettre *g* se prononce généralement [ɲ].

Je m'entraîne

❶ Complète les comptines.

LE BOULEDOGUE ET LA GUENON

Un bouledo...e en ...enilles
Voulait épouser
Une ...enon très distin...uée
Il lui offrit une ba...e
En lui disant : j'ai le bé...in […]

L'arai...ée elle a
Une sale tro...e
Quand je la vois
Je me renfro...e
Maman me dit :
C'est une amie
Elle man...e les mouches […]
– Je ne veux pas te voir !
Éloi...-toi de ma bai...oire !

Hélène Benait, *Mots polissons pour attraper les sons*, Actes Sud Junior.

❷ Relève les mots dans lesquels tu entends [gy] comme dans *figure*. Appuie-toi sur le sens.

la virgule – un catalogue – aigu – régulier – un dialogue – le sens figuré – une blague – une figue – je distingue – Auguste – la digue a cédé sous les vagues

À DEUX
❸ Trouvez dans cette grille neuf mots qui contiennent un *g* muet. Choisissez-en quatre et formez des mots de la même famille.

G	A	R	A	E	E	L	O	N	G	T	E	M	P	S	G
G	A	I	R	A	N	G	L	O	N	G	G	A	G	N	E
P	O	I	N	G	G	A	G	E	S	A	N	G	G	U	I
G	O	D	O	I	G	T	G	U	S	H	A	R	E	N	G
G	E	E	T	A	N	G	R	A	G	E	G	I	T	A	N
R	E	G	A	R	D	G	U	E	T	B	O	U	R	G	W

119

Orthographe 3

Le son [j]

1
Adrien, le magicien apprend des tours à son chien
On aime bien.

2
Le lion apprend les opérations : l'addition, la soustraction…
Il fait des révisions.

3
Le cochon a des manières bizarres. Il n'est pas fier. Il ne se lave pas à la rivière mais se roule dans la boue de sa tanière !

4
Le papillon se plie comme un billet sur une fleur, se déplie et fait mille tours près de la petite fille dans le parc de la ville.

Pour ne pas te tromper en lisant lorsque tu vois -ill, appuie-toi sur le sens.

TEXTES 1 à 4
1. Quelle lettre ont en commun tous les mots en gras ?
2. Combien de sons entends-tu dans -ien, -ion, -iè, -ier ?

TEXTE 4
3. Comment se prononce l'ensemble des lettres -ill ?
Lis les mots : mille, ville. Les lettres -ill forment-elles toujours le son [j] ?

Je construis la règle

Le son [j] peut s'écrire avec la lettre … (un cahier, une rivière) ou avec deux … précédés de la lettre … que l'on entend.
Attention ! On dit : une ville, mille, illustrer.

Je m'entraîne

1 a. Relève les mots dans lesquels tu entends le son [j].

LE MILLE-PATTES
Même au singulier
je suis au pluriel, […]
je me carapate
dans le peuplier
ou sous l'arc-en-ciel,
même au singulier
je suis au pluriel.
Gérard Bialestowski,
100 Comptines rigolotes à plumes et à poils.

b. Dans quel mot vois-tu -ill sans entendre [j] ?

2 Relève les mots dans lesquels tu entends [j].
facile – une jonquille – fragile – une aiguille – des guillemets – habile – il frétille – une anguille – utile – le village – la famille – le grillage – s'habiller – illuminer – les papilles – industriel – un tourbillon – la tranquillité – deux mille

3 Trouve un mot de la même famille que chaque mot proposé et contenant le son [j].

un camion – habiller – un outil – gentil – un avion – régulier – ancien – du persil – un sourcil – briller

4 Choisis le mot qui convient au sens.
1. Alex fait changer la *(pille/pile)* de sa montre.
2. J'attends mon tour dans la longue *(fille/file)*.
3. Tom a perdu une *(bille/bile)* en verre.
4. Le poisson *(gril/grille)* sur le *(gril/grille)*.

5 Complète les mots comme il convient.
1. J'aime jouer à l'intér…r.
2. Il faut avoir des horaires régul…s.
3. Ce m…l de sapin est très sucré.
4. Ton cah… est bien tenu.
5. Jul… chante b… . Il a une bonne dict… .

5

L'écureuil
joue dans les feuilles.
Le soleil
lui caresse les oreilles.
Il farfouille partout
et fait une trouvaille :
un morceau de citrouille

6

Le zèbre a pris
un beau crayon blanc et noir
pour se faire un joli pyjama à rayures.
Le cygne l'admire.

Quelles sont les valeurs de la lettre *y* ?

1. Dans le texte 5, quels sons produisent les lettres en rouge ?
Observe : *un écureuil, une feuille ; le soleil, une oreille ; le fenouil, la citrouille.*
Qu'en déduis-tu ? Trouve d'autres exemples pour confirmer tes remarques.
2. Dans le texte 6, comment se prononce la lettre *y* ? Trouve d'autres mots.

Je construis la règle

– Le son [j] peut s'écrire *il* ou *ill* :
• a + ... → le travail ;   e + ... → le soleil ;   eu + ... → un écureuil ;   ou + ... → le fenouil ;
• a + ... → la trouvaille ;   e + ... → une abeille ;   eu + ... → une feuille ;   ou + ... → une citrouille.
– Le son [j] peut aussi s'écrire ... : *une rayure – voyager – un yaourt.*
⚠ On dit *un cygne, un pyjama.* On écrit *un recueil, la cueillette.*

Je m'entraîne

6 Relève en deux colonnes les mots contenant la lettre *y* selon qu'elle se prononce [j] ou [i].

Plus tard je voyagerai,
Je quitterai mon pays.
J'irai dépenser mes yens au Japon,
Manger mon yaourt en Bulgarie,
Faire mon yoga en Inde,
Habiter une yourte en Asie.
Je verrai d'autres paysages [...].

Comptines en forme d'alphabet,
Jo Hoestlandt © Éditions Actes Sud, 1998.

7 Ajoute un article ou un pronom. Attention ! tu as parfois plusieurs choix.

1. ... sommeil ; ... sommeille
2. ... réveil ; ... me réveille
3. ... vous conseille ; ... conseil
4. ... travaille ; ... travail
5. ... taille des arbres ; ... taille le prunier

8 Complète les mots avec *-il* ou *-ill*.

une corbe...e – le soupira... – une boute...e –
un fauteu... – une vola...e – une bata...e –
un vitra... – un chevreu... – du cerfeu... –
une abe...e – un treu... – une grenou...e –
un surve...ant – le feu...age – il ve...e –
un brou...on – Quelle sou...on ! – un ma...ot

9 Complète la comptine.

Court-bou...on
Sans ses éca...es
Un cab...aud
dans un bou...on
S'émerve...ait
Du coin de l'œ...
Devant la rou...e
De la bou...abaisse
de Marse...e

Jean-Hugues Malineau,
*100 Comptines rigolotes
à plumes et à poils.*

Orthographe 4

Les valeurs de la lettre *h*

Écoute l'histoire d'Hansel et Gretel perdus dans la forêt.
Un chat-huant ahuri hulule en chœur avec des chouettes.
On entend l'écho de leurs cris.
Les malheureux marchent depuis hier.
Ah ! Ils aperçoivent soudain une cahute dans le halo phosphorescent de la lune. Elle paraît inhabitée…
Ils ne passeront pas la nuit dehors.

1. Relève les mots comportant la lettre *h*. Lis-les à voix haute.

2. Lis à voix haute : *des histoires – des hiboux – des habits – des héros*. Que remarques-tu ?

3. Quel est le rôle de la lettre *h* dans les mots : *malheureux – cahute – inhabité – dehors* ?

4. Classe tous les mots que tu as observés dans le tableau.

h en début de mot	*h* en fin de mot	*h* muet en milieu de mot	*sh*, *ch*, *sch* [ʃ]	*ch* [k]	*ph* [f]
…	…	…	…	…	…

Je construis la règle

– La lettre … peut fonctionner seule au début, au milieu ou à la fin d'un mot et on ne l'… pas.
– Elle peut être muette et on fait la … (un habit, des hommes).
– Elle peut se combiner avec une autre consonne : p + … [f] (un éléphant) ; c + … [k] (une chorale) ; c + … [ʃ] (un chat) ; s + … [ʃ] (un short).

Je m'entraîne

❶ Classe les mots dans le tableau de l'observable.

un short – une choriste – une orchidée – le chahut – le varech – un almanach – shooter – un schéma – un cahier – un cahot – un cachalot – l'orthographe – un photographe – les Philippines

❷ Ajoute le déterminant qui convient : *le, la, l'*.

… héron – … hanneton – … hirondelle – … hérisson – … hamster – … hauteur – … hélicoptère – … habitude – … housse

❸ Relève seulement les mots qui commencent par un *h* muet. Marque la liaison par une flèche.

des hippopotames – des haricots – des haies – des heures – des hommes – des hottes – des hyènes – des huttes – des haltères – des homards

❹ Classe les mots en trois colonnes selon que tu entends [k], [ʃ] ou [f].

je choisis – le choléra – l'achillée – la chlorophylle – un cartographe – une échographie – le cholestérol

❺ Dans ton dictionnaire, relève cinq mots dans lesquels *sh* se dit [ʃ] et *ph* se dit [f].

 Explique pourquoi la girafe se trompe.

> **J'ÉCRIS**
> Avec une bonne orthographe
> on peut devenir géographe
> lexicographe, ethnographe
> paléographe ou océanographe…
> « Et alors, pourquoi pas girafe ? »
> dit sans rire
> la girafe qui ne sait pas lire.
>
> Jean-François Mathé, *Poèmes poids plume*, Le dé bleu.

Orthographe 5

Les valeurs de la lettre *x*

1. Alex dit à Xavier : « J'exige que tu me présentes des excuses exactes. Envoie-moi pour cela un texto exquis ! »

2. Six chats suivent six souris sous six lits. Mais je rêve, elles sont dix ! Et nos dix amies rient !

3. – Je veux des animaux originaux.
– Tu veux, tu veux… Tu vaux bien trois hiboux sans genoux ou deux chameaux !

4. Prends garde ! Un chien grincheux et furieux, c'est dangereux.

1. Dans la comptine 1, classe les mots selon que la lettre *x* se dit [ks] ou [gz].
Lis ces mots : *examiner, exercice, exiger*. Quelles lettres encadrent *x* lorsqu'on entend [gz] ?

2. Dans les comptines 2 et 3, que peux-tu dire de la lettre *x* ?

3. Dans la comptine 4, quels mots peux-tu former à partir des mots qui se terminent par la lettre *x* ?
Est-ce possible avec les mots : *le prix, une noix, la paix, la voix, le reflux, la toux* ?

4. Classe tous les mots que tu as observés dans le tableau.

Je vois **x**				
J'entends [ks]	J'entends [gz]	J'entends [s] et je peux faire la liaison	Cette lettre est porteuse de sens (genre, nombre, formes verbales)	Cette lettre n'est pas porteuse de sens
…	…	…	…	…

Je construis la règle

– La lettre … peut se prononcer [ks] (*un texto*) ou [gz] (*un exercice*), parfois [s] en fin de mot (*six, dix*).
– Elle marque le pluriel des … et des adjectifs en *-eau, -au, -al, -eu*.
Elle termine certaines formes … (*je veux*).
Elle est aussi une finale muette de mots invariables.

Je m'entraîne

1 Classe les mots en deux colonnes selon que tu entends [ks] ou [gz].

expédition – exagérer – exhaler – exprimer – excellent – exposer – fixe – exécuter – laxatif – exister – taxi – faxer

2 Écris les noms au pluriel.

un bijou – un caillou – un chou – un genou – un hibou – un joujou – un pou – un cheval – un journal – un jeu – un feu – un noyau – un tuyau

3 Écris ces adjectifs :
– au féminin

affreux – capricieux – peureux – malheureux – affectueux – nerveux – roux – doux

– au masculin

radieuse – lumineuse – joyeuse – précieuse

4 Conjugue les verbes aux personnes demandées du présent de l'indicatif.

vouloir → je …, tu …
pouvoir → je …, tu …
valoir → je …, tu …

 Recopie et lis le plus vite possible :

L'expéditif chat Xanthia exulte et explose car en explorant sous le lit avec exubérance, il expulse dix souris exécrables qui s'extirpent expressément de leur luxueux box.

Orthographe 6

Utiliser à, où, là, voilà

1. Observe le tableau. Des élèves ont fait des erreurs en le complétant. Corrige-les.

On utilise la préposition **à** pour indiquer :		
❶ à quoi cela sert	❷ ce qu'il y a à faire	❸ à qui cela appartient
Un fer à repasser Un plat à tarte Une tasse à thé	Une plante à arroser Un problème à finir Je partirai à midi	Cette trousse est à Alex. Le gymnase est à côté de l'école. L'eau est à tout le monde.
❹ à quel endroit	❺ à quel moment	❻ à qui, à quoi
Je suis à la piscine. Le roi habite à Versailles. Ce livre est à moi.	J'arriverai à huit heures. Je téléphone à Célia. Je dîne à 19 heures.	Je reste à la cantine. Je m'adresse à Arthur. Je pense à vous.

2. Dans quelle case classerais-tu ces phrases ?
   L'avion décolle à 20 heures.   Précipitez-vous à ce spectacle.
   J'ai un roman à lire.   Cette BD appartient à Alice.
   Je parle à Kim.   Voici un moulin à poivre.

3. Existe-t-il une case pour placer ces phrases ?
   Léa a deux chatons. Sydney a perdu cinq euros.
   Explique pourquoi.

4. Dans le texte ci-dessous, repère les mots qui indiquent un lieu.
   – Quel est le sens de *où* ? et de *ou* ?
   – Quel est le sens de *là* et de *là-bas* ? Ce sont des **adverbes de lieu**.
   Par quels mots peux-tu remplacer les mots en couleur ?

Tu vois **là-bas** le coq bankiva ?
Où ça ? **Où** ça ?
Juste **là**, entre un lilas **ou** un acacia
Le voici, le **voilà** !
Il vole **ou** il est caché ?
Là dans l'arbre **où** murissent les cerises.
Là-bas ? Mais **où** ?
Oui, **là** ! Le gourmand !

Je construis la règle

MÉMO P.33-34

– La préposition ... est invariable.
   Pour ne pas la confondre avec l'auxiliaire *avoir*, on fait
   des substitutions (*il a mal à la tête* → *il avait mal à la tête*).
– Les mots *où*, *là*, *voilà* indiquent un ... .

124

Je m'entraîne

1 Classe les phrases dans le tableau.

1. Je sors à midi. – 2. J'ai acheté un sac à pain. – 3. Zoé pense à Noël. – 4. Tu arrives à l'heure. – 5. Je pars à la mer. – 6. Je joue à la marelle. – 7. As-tu écrit à tes parents ? – 8. Il reste du linge à laver. – 9. Cette salle est à la commune. – 10. C'est une poêle à frire.

La préposition à indique :		
à quoi cela sert	ce qu'il y a à faire	à qui cela appartient
...	...	...
à quel endroit	à quel moment	à qui, à quoi
...	...	...

2 Complète avec a/à.

Les mammifères

Les mammifères sont des animaux ... sang chaud. Chaque espèce ... ses particularités. Seule la chauve-souris ... la capacité de voler. Les cétacés, comme la baleine, sont adaptés ... la vie en mer. La baleine ... des fanons pour filtrer le plancton qu'elle avale. Dans le plancton, il y ... du krill, une minuscule crevette qui sert ... la nourrir.

3 Complète avec ou/où.

1. Iris choisira une BD ... un roman.
2. Je ne sais pas ... se trouve cette rue.
3. C'est une ville ... l'on est au calme.
4. Je suis retourné dans la rue ... je suis né.
5. Préfères-tu un vélo ... une patinette ?
6. ... vas-tu ?
7. Elle va suivre le sentier ... traverser le bois.
8. Sais-tu ... se cache Maxence ?

4 Complète avec où, là, là-bas.

1. Viens par ici, non plutôt par ... .
Ne va pas par ici, non plutôt par ... .
Ne cours pas par ici. Ne cours pas par ... .
Regarde ...-... au loin. C'est ... que le Soleil paraît se coucher dans la mer.
2. Le Soleil se lève-t-il à l'Est ... à l'Ouest ?
... ... il se lève, on dit que c'est l'Orient.
... ... il se couche, c'est l'Occident.
Tout ...-... le Soleil se noie dans l'eau.

5 Complète avec voilà, là, là-bas.

1. ... deux ans que nous ne nous sommes pas vus. Et nous nous retrouvons en pleine rue. En ... une surprise ! As-tu aimé vivre ...-... ?
2. Prends juste un peu de légumes et ... le dessert qui arrive. Reste ... sinon tu n'en auras pas. Oh la la ! Ce garçon-... n'écoute rien.

6 Complète avec le pronom relatif *où* ou la conjonction *ou* selon le sens.

Il est triste ... gai selon les jours. Son premier soin le matin est de savoir ... il ira dîner. Après dîner, il décide ... il ira souper. Finalement il regagne son grenier ... il habite et ... il écrit. ... alors il se rend dans une auberge du faubourg ... il attend le jour entre un haricot de mouton ... un lièvre en civet.

Denis Diderot, *Le Neveu de Rameau*.

7 Lis le texte en entier. Complète avec les mots que tu as observés : *où, ou, là, à, a, voilà*.

Dans le marais, la pêche ... la perche est passionnante. Au milieu des troncs morts, ... les branches ont cassé, Lulu connaît un endroit ... les arbres sont entremêlés. Il y ... ... un lieu rêvé pour un pêcheur. ... pourquoi les passionnés se disputent cet endroit-... . Quelques-uns s'y installent ... préfèrent s'éloigner dans les roseaux.

8 Complète la comptine.

Ouimaizou

Tu viens ... tu ne viens pas ?
Ça dépend ... tu vas
Venise ... bien Paris ?
N'importe ..., je te suis.
Moscou ... Tombouctou ?
Petite laine au cas ... .

Mots futés pour écrire sans se tromper, Claire Derouineau, © Éditions Actes Sud, 2003.

J'écris Imagine une comptine en imitant celle de l'exercice 8. Emploie *ou* et *où*, *a* et *à*.

Orthographe 7 — EMPLOYER DES HOMOPHONES

Des formes verbales de *être* et *avoir* et leurs homophones

1
Je t'**ai** déjà dit
de faire tes lacets !
Mais toi, tu t'**es** dit
Ce n'**est** pas la peine !
Pas de veine
Tu **es** tombé
Il t'**est** arrivé
Ce que tu méritais !

Mots futés pour écrire sans se tromper, Claire Derouineau, © Éditions Actes Sud, 2003.

2
a. Les murs **ont** des oreilles.
b. **On** a toujours besoin d'un plus petit que soi.
★ c. **On** n'attrape pas les mouches avec du vinaigre.

3
a. Les méchants **sont** toujours punis.
b. Il a peur de **son** ombre.
c. Lorsque les chats **sont** sortis, les souris dansent.
d. Il a gagné à la sueur de **son** front.

1. Trouve tous les homophones contenus dans ces séries. Chaque fois que tu le peux, remplace-les par un verbe conjugué à l'imparfait. Qu'en déduis-tu ?
Essaie de faire la même chose pour *et* dans la phrase :
Et tu as juré de ne pas recommencer. Fais des remarques.

★ **2.** Explique l'orthographe de : *on n'attrape pas*. Compare avec : *on attrape*. Cherche des solutions pour ne pas confondre ces homophones.

Est-ce que je sais faire ?

1 Lis le texte. Commence les phrases par *Autrefois*. Souligne l'homophone qui n'est pas une forme verbale et qui ne change pas.

1. La licorne est l'image de la pureté et de la sagesse.
2. Elle a une corne unique sur son front et le corps d'un cheval blanc.
3. On trouve que le coyote est rusé et farceur chez les Indiens.
   Sa rapidité et son appétit sont légendaires.
4. Les majestueux griffons ont un corps mi-aigle et mi-lion : on dit qu'ils sont courageux et sages comme ces deux animaux.
5. On a étudié les pas des yétis, ils ont les pieds tournés à l'envers.

★ **2** Écris à la forme négative. Entoure les marques de négation.

On mange. → ...   On écoute. → ...   On imagine. → ...
On sort. → ...   On joue. → ...   On écrit. → ...

Je construis la règle

MÉMO P.33

Pour ne pas confondre certaines formes des verbes *être* (*es, est, sont*) et *avoir* (*ai, ont*) avec leurs homophones (*et, son, on*), on essaie de conjuguer à l'... .

★ ⚠ À la forme négative, il faut écrire *on* + ... devant les verbes commençant par une voyelle (*on n'entend rien*).

126

Je m'entraîne

À faire tout seul sur mon cahier
❸ • ❻ 1   Corrigés p. 174

❶ Complète avec les homophones : *ai/es/est*.

J'… un petit chien. Il … tout blanc. Il … très
remuant. Tu … heureux pour moi ? Maman,
elle, n'… pas très contente. Elle dit que je n'…
pas le temps de m'occuper de lui. Papa, lui, dit
qu'elle … un peu sévère et que, comme j'… bien
travaillé, j'… mérité ce cadeau.

❷ Complète avec *est/et*.

Au petit déjeuner, je prends du lait … des
tartines. Puis il … l'heure de me préparer pour
l'école. Je vérifie mon cartable … j'enfile mon
anorak. Ensuite je file vers le bus scolaire …
je discute avec mes amis. Le bus n'… jamais en
retard. Le trajet … rapide … je rentre dans la cour.

❸ Complète les phrases avec *et/est* ; *son/sont*.

Le Soleil … comme une marmite en feu.
Il … capable d'éclairer … de réchauffer tout …
système.
L'été, le Soleil … haut dans le ciel. Les jours …
longs … il fait chaud. En hiver, il … moins haut
… … trajet … plus court.

❹ Complète avec *a/à* ; *ont/on*.

LES RAPACES

Les rapaces … une vue
excellente. Une buse de
50 cm … des yeux aussi gros
que les tiens. Elle voit jusqu'…
5 kilomètres lorsqu'elle plane.
Les rapaces diurnes … un jabot pour stocker
leur nourriture. … sait qu'ils capturent
en une seule fois leur nourriture pour
la journée. Ils … des serres puissantes.
Leur bec crochu sert … déchiqueter.
Les rapaces … une vitesse de plongée
impressionnante.

**★ ❺ Écris ces phrases en utilisant *on* comme
sujet. N'oublie pas la négation lorsqu'elle est
nécessaire.**

1. … attend quelqu'un. – **2.** … attend pas la fin
du film. – **3.** … aime que les BD. – **4.** … écoute
en silence. – **5.** … apprécie guère ce roman.

**★ ❻ Lis le texte puis complète-le avec les
homophones proposés.**

| à/a | est/es/et | son/sont | on/ont |

L'ÂNE

1. Dans sa première jeunesse, l'animal … gai
… même assez joli ; il … de la légèreté … de
la gentillesse. Mais il … rapidement moins
agréable, soit … cause de … âge, soit … cause
des mauvais traitements qui lui … infligés par
ses maîtres. Il devient lent … indocile. Il reste
souvent … la même place. Il se blottit contre
la haie … n'en bouge pas même si … l'appelle.
Cet animal, tu … peut-être un de ses amis car
pendant les vacances, il … attelé … une charrette
où … installés des enfants. … lui fait faire un
tour et … l'arrivée, d'autres enfants … la joie de
monter dans la charrette.

2. L'âne n'aime pas qu'… le caresse. Il reste
assez sauvage. Pourtant les hommes l'…
apprivoisé il y … des milliers d'années.
Tu … surpris qu'il ne se soit pas dégénéré.
En effet sa race … restée pure … ne s'… mêlée
… aucune autre espèce. Sa noblesse n'… pas
celle du cheval. Il s'attache … son maître même
s'il … maltraité. Ses yeux … bons, … odorat …
excellent, … ouïe … perçante. … dit que ces
animaux qui … de longues oreilles … sots. Ils …
beaucoup de timidité mais … peu farouches.
Ils … une patience qui … parfois énervante !
L'âne … mal jugé. Ne dit-… pas de quelqu'un
qui … mal compris, qu'il … un âne ?

D'après Buffon.

J'écris Complète la comptine
en employant correctement
les homophones *es, est, ai, et*.
Imagines-en une autre sur le
même modèle.

Mots futés pour écrire sans se tromper,
Claire Derouineau,
© Éditions Actes Sud, 2003.

– Je ne suis pas beau.
– Mais si tu l'… !
Assurément, tu n'… pas laid.
J'… un ami
Ça y … , je l'… !
Assurément, j'… bien choisi,

Il n'… pas sot.
– Mais si, il l'… !
– Assurément, il … idiot.
Redis ces mots,
Oui, redis-les,
… je te transforme en gigot !

127

Orthographe EMPLOYER DES HOMOPHONES

ce/se, c'/s', ces/ses, c'est/s'est, sa/ça, mais/mes

1 Ce qui se dit
Ce cochon-là
Ne se lave pas.
Ce n'est pas vrai
Crie ce goret.
Cet oiseau-là
Se croit le roi.
C'est archifaux !
Crie le corbeau.
Ces deux bestioles
sont un peu folles.
Cela est vrai !
Rit le furet.

2 Ça ne va pas !
Sa savate a disparu !
Où ça ? Où ça ? Dans la rue ?
Sa cravate a éternué !
Ça peut donc s'enrhumer.
Ses patates sont parties !
Ça lui fera manger du riz !
Son automate l'a mordu !
Cela ne m'étonne plus !

Mots futés pour écrire sans se tromper,
Claire Derouineau, © Éditions Actes Sud, 2003.

3 Plus d'hésitation
Avec le C de ces
Moi, je montre du doigt.
Mais le S de ses
Est dans son et dans sa.

4 C'est dans la poche
C'est toujours ceci ou cela
Qui remplace le C' apostrophe.
Si l'on ne peut pas, pas de cataStrophe !
On met un S et puis voilà !

1. Comment comprends-tu les textes 3 et 4 ?
Illustre les textes par des exemples :
Ces BD ne me plaisent pas !
Lenny va me prêter **sa** cassette préférée et Zoé **son** jeu vidéo.
C'est amusant. **Cela** (ceci) est amusant.
Il **s'est** bien amusé ! (Je **me suis**...)

2. Écris au pluriel : <u>ce</u> cochon-là, <u>ce</u> goret, <u>cet</u> oiseau, <u>sa</u> savate, <u>sa</u> cravate, <u>son</u> automate.
Écris au singulier : <u>ces</u> bestioles, <u>ses</u> patates.
À quelle classe grammaticale appartiennent les mots soulignés ?
À quelles catégories de déterminants ?

3. Conjugue les verbes *se laver, se croire, s'enrhumer* au présent de l'indicatif, aux trois personnes du singulier. Entoure les **pronoms personnels réfléchis**.
Que remarques-tu ?

4. Complète le tableau. Explique les titres des colonnes.

Comment peux-tu distinguer déterminants et pronoms ?

déterminant possessif	déterminant démonstratif	pronom démonstratif	pronom personnel réfléchi
...	...	...	...

Est-ce que je sais faire ?

Mais...

Mais **ce** sont **mes** chaussettes
s'exclame la chouette.
Ce sont **tes** lunettes !
lui répond l'alouette.
Donc **ce** sont **ses** serre-tête !
se moque la fauvette.

Mots futés pour écrire sans se tromper, Claire Derouineau, © Éditions Actes Sud, 2003.

a. Indique la nature grammaticale des mots en gras.
b. Récris la comptine comme si les oiseaux ne parlaient que d'un seul objet.
Souligne les mots qui ont changé.
c. Quel sens donnes-tu à *mais* ? Est-il variable ?
Peux-tu le remplacer par un déterminant ?

Je m'entraîne MÉMO p. 33-34

1 Entoure les déterminants possessifs en bleu et les déterminants démonstratifs en rose.

1. Le cuisinier mijote sa soupe au potiron.
2. Il fait dorer son pain d'épices.
3. Ces préparations sont exquises.
4. Ses clients seront-ils contents ?
5. Goûtez-moi ces rôtis !

2 Écris les GN soulignés au pluriel.

1. On a visité ce musée.
2. Le guide a montré sa collection de tableaux.
3. Lison a préféré cette sculpture.
4. Karim a mis en marche son micro.
5. Cette peinture est protégée par une vitre.

3 Écris les GN au singulier.

1. ces explorateurs – ces Canadiens – ces girafes – ces îles – ces éléphants – ces bergers – ces ânes
2. ses nids – ses maisons – ses amis – ses invitées – ses images – ses navires – ses expéditions

4 a. Choisis l'homophone qui convient.
Souligne les déterminants. Entoure les pronoms.

1. Lorsque le soleil (se/ce) couche, la plupart des oiseaux vont dormir. (Mes/Mais) certains, au contraire, (s', c') éveillent. (Ce/Se) sont des oiseaux nocturnes. (Ses/Ces) oiseaux sont bien adaptés à la nuit. Ils possèdent des plumes couvertes de (ce/se) duvet si doux qui leur permet de (se/ce) poser sans bruit.

2. La chouette effraie (se/ce) sert de (ses/ces) oreilles plus que de (ces/ses) yeux pour repérer (ses/ces) proies. Le hibou ne peut pas bouger les yeux (mes/mais) il peut tourner la tête et regarder derrière lui. (Ses/Ces) rapaces sont des oiseaux utiles car ils (se/ce) nourrissent de (ses/ces) rongeurs nuisibles.

b. Remplace *mais* par un autre mot de liaison.

5 Choisis entre *s'est* et *c'est*.

1. Annette ... trompée de route.
2. ... la raison du plus fort qui l'emporte.
3. ... le fleuve qui traverse Paris.
4. La cruche ... renversée et ... cassée.
5. Et ... ainsi que ... terminée l'histoire.

SYNTHÈSE

6 Choisis le mot qui convient. Appuie-toi sur le sens. Utilise tous les procédés que tu connais pour ne pas te tromper.

Un lièvre poursuivi par un aigle, trouva refuge chez (son/sont) ami le scarabée. (Se/Ce) petit coléoptère demanda à l'aigle d'épargner (ce/cette) pauvre animal sans défense. Mais (ce/se) cruel oiseau royal emporta (sa/ça) proie et la dévora. Le scarabée prit (son/sont) envol en même temps que l'aigle afin de voir où (ce/se) dernier avait pondu (ces/ses) œufs. Le scarabée réussit à les faire tomber. « (Mes/Mais) œufs ! » se lamenta l'aigle. (Ce/Se) courageux insecte avait vengé (son/sont) ami.

D'après Ésope.

 Emploie des homophones de *se*, *ses*, *c'est* dans une comptine.

Orthographe 9 — EMPLOYER DES HOMOPHONES

* quel/qu'elle

Quelle histoire !
La corneille se marie
Avec **quel** oiseau ?
Avec monsieur corbeau !
Qu'elle est donc jolie !
Et lui, ce **qu'il** est beau !
Quelle belle robe que voici !
Quel élégant chapeau !
Je crois **qu'elle** est ravie.
Je crois **qu'il** est fiérot.
Mais **quelles** sont ces chipies
Qui picorent le gâteau ?
Ce sont sûrement des pies
Quels volatiles idiots !

Mots futés pour écrire sans se tromper, Claire Derouineau, © Éditions Actes Sud, 2003.

1. À quelle classe grammaticale appartiennent les mots en rouge ? Justifie leur orthographe.

2. Qui désigne *il* et *elle* dans les groupes de mots en vert ? Récris ces groupes comme s'il était question de *plusieurs corbeaux* et de *plusieurs corneilles*.

Cherche une règle pour bien écrire ces homophones.

Je m'entraîne — MÉMO p. 35

★ ❶ Récris les phrases en remplaçant les GN soulignés par les groupes proposés. Veille aux accords.

1. <u>Le flûtiste</u> joue un air qu'il a composé.

   ces musiciennes – ces pianistes – cette guitariste

2. <u>La chorale</u> répète le concert qu'elle prépare.

   les chanteurs – le soliste – les cantatrices

★ ❷ Choisis entre *qu'elle* et *qu'elles* pour compléter le texte.

Les filles du roi sont au nombre de sept. On dit … sont très belles mais … ne veulent pas se marier.
La plus jeune dit … préfère rester au château du roi son père. L'aînée explique … ne veut pas quitter sa chère gouvernante. Quant aux cadettes, tout le monde croit … sont fiancées en secret à de mystérieux chevaliers. La reine-mère dit … aussi, aurait bien aimé rester au château de son enfance.

★ ❸ Complète avec le déterminant *quel*. Accorde-le comme il convient.

Au XVe siècle, Henri le navigateur désirait savoir … terres il y avait au-delà des îles Canaries, à l'Ouest du Portugal. Il se demandait … hommes on y trouverait, … richesses on en rapporterait. Savez-vous en … année on a finalement découvert l'Amérique et … nom portait celui qui a fait cette découverte ? … grands navires à voiles ont servi à ces explorations ?

★ ❹ Choisis entre *quel* et *qu'elle*. Accorde comme il convient.

Théo, … roman as-tu lu ? De … genre d'histoire s'agit-il ? Quant à Martha, elle dit … a beaucoup aimé *Aani la bavarde*. Pouvez-vous demander à Kenza et à Margot … histoires elles ont préférées ? Est-ce … peuvent en faire un bref compte rendu pour notre futur rallye lecture ? Je crois savoir à peu près … ouvrages vont être finalement choisis.

J'écris

Écris deux phrases exclamatives et deux phrases interrogatives en utilisant le déterminant *quel*. Fais varier le genre et le nombre des noms.

Orthographe 10

* Les déterminants numéraux

1
a. Les géants étaient neuf, cinq géants et quatre géantes.
b. Quatorze énormes têtes contemplaient l'explorateur.
c. Le plus vieux avait au moins trois mille ans.

2
a. En deux cent cinquante ans, l'espérance de vie des Français a doublé.
b. Un homme vit en moyenne quatre-vingts ans ; une femme quatre-vingt-cinq ans.

1. Dans les textes 1 et 2, repère les **déterminants numéraux**. Dis s'ils varient. Est-ce qu'ils varient en genre et en nombre ?
2. Récris la phrase 3 en remplaçant *hommes* par *espèce, catégories*. Que remarques-tu ?

3 À quelle époque vivaient les premiers hommes ?

Je construis la règle

– Les déterminants numéraux qui servent à compter varient rarement.
Seuls … et … prennent un *s* s'ils ne sont pas suivis d'un autre nombre (*deux cents ; deux cent trois*).
– Les déterminants numéraux qui servent à classer varient en genre et en … (*le premier, la première*).

Je m'entraîne

1 Écris ces nombres en lettres.
a. 20 – 25 – 80 – 85 – 90 – 99 – 100 – 200 – 210
b. 280 – 288 – 1000 – 2000 – 2200 – 3320 – 4525

2 Complète avec des nombres en lettres. Pense aux traits d'union.

Je suis né(e) le … à … heures. J'ai … ans. J'habite dans le département numéro … . En classe, nous sommes … élèves. L'école en compte … en tout. Je rentrerai en sixième au mois de septembre de l'année … .

3 Écris ces titres de romans en accordant si nécessaire les déterminants numéraux.

1. Le *(dernier)* des Mohicans
2. Les *(quatre)* filles du docteur March
3. *(Premier)* année sur terre
4. Ali Baba et les *(quarante)* voleurs
5. Minuit *(cinq)*

J'écris Lis le poème. Continue la table de multiplication imaginée par le poète.

Le cow-boy et les voleurs

Ces huit voleurs de chevaux
Sont surpris un peu trop tôt
Par le cow-boy Hippolyte,
Huit fois un, huit.
Ils s'enfuient, et chacun d'eux
Tire sur lui deux coups de feu.
Quel vacarme ! Quelle fournaise !
Huit fois deux, seize…
… Mais ils ne peuvent l'abattre,
Huit fois trois, vingt-quatre. […]

J. Tardieu, in *Il était une fois, deux fois, trois fois, ou La Table de multiplication en vers* © Gallimard.

Orthographe 11 — EMPLOYER DES HOMOPHONES

*ni/n'y – si/s'y – peu/peux/peut

1. Il **n'y** a pas de fumée sans feu.
2. Février trop beau, **ni** huile **ni** tonneau.
3. **Si** à la Chandeleur (2 février) l'alouette monte au ciel en chantant, l'hiver **s'y** meurt ou **s'y** pleure.
4. « Maman, est-ce que je **peux** voler ?
   – **Peut**-être, mon oisillon ! »
   Peu à **peu**, le petit écarte les ailes.

Compare les homophones en gras. Cherche des solutions pour ne pas les confondre.

Je m'entraîne

★ ❶ Complète avec *ni/n'y*.

Le chat n'aime pas l'eau. Il ... touche pas ou alors seulement du bout de la patte. Cet animal n'est ... malpropre ... peureux. Mais il préfère se laver en se léchant les poils. Il ... a pas de jour sans qu'il ne fasse sa toilette. On sait aussi que ... les poules ... les dindes ... les pintades n'aiment l'eau. Il ... a que les oiseaux aquatiques qui en font leur lieu de vie.

★ ❷ Complète avec *si/s'y*.

1. ... le chat se retrouve sous une averse il cherche un abri et ... précipite. Il ... cache jusqu'à la fin de la pluie. ... par malheur, il se mouille, il s'occupe de sa fourrure et ... attarde longuement.

2. Mais ... des animaux craignant la sècheresse sentent l'humidité, ils ... aventurent. Par exemple, ... les escargots peuvent sortir, ils se dirigent vers les orties et ... régalent. Les canards se dandinent jusqu'à la mare. Ils ... plongent et ... lavent le plumage. Ils ... retrouvent avec les cygnes.

3. ... le tonnerre gronde en avril, vigneron, prépare ton baril.

★ ❸ Lis la comptine. Complète-la avec *peux*, *peut*, *peu* ou *peut-être*.

Sauve qui ...

Je ... hélas faire une croix
Sur mon concert, je n'ai plus de voix !
Se lamentait le grand chanteur.
Eh bien, s'il ne ... pas chanter
Il ... nous préparer du thé !
Dit un oiseau un ... moqueur.
...-... que, sale volatile,
Tu me prends pour un imbécile ?
Tais-toi donc oiseau de malheur !
C'est à ... près ça, vieille casserole.
Arrête de jouer les rossignols
Avec ta voix de pleurnicheur !
L'homme prit une pierre et visa
Un ... trop haut, un ... trop bas ?
... importe : l'oiseau s'envola !

Mots futés pour écrire sans se tromper,
Claire Derouineau, © Éditions Actes Sud, 2003.

132

À faire tout seul sur mon cahier

1 6 2 Corrigés p. 174

s'en/sans – d'en/dans – quand/quant/qu'en

1

Le Petit Poucet s'**en** va **sans** se retourner.
Il s'enfonce **dans** la forêt. Il grimpe à un arbre
et **d'en** haut, il aperçoit une lumière.

2

Quand Faustine ne sait pas faire son problème,
Pablo vient l'aider.
Quand Pablo se trompe, Faustine est à ses côtés.
Quant à Alix et Halim, ils détournent la tête.
Qu'en pensent Faustine et Pablo ?

TEXTE **1**

1. Conjugue *s'en aller* au présent de l'indicatif.
À quelle classe grammaticale appartient *s'* ?
Que désigne *en* ?

2. Quelle est la classe grammaticale de *sans* et *dans* ?
Explique : *d'en haut, d'en bas*. Que désigne *en* ?
Cherche des solutions pour ne pas confondre ces homophones.

TEXTE **2**

3. Par quel mot peux-tu remplacer le mot de temps *quand* ?

4. Comment cet homophone s'écrit-il devant *à*, *au*, *aux* ?

5. Comment est formé *qu'en* ? Que désigne le pronom COI *en* ?

Je m'entraîne

★ **4** Complète avec *s'en/sans, d'en/dans*.

Ninon … va à l'école … ses lunettes. La maîtresse
va … apercevoir car Ninon, … ses lunettes, ne
trouve rien … son cartable. Pour l'instant, elle
ne … soucie pas. Elle a acheté deux sucettes.
Elle vient … donner une à Flora. Elle met l'autre
… sa poche. Finalement, une journée … lunettes,
Ninon … réjouit. … la classe, tout le monde
s'occupera d'elle. Les lunettes, on peut parfois
… passer.

★ **5** Complète le texte avec *quand/quant/qu'en*.

… Esope a écrit ses fables, il voulait instruire
les Grecs. Il croyait … écoutant ses histoires
les hommes changeraient.
… à La Fontaine, il a repris les fables d'Esope.
… il les a écrites, il s'est moqué des hommes de
son temps.
Les fables de La Fontaine, … penserait Esope ?
… à toi, aimes-tu ces textes ?

SYNTHÈSE

★ **6** Complète avec tous les homophones
que tu as observés depuis plusieurs leçons.
Appuie-toi sur le sens.

1. Le Renard, voyant la cigogne, espère
se faire inviter … dîner. … la cigogne est maligne.
Elle lui sert la soupe … un vase … long col …
le renard ne peut pas manger.
Le renard repart un … vexé ! La cigogne, elle
en … ri longtemps !

2. L'aigle rencontre le hibou un … avant la nuit.
Le soleil … couché … le hibou demande au roi
des oiseaux : « Est-… que tu peux épargner …
petits que je trouve très beaux ? »
L'aigle trouve les oisillons … laids qu'il ne … pas
croire que … sont … les petits de … nouvel ami.
Il hésite un … puis les emporte dans … serres
jusqu'… … aire … il les déguste. Ce n'est …
voyant le chagrin du hibou qu'il mesure
… erreur. … l'oiseau royal ne présente … regrets
… excuses.

133

Orthographe 12

Des déterminants et des pronoms : les, leur

1

Au Moyen Âge, **les** auteurs du *Roman de Renart* raillent **les** hommes. Ils **les** font passer pour des peureux. Le comportement des animaux mis en scène ressemble à celui des hommes. On **leur** reproche **leurs** nombreux défauts.

2

a. Anaïs ne voit **aucun** loup. Il n'y en a plus du tout !
b. Nasri nourrit **chaque** oie. Il en nourrit une seule à la fois.
c. Célia distribue des bonbons aux garçons. Elle en donne un à **chacun**.

TEXTE **1** **1.** Repère *les* et *leur*. Quelle est la classe grammaticale de chacun d'eux : **déterminants** ou **pronoms personnels** ? Indique leur fonction.

TEXTE **2** ★ **2.** Remplace *loup* par *biche*, *oie* par *canard*, *garçons* par *filles*. Quels changements observes-tu pour les mots en gras ?

📙 Je m'entraîne

❶ Relève les phrases dans lesquelles *les* et *leur* sont pronoms personnels. Indique leur fonction (COD ou COI).

LOUPS ET RENARDS AU MOYEN ÂGE

1. Les loups n'étaient pas les bienvenus dans la campagne. On les craignait. On les chassait. Les fermiers leur tendaient des pièges. Ils s'attaquaient aux petits bétails et les dévorait. Mais leur seul but était de survivre en hiver. On les accusait de cruauté. Et on leur jetait des sorts. Les chansonniers d'autrefois les décrivaient comme peureux, gloutons et sots.

2. Le renard leur jouait mille tours. Dans les châteaux, on s'amusait de leurs mésaventures. Les loups traînaient leur triste réputation. Et les hommes, me direz-vous ? Ils ne les attaquaient presque jamais ! Quant aux renards, on ne les aimait guère non plus. Leur ruse plaisait mais ils pillaient les poulaillers. Une mauvaise réputation les suivait aussi. Le loup avait la sienne. Ils devaient assumer la leur.

❷ Complète avec *les*, *leur* ou *leurs*. Entoure de deux couleurs différentes les déterminants et les pronoms.

1. Lorsque le roi eut réuni … animaux, il … dit que tous … maux venaient de … mauvais comportement. Et il … pria de s'expliquer. Le loup déplora son appétit glouton qui lui faisait dévorer … moutons et … berger.

2. Le renard dit qu'il n'y avait aucun mal à manger des animaux aussi sots que … gardien. « Sire, vous … faites trop d'honneur en … épargnant parfois. Pourquoi … laisser la vie ? Ce sont … chiens qui nous agressent. »

★ **❸** Complète avec les déterminants indéfinis *chaque* et *aucun*, et le pronom indéfini *aucun*. Fais les accords.

L'orage menace. … insecte se tait et … hirondelle ne rase le sol pour se nourrir. À … fois qu'il y a de l'orage, … animal ne bouge ! … papillon ne danse. … mouche ne vole. … abeille ne butine.
« Vois-tu des criquets ? Non je n'en vois … .
– Et des hirondelles ?
– Non plus, je n'en vois … . »

Le Roman de Renart illustré par Xavier Kozminski, 1936.

*aucun, chaque, tout, même

3
Tous les <u>hérons</u> étaient partis. Tous avaient volé en groupes. Tous allaient dans la même direction.

4
a. Les **mêmes** <u>causes</u> produisent les **mêmes** résultats.
b. Ton <u>refrain</u>, c'est toujours le **même** !
Le <u>rossignol</u> **lui-même** ne le supporte plus !

★ 3. Remplace les noms soulignés par des noms de genre et de nombre différents.
TEXTES Écris les phrases que tu obtiens.
3 4 Entoure les changements que tu as faits pour les déterminants et les pronoms indéfinis.
Qu'en déduis-tu ?
Comment varie l'expression *lui-même* ?

★ ④ a. Complète avec *tout* déterminant ou pronom et leurs variations.
Indique leur nature grammaticale.

1. … les animaux de la cour de Noble le lion étaient malades de la peste. 2. … n'en mouraient pas mais … étaient touchés. 3. … la journée, les animaux réfléchirent à … les causes possibles.
4. Après avoir écouté … les fautes de chacun, … tombèrent d'accord pour punir l'âne, le plus innocent !

b. Récris la phrase 1 en remplaçant *les animaux* par *la tribu, le royaume, les bêtes*.
Récris la phrase 4 en remplaçant *les causes* par *la raison, le jugement, les problèmes*.
Accorde *tout* comme il convient.

★ ⑤ Récris chaque phrase en remplaçant les noms soulignés par les noms entre parenthèses.

1. Les familles avaient les mêmes <u>ennuis</u> *(complication – souci – impuissances)* et la même <u>lassitude</u> *(fatigues – énervement – découragements)*.

2. Dans la neige, on retrouve les mêmes <u>embouteillages</u> *(ralentissement – lenteur – collisions)* et le même <u>désarroi</u> *(inquiétude – dérapages – préoccupations)*.

★ ⑥ Remplace le mot souligné par les mots proposés.

1. Le <u>roi</u> lui-même va à la chasse.
la reine – les courtisans – les cavalières

2. Ce <u>fabuliste</u> reste le même.
cette romancière – les peintres – les fables

3. J'irai moi-même à la bibliothèque.
tu – elle – nous – vous – ils – elles

SYNTHÈSE

★ ⑦ Choisis le mot qui convient.
Un chien et un chat parlent de leur maîtresse (Elle) qui est tombée de cheval, et de leur maître (Il).

TOBY-CHIEN. – Je suis un petit bull venu un jour entre les quatre pieds d'une jument alezane qui ne *(ces/ses/c'est/s'est)* pas couchée pendant *(toutes/toute)* la nuit tant elle craignait d'écraser *(ma/m'as)* mère et *(ces/sait/c'est/s'est/ses)* nouveaux nés. Un petit bull, *(c'est/s'est/ses/ces)* presque un enfant de cheval. […]

Et voilà *(quel/quelles/qu'Elle) (et/est/ai)* blessée.
[…] Tu te souviens quand Il *(la/l'a/là/l'as)* ramassée dans *(c'est/s'est/ces/ses)* bras ?
Il *(là/l'as/la/l'a)* tenait en l'air.

D'après Colette, *Dialogue de bêtes.*

Orthographe 13

Des finales de noms masculins

[i]	[y]	[o]	[ɔ]	[e]	[ɛ]
le bruit un colis un outil le prix petit	le refus le début le flux	le dos un tricot du sirop un galop un saut un crapaud un artichaut	un accord le bord	un pied un lycée un nez un fermier	un arrêt un succès le respect
[a]	**[u]**	**[ar]**	**[wa]**	**[ɔ̃]**	**[ɑ̃]**
un tas un éclat un drap	le bout un remous le houx le pouls le caoutchouc	le retard un phare l'art un jars	un mois le toit le poids le choix le foie le froid	un bond un pont un tronc du plomb long	le vent un chant un champ le flanc le sang le temps grand

 Pour chaque série, essaie de former des noms ou des adjectifs à partir de la lettre en couleur. Que remarques-tu ?

Qu'est-ce qu'une lettre muette ?

Je construis la règle

Pour trouver la lettre … d'un nom ou d'un adjectif, on cherche un mot de la même … .
Attention aux faux amis : *un abri (abriter), le caoutchouc (caoutchouter)*.
Quand on hésite à la fin d'un mot, on cherche dans un … .

Je m'entraîne

❶ Entoure la lettre muette de chaque mot et écris un mot dérivé.

le progrès → …   le parfum → …
une dent → …   un serpent → …
le profit → …   le climat → …
un cadenas → …   le retard → …
un camp → …   le récit → …

❷ Même consigne que pour l'exercice 1.

un salut → …   le pot → …
le confort → …   un concert → …
un débord → …   le sport → …
un support → …   du riz → …
le persil → …   le lit → …

❸ Retrouve les mots de base. Entoure la lettre finale muette lorsqu'elle existe.

1. le tissage → du …
2. tricoter → le …
3. l'habillement → un …
4. héroïque → un …
5. le doigté → un …
6. le piedestal → un …

À faire tout seul sur mon cahier

❸ • ⓫   Corrigés p. 174

❹ a. Écris les adjectifs des GN masculins.

1. une jument grise → un cheval …
2. une poule blanche → un coq …
3. une vilaine tenue → un … défaut
4. une heure indécise → un choix …
5. une fumée épaisse → un brouillard …
6. une chevelure rousse → un poil …
7. une douce chaleur → un … parfum
8. une araignée intruse → un lézard …
9. une tresse blonde → un chignon …
10. une longue route → un … trajet

★ **b. Entoure ceux dont la base a changé.**

❺ Écris les noms que tu peux former à partir des verbes proposés. Ils doivent avoir un lien de sens.

se hasarder → le …		saigner → le …	
ranger → un …		chanter → le …	
mépriser → le …		proposer → un …	
respecter → le …		crocheter → un …	
⚠ concourir → un …		affluer → un …	

❻ Même consigne que l'exercice 5.

souhaiter → un …	tronçonner → un …
heurter → un …	coûter → le …
sursauter → un …	goûter → le …
⚠ réchauffer → un …	blanchir → le …
choisir → un …	lézarder → un …

❼ Complète les mots.

un confli…   un galo…   un artichau…
un tailli…   le musé…   le renar…
le foi…   un nœu…   un croqui…
le héro…   le hou…   un canar…
un escro…   le lila…   un homar…
un poin…   un ni…   un ébouli…
un por… de pêche
une côte de por…

★ **❽ Écris les noms que tu peux former à partir des verbes. Entoure les faux amis.**

Ex. : *siroter* → le [sirop]

ajouter → un …		gâcher → le …	
schématiser → un …		peser → le …	
numéroter → un …		placarder → le …	
plier → un …		bazarder → le …	
manuscrire → le …		oublier → un …	

★ **❾ Écris un nom masculin en -er ou -é dérivé des noms proposés.**

des bananes → un …	des cerises → un …
des noix → un …	l'alliance → un …
des olives → un …	l'équipe → un …
des poires → un …	l'encre → un …

★ **❿ Écris les terminaisons des noms en [e] ou [ɛ].**

1. Tu vas au lyc… après le collège.
2. Le matin, papa prend du th… ou du caf… pour son petit déjeun… .
3. Pour le dîn…, il y aura du pât… et un velout… de légumes. On mettra le beurri… sur la table.
4. Demain nous visiterons un mus… égyptien. Nous verrons de beaux scarab…s, des pierres sacrées que les Égyptiens tenaient pour des troph… .

★ **⓫ Relève les noms dont la lettre finale n'est pas porteuse de sens.**

a. un radis – un permis – un paradis – l'appétit – un hangar – un phare – un courrier – le droit – le boulanger – le dîner – le dessus – le jus – le bas

b. le froid – le coulis – un endroit – le haricot – un escargot – un lot – un cageot – le hasard – un auvent – un tapis – un rempart – un pont-levis

J'écris   Écris les mots dans l'ordre.
Chaque mot que tu écris doit commencer par la dernière lettre de celui qui le précède.
Le premier mot que tu dois écrire désigne un poisson.
grelo… – siro… – haren… – tar… – poid… – tami… – dang… – serpen…

Orthographe 14

Des finales de noms féminins

Vous allez dans la b**oue**
Vous vous roulez dans la gad**oue**
Ne faites pas la m**oue**
Si vous avez la t**oux**

Dans la r**ue**
Une tort**ue**
Mangeait une lait**ue**
Avec une trib**u**
De sangs**ues**
Aucune vert**u**

À la f**oire**
J'ai acheté une arm**oire**
Je la mettrai à côté
De ma baign**oire**
Quelle hist**oire** !

La sour**is**
La breb**is**
La perdr**ix**
Ont été piquées
Par des fourm**is**
Cette nu**it** dans la prair**ie**

À deux h**eures**
C'est la stup**eur** !
Ma s**œur** a la folie
Des grand**eurs**
Elle se couvre de fl**eurs** !

Sur la v**oie** ferrée
Hors la l**oi**
L'**oie** montre sa j**oie**
Elle a trouvé une n**oix**

Observe la terminaison des noms féminins. Repère des régularités.

Je m'entraîne

❶ Écris le nom correspondant à chaque mot. Entoure les mots dont la base change.

comique → la …   magique → la …
venir → la …   fondre → la …
tenir → la …   minutieux → la …
tragique → la …   sympathique → la …
énergique → l' …   voir → la …

❷ Complète avec des noms féminins en -i, -is, -ie, -it, -ix.

1. La fourm… n'est pas prêteuse.
2. Le roquefort est fait avec du lait de brebi… .
3. La perd… rouge est la reine des prair… du sud de la France.
4. Le trapéziste fait des acrobat… incroyables.
5. La nu…, les sour… sortent de leur trou.

❸ Complète les noms en [wa].

1. À Noël, on mange de l'… rôtie.
2. Tu respectes la l… .
3. Cette chanteuse a une jolie v… .
4. Quelle j… de te revoir !

❹ Écris le nom en [war] correspondant à chaque verbe.

mâcher → la …
nager → la …
patiner → la …
observer → un …
répertorier → le …

❺ Écris les noms féminins en eur à partir des adjectifs. Entoure les noms qui ont changé de base.

tiède → la …   laid → la …
froid → la …   raide → la …
chaud → la …   terrifiant → la …
frais → la …   pâle → la …

❻ Complète le texte avec des noms en [œr].

Dans une h…, il regagnera sa dem… . Il jouera avec sa s… . Ils prendront une tartine de b…, l'od… du chocolat aura une bonne douc… . Les enfants se réchaufferont avec la vap… du breuvage qui produira de la chal… .

À faire tout seul sur mon cahier
❷ ❿
Corrigés p. 174

Que dois-tu faire pour ne pas te tromper en écrivant les noms féminins ?

ÉTRANGETÉ
Avec mes jumelles je vois :
Six pêcheurs sur la jetée
Trois virages dans la montée
Dix croûtons dans la potée
Zéro faute à la dictée

La liberté
La santé
La bonté
La moitié
La pitié
L'amitié

Une nichée

Une assiettée

Mots futés pour écrire sans se tromper,
Claire Derouineau, © Éditions Actes Sud, 2003.

Observe ces noms féminins en *-ée*, *-té* et *-tié*.
Cherches-en d'autres qui se terminent de la même manière.
Vérifie dans un dictionnaire si tu ne sais pas les écrire.

---

❼ **Forme des noms en *-té* à partir des adjectifs. Entoure ceux dont la base change.**

pauvre → la ...   curieux → la ...
fier → la ...   sonore → la ...
ferme → la ...   obscur → l' ...
timide → la ...   mobile → la ...
beau → la ...   humide → l' ...
loyal → la ...   humain → l' ...
clair → la ...   bref → la ...
nerveux → la ...   rapide → la ...

❽ **Complète ces noms féminins par *-é* ou *-ée*.**

la journ...   une drag...
une araign...   une tranch...
la gel...   la bont...
l'identit...   l'anxiét...
la pur...   une dict...

❾ **Trouve ces noms qui expriment un contenu. Entoure les terminaisons.**

un pot → une ...   une pelle → une ...
un plat → une ...   un four → une ...

❿ **Complète les noms avec *-é* ou *-ée*. Veille aux genres. Applique les solutions que tu as trouvées (genre, noms abstraits, contenus, exceptions...).**

la pât...   la poup...   la publicit...
le mus...   l'égalit...   la propret...
une id...   un lyc...   une arriv...
une poêl...   la dignit...   une gorg...
la volont...   la mar...   un bless...
la sécurit...   une cuiller...   la solidarit...
la loyaut...   une arm...   la solidit...
une brouett...   la méchancet...   un scarab...

 Associe des syllabes pour former cinq mots se terminant par [e].

| BEAU | MON | TÉ | POR | SAN | TÉ |

| GE | TÉE | TÉ | TRAN | É | TÉE |

Orthographe 15

* Les consonnes doubles

effrayer	affamée	attraper	acariens	aplatir
animal	aliment	apostrophe	appartement	attirer
allumer	effacer	afin	effort	apercevoir	année
offrir	allusion	arrêter	adorer	atlas
accueillir	efficace	annuler	effectuer	arête	administrer
alligator	atroce	attention	arrosoir	Afrique
offenser	affoler	addition	apaiser

Cherche d'autres mots à classer dans les colonnes

Organise les mots en colonnes : *ac-/acc-, al-/all-*, etc.
Quelles remarques fais-tu ? Repères-tu des irrégularités ?

Est-ce que je sais faire ?

1 Complète les mots suivants avec les consonnes proposées.

1. **b** ou **bb** → a...aisser – a...attre – a...aye – a...user – a...ricotier – a...atial
2. **c** ou **cc** → a...tivité – a...quérir – a...ident – â...re – a...teur – a...olyte – a...ompagner – a...ajou – a...ord – a...ropole
3. **d** ou **dd** → a...joint – a...mettre – a...ition – a...ieu – a...ucteur – A...èle – a...orer
4. **f** ou **ff** → a...iner – a...ûter – a...reux – a...in – a...iche
5. **g** ou **gg** → a...lomération – s'a...lutiner – a...riculture – a...raver – a...randir
6. **l** ou **ll** → A...aska – a...ourdir – A...ésia – a...égresse – a...inéa – a...ibi – A...emagne – a...ure – a...ié – a...ergique

2 Même consigne que pour l'exercice 1.

1. **m** ou **mm** → a...user – a...ortir – a...anite – a...idon – a...onceler – a...iable – a...ollir
2. **n** ou **nn** → a...atomie – a...alyse – a...exer – a...iversaire – a...ormal – a...oncer
3. **p** ou **pp** → a...récier – a...eler – a...iculteur – a...lomb – a...areil – â...rement – a...lanir
4. **r** ou **rr** → a...achide – a...abica – a...acher – a...mure – a...ondir – a...ière – a...ide
5. **t** ou **tt** → a...endre – a...irer – a...èle – a...ome – a...eler

3 Cherche trois verbes à l'infinitif commençant par *af-, ef-, of-*.
Relève des mots de la même famille.

Je m'entraîne

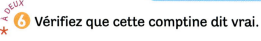

CONSONNES DOUBLES EN DÉBUT DE MOT

❶ Sépare les mots pour obtenir des phrases drôles. Entoure les consonnes doubles.

1. alouetteeffrayéeallumearrosoir
2. additionattendeffaceurefficace
3. araignéehorrifiéeaccrochehabilehanneton
4. alligatorallongéoffreanniversaireagoutiaffolé

❷ a. Forme des mots avec le préfixe *ir-* marquant un contraire. Entoure la consonne double lorsqu'elle existe.

respectueux – responsable – rationnel – réaliste – régulièrement – résolu

b. Relève les mots qui n'ont pas de préfixe.

irriguer – irrécupérable – irriter – irruption

❸ a. Forme des mots avec le préfixe *in-* marquant un contraire. Entoure la consonne double lorsqu'elle existe.

connu – utilité – intéressant – qualifiable – organisation – justement – sensible

b. Relève les mots qui n'ont pas de préfixe.

innocence – initiative – inhumain – infusion – initiale – intention – inoffensif – intense

❹ a. Forme des mots avec le préfixe *im-* marquant un contraire. Entoure la consonne double lorsqu'elle existe.

prudence – puni – pénétrable – matériel – mobilité – pureté – politesse – prenable – parfait – patience – pitoyablement

b. Relève les mots qui n'ont pas de préfixe.

imagination – immangeable – imiter – imitateur – imbécilité – impopulaire – impératrice – immigré

❺ a. Forme des mots avec les préfixes *en-* ou *em-*. Entoure la consonne double lorsqu'elle existe.

serrer – porter – neiger – magasiner – rouler – brouiller – mener – voler – sabler

b. Relève les mots qui n'ont pas de préfixes.

1. entièrement – entendre – ensorceler – ensuite – ensoleiller – entente – ennuyer – enrichir
2. émotion – employé – émissaire – émigré – embrayer – embauche – embrouillage – embrassade – emménager

❻ Vérifiez que cette comptine dit vrai.

> Quelle offre !
> Quelle affaire !
> Pas d'effort à faire
> Tous les mots commençant par *of, af, ef*
> Prennent deux f !
> (sauf afin, Afrique, Africain…).
>
> B. Marchon, *Mots clés pour réussir ses dictées*, Actes Sud Junior.

❼ Complète les mots avec un ou deux *f*.

...ragile – ...rileux – l'e...aceur – une ...arce – l'e...roi – la ...rayeur – la ...oule – a...ectueusement – la ...arine – du ca...é – a...irmer – une gira...e et son gira...eau – une ...an...are – une phrase a...irmative – le continent a...ricain

CONSONNES DOUBLES DANS LES ADVERBES

❽ Écris les adjectifs qui sont à la base des adverbes soulignés.

Dans les années 1860, Victor Hugo s'est opposé <u>violemment</u> à l'empereur Napoléon III qui l'a exilé. L'écrivain a <u>vaillamment</u> supporté cet exil.

❾ a. Complète ces adjectifs. Classe-les en deux colonnes.

innoc... – consci... – bruy... – néglig... – imprud... – indépend... – suffis... – insol... – viol... – mécha...

b. Écris l'adverbe correspondant à chaque adjectif. Entoure sa terminaison.

❿ Remplace les GN soulignés par les adverbes correspondants.

Le chevalier Richard est parti <u>avec précipitation</u> rejoindre ses frères au tournoi. <u>Avec vaillance</u>, ils ont gagné la joute. Un adversaire a parlé à Richard <u>avec insolence</u>. Le seigneur a défendu Richard <u>avec puissance</u>. Et le perdant a fini par s'excuser <u>avec élégance</u> mais <u>avec prudence</u>.

J'écris Imagine une comptine dans laquelle tu emploieras des mots en *ap-* et en *app-*.

Orthographe 16

Des verbes irréguliers au présent de l'indicatif

1
Il neige.
Nous songeons.
Nous voyageons.
Nous nageons
Dans le tapis blanc.
Nous enrageons
Car nous plongeons
Dans la poudreuse.

2
Nous fonçons
Dans la neige.
Nous effaçons
Nos traces.
Nous commençons
Un bonhomme.

3
Il gèle.
Nos doigts
Se congèlent.
Le bonhomme
Chancèle.
Un pied cède.

Alex possède
Une corde :
Il la ramène
Et le bonhomme
Se relève !

4
Maman nous appelle.
Elle rappelle plusieurs fois.
Elle jette un froid sur nos jeux !

5
Le bonhomme vogue et zigzague
Dans la nuit.
Il évoque un fantôme.
Quant à moi, je conjugue.
« Je navigue au pays blanc ! »

6
Je m'ennuie.
Dehors, le vent balaie
Le bonhomme
Qui se noie
Dans la brume !

1. Donne l'infinitif des verbes.
Classe ces infinitifs. Que remarques-tu ?
2. Choisis un verbe de chaque texte. Conjugue-le au présent.
Transcris quelques formes. Veille aux accents et aux deux premières personnes du singulier et du pluriel.

Je construis la règle

– Certains verbes ont deux ... : répéter → je rép...te, nous rép...tons ; geler → je g...le, nous g...lons.
– Certains verbes doublent la ... à certaines personnes :
jeter → je jet... mais vous jet... ; appeler → tu app... mais nous appe... .
– La lettre ... des verbes comme *ennuyer, payer* ne subsiste qu'à la ... et la ... personnes du ... .
– Les verbes en *-quer* et en *-guer* gardent la lettre ... à toutes les personnes.

Je m'entraîne

1 Complète.
Appuie-toi sur les tableaux de conjugaison dans ton Mémo.

Infinitif	Personnes possibles	Verbe conjugué
ramener	ils, elles	...
soulever	je	...
...	tu	repères
achever	il, elle, on'	...
espérer	j'	...
...	ils, elles	répètent

142

❷ Même consigne que pour l'exercice 1.

Infinitif	Personnes possibles	Verbe conjugué
projeter	il, elle, on	...
...	tu	achètes
ficeler	...	ficelons
épeler	j'	...
...	...	rejetons
ensorceler	ils, elles	...

❸ Écris les verbes au présent, aux deux premières personnes du singulier et du pluriel

1. peler – appeler – étiqueter – modeler – renouveler – cacheter – rejeter
2. repérer – mener – élever – compléter – se promener – préférer – s'énerver
3. ranger – ronger – partager – remplacer – dégager – nuancer – renforcer
4. fatiguer – naviguer – piquer – risquer – voguer – embarquer
5. broyer – aboyer – employer – rayer – payer – tutoyer – rudoyer – déployer

❹ Écris les verbes entre parenthèses au présent.

1. Le vent *(secouer)* ... les branches. Elles *(plier)* ... en gémissant.
2. Nous *(avancer)* ... prudemment et nous *(plonger)* ... dans l'eau claire.
3. Je *(cacheter)* ... la lettre et je l'*(envoyer)* ... par la poste.
4. Elle *(simplifier)* ... ses calculs puis elle les *(vérifier)* ... .
5. Le chien *(remuer)* ... la queue et *(s'ébrouer)* ... les poils.

❺ Écris ce texte au présent.

1. Un jour, en 481, le roi Clovis *(opérer)* une visite dans la ville de Soissons. Ses soldats *(distribuer)* les richesses qu'ils ont pillées. Clovis les *(prier)* de lui réserver un très joli vase. Mais un soldat jaloux *(lever)* son épée et *(projeter)* le vase qui se brise. Quelque temps plus tard, Clovis *(mener)* une inspection de ses troupes. Arrivé devant le soldat qui a cassé le vase, le chef des Francs *(s'écrier)* : « Personne ne *(posséder)* d'armes aussi mal tenues que les tiennes. » Et il *(congédier)* le traître.

2. Il *(se marier)* avec la princesse Clotilde à Reims où il *(convoquer)* l'évêque Rémi. Sous son autorité, des petits royaumes *(chanceler)* et il les *(annexer)*. Il *(posséder)* alors ce qui *(rester)* des terres romaines. On l'*(appeler)* le roi des Francs. Ce nom *(évoquer)*-t-il quelque chose pour toi ?

❻ Écris les verbes au présent. Cherche d'abord les infinitifs. Ne confonds pas les verbes du 1er, du 2e groupe et du 3e groupe.

il réfléch... – tu remerc... – il écr... – elle s'écr... – j'obé... – elles étud... – je d... – il ren... – je m'enfu... – tu var... – tu dépl... – je rempl... – tu te réfug... – on sour... – je tr... – elle r... – elle par... – je déd... – on rebond...

❼ Relève les verbes conjugués au présent. Indique leur infinitif.

1. Victor Hugo apprécie ses petits enfants. Il joue avec les petits, vérifie l'écriture des plus grands. Il cède à tous leurs caprices. Si les parents le contrarient, Victor réagit et distribue des bonbons.
2. Jeanne avoue une bêtise. On la punit. Le grand-père s'attendrit et réussit à faire passer un pot de confiture à la coquine. Elle le remercie. Délivrée, elle se réfugie sur les genoux de son grand-père et noue ses bras autour de son cou.

Complète la comptine.

LES ÉCRITS DE JULIE

Ce mot-là, comment il s'écri... ?
Voilà ce que Julie s'écri... .
Je mets un ... à *elle s'écri...*
Comme dans le verbe s'écri... .
Il s'écri..., fini... par un ... .
Un joli ... comme dans stylo,
Car c'est avec lui qu'on écri...
Des tas de mots rigolos !

Mots futés pour écrire sans se tromper,
Claire Derouineau, © Éditions Actes Sud, 2003.

Orthographe 17

L'accord sujet/verbe

Choisis les formes verbales qui conviennent.

1
a. Les phoques joue – jouent – joues sur la glace.
b. Les phoques et leurs petits joues – joue – jouent sur la banquise.
c. Sur la banquise glissante et lisse, jouent – joue – joues les phoques.
d. Le groupe de jeunes phoques jouent – joues – joue sur la banquise.
e. Le jeune phoque maladroit jouent – joue – joues sur la banquise.

2
a. Ils n'entendent pas le chasseur qui arrivent – arrives – arrive à vive allure.
b. Les phoques ne voient pas tous les villageois qui arrivent – arrives – arrive.
c. Celui-ci conduit – conduisent – conduis une motoneige.
d. Quelques-uns prépare – prépares – préparent leurs harpons.

1. Comment reconnais-tu le sujet ? Identifie le (ou les) sujet(s) de chaque phrase.
2. Indique la nature grammaticale de chaque sujet. Est-il singulier ou pluriel ? Où est-il situé par rapport au verbe qu'il commande ?

TEXTE 1 3. Quel est le nom noyau du GN sujet ? Qu'est-ce que cela entraîne pour l'accord du verbe ?

TEXTE 2 4. Phrases *a* et *b* : quel mot est le sujet du verbe en couleur ? Qui désigne-t-il ?
★ Commente l'accord des verbes.

5. Trace toutes les chaînes d'accords allant du S au V.

COLLECTIF Est-ce que je sais faire ?

Écris les phrases en choisissant un des verbes proposés.

1. impressionne/impressionnent — le public – le trapéziste – aux audacieuses figures
2. dresse/dressent — des lionceaux – un couple – patients et expérimentés – de dompteurs
3. amuse/amusent — les enfants – ce groupe – de clowns musiciens
4. voltige/voltigent — sur des chevaux blancs – légères et aériennes – les écuyères

Je construis la règle

MÉMO P. 6

– Le … s'accorde avec le sujet. Un verbe peut avoir plusieurs … . Plusieurs … peuvent commander un ou … verbes.

– Lorsque le sujet est placé après le …, on dit qu'il est … .

– Lorsque le sujet est un groupe nominal, il faut chercher le … noyau de ce GN avant de faire l'… .

★ – Lorsqu'il suit le pronom … *qui*, le verbe s'accorde avec le nom (l'antécédent) repris par … .

144

Je m'entraîne

1 Complète avec un pronom sujet.

1. ... me prêtes ta console de jeux ?
2. ... allons au musée jeudi.
3. Toi et moi, ... chantons dans une chorale.
4. Vous et ... êtes de bons chanteurs.

2 Souligne les sujets. Entoure les verbes. Trace une flèche pour indiquer les accords.

Nous étudions les châteaux forts. Sur les hauteurs se dressent deux donjons. Ils datent du Moyen Âge. Des remparts, épais et solides, protègent des ennemis. Les châtelains chassent, font des tournois, partent à la guerre. Dans la salle commune, vivent le seigneur et sa famille. Au-dessus de la salle, se trouve la chambre où dorment dames, enfants, chevaliers.

3 Choisis le sujet qui convient.

Renard et Ysengrin le loup cherchent à manger…
(Le renard/Les renards) déclare :
« Près de l'endroit où *(vous/nous)* sommes, *(une haie/des haies)* cachent un jardin. *(Des oies grasses/une oie grasse)* y mangent de l'herbe.
– Par qui sont-*(elle/elles)* gardées ?
– *(Un jeune paysan/Deux jeunes paysans)* les gardent. *(Ce jeune homme/Ces jeunes hommes)* sont peu attentifs. *(Il/Ils)* les surveillent mal. *(Nous/Vous)* les tromperons facilement. »

* **4** Fais les accords sujet/verbe au présent.

En Italie, au 15ᵉ siècle, Florence *(s'animer)*. Dans cette ville, *(se retrouver)* peintres, sculpteurs, astronomes, médecins, penseurs, riches marchands. Ils *(échanger)* des idées. Tout *(intéresser)* le jeune Léonard de Vinci. Les questions *(se bousculer)* dans sa tête. Il *(s'informer)* auprès de grands maîtres et *(se poser)* mille questions.

* **5** Utilise toutes les stratégies que tu connais pour repérer les sujets des verbes. Écris les verbes au présent accompagnés de leurs sujets.

Les ministres de roi *(résider)* à Versailles. Pour être près du monarque, *(s'entasser)* sous les toits aménagés en pièces inconfortables, des nobles fortunés. Ils *(posséder)* tous des châteaux dans les provinces de France. Mais ils *(choisir)* de vivre à Versailles où il leur *(arriver)* de croiser le roi. Dans le palais royal, peu chauffé, on *(se geler)* en hiver. Partout, *(courir)* des rats. L'air malodorant, dû à l'absence de toilettes, *(suffoquer)* même les moins dégoûtés. *(Savoir)*-vous que le roi ne *(se laver)* jamais ?

* **6** Écris les sujets au pluriel et fais les accords.

> **La loutre**
>
> La loutre est un mammifère d'eau douce. Elle vit au bord des rivières, de montagnes et des lacs. Elle nage très bien. Elle chasse la nuit. Elle se nourrit de poissons. Le jour, elle dort dans un terrier dans des souches d'arbres trempant dans l'eau. Cet animal, fragilisé par la pollution, devient rare. La loutre est très présente dans le Massif Central.

* **7** a. Relève l'intrus dans chaque série

1. racontent – agent – affluent – couvent – président
2. plongeons – bouchons – cachons – savons – bourgeons

b. Emploie trois mots de chaque série dans des phrases.

J'écris

Choisis un mot dans chaque colonne pour reconstituer quatre phrases. Écris-les. Pense aux accords.

1.
Un	agneau	naissent	dans	les	courant	d'une	pâtures	pure.
Les	agneaux	se désaltérait	dans	le	bergeries	des	onde	printanières.

2.
L'	buses	et	les	chat-huant	sont	leurs	rapaces	et	s'embrassèrent.
Les	aigle	et	le	hiboux	cessèrent	des	querelles	qui	chassent.

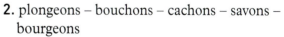

Orthographe 18

L'accord du participe passé

1
Après avoir pond**u**
les poules
ont caquet**é**
ont rem**is**
leurs plumes en ordre
sont entr**ées**
dans le poulailler
se sont endorm**ies**
sur le perchoir
pour la nuit.

2
Le coq a surpr**is** les poules en chantant.
Elles ont v**u** le jour se lever,
elles ont suiv**i** le coq,
leur crête a roug**i**.
Elles sont all**ées** manger,
elles ont b**u** de l'eau.

3
Même si la poule a toujours
beaucoup rend**u** service,
elle a toujours fin**i** sa vie dans la marmite.

1. Liste les participes passés.
Écris l'infinitif qui correspond à chaque participe passé ainsi que le groupe auquel il appartient.

2. Récris le texte 1 en remplaçant *poules* par *poule*.
Justifie les terminaisons des participes passés.

3. Explique ce que tu as compris sur l'accord du participe passé.

Je construis la règle

MÉMO P.37

– Lorsque le ……… est conjugué avec l'auxiliaire …,
  il s'accorde avec le … .
– Avec l'… *avoir*, le participe passé ne s'… pas avec le sujet.

Est-ce que je sais faire ?

❶ Complète avec la terminaison qui convient.
1. La récréation est termin… .
2. Les élèves sont rentr… en classe.
3. Le moniteur a encadr… un match de basket.
4. Deux garçons sont tomb… .
5. Les filles ont jou… à la marelle.

❷ Complète les phrases en conjuguant les verbes au passé composé. Fais les accords nécessaires.

Les voyageurs *(prendre)* le TGV. Certains *(descendre)* à Roissy. Le chauffeur *(conduire)* à plus de 200 km à l'heure et il ne *(s'apercevoir)* pas qu'il pleuvait. Deux amis *(aller)* au bar et ils *(boire)* un café. Les deux passagers *(repartir)* à leur place et ils *(reprendre)* leur lecture. Lorsque Kenza *(venir)* à Marseille, elle *(choisir)* une place en 2e classe.

Je m'entraîne

À faire tout seul sur mon cahier
2 • 8 a   Corrigés p. 175

❸ Complète les participes passés.

1. La neige a couv… le sol.
2. La glace a surpr… le bateau.
3. Les hommes ont constru… un abri.
4. L'artiste a pein… le soleil.
5. Le chasseur a poursuiv… un cerf. Le cerf a fu… dans les fourrés.
6. Les sangliers ont envah… les champs. Ils sont ven… manger les pommes de terre. Les champs ont été dévast… . Les fermiers ont port… plainte.

❹ Souligne les pronoms de deux couleurs différentes selon qu'ils désignent *une poule* ou *plusieurs poules*. Complète les participes passés. Trace une flèche allant du pronom au participe passé.

1. J'ai pond… des œufs. J'ai us… ma peau. J'ai couv… . J'ai souff… d'engourdissements pendant 21 jours. Je me suis gel… . J'ai attend… l'arrivée des poussins. Avec mes sœurs, nous sommes all… dans la cour. Nous nous sommes batt… avec les pintades. Elles ont saut… du poulailler.

2. Vous êtes sort… dans la cour toutes ensemble. Nous avons perd… notre liberté d'oiseaux sauvages. Nous avons été mis… en cage. Mesdames les poules, vous êtes devenu… des pondeuses.

❺ Conjugue les verbes au passé composé.

1. Marie *(cueillir)* un bouquet.
2. Mathéo *(apprendre)* un nouveau jeu.
3. Léa *(suivre)* la consigne.
4. Chloé *(sortir)* en premier.
5. Axel et Louane *(revenir)* à pied.
6. Les chauffeurs *(conduire)* prudemment.
7. Les enfants *(ouvrir)* le portail.
8. Vous *(répondre)* rapidement.

★ ❻ a. Cherche les participes passés de ces verbes du 3ᵉ groupe. Classe-les dans le tableau selon leur terminaison.

voir – conduire – suivre – ouvrir – mettre – surprendre – décevoir – battre – souffrir – courir – écrire – lire – connaître – couvrir – partir – obtenir – cuire – produire – craindre – perdre – disparaître

-i	-is	-it	-t	-u
…	…	…	…	…

b. Choisis quatre de ces verbes et écris des phrases au passé composé.

★ ❼ Récris la phrase avec le sujet proposé.

1. Les canards étaient partis. → Les hirondelles …
2. Tu avais aperçu un vautour. → Nous (des filles) …
3. Le colis était remis à la poste. → Les lettres …
4. Enzo était perdu. → Ils …
5. Le passager était revenu. → Les voyageurs …

★ ❽ a. Écris correctement les participes passés.

Célia avait *(dormir)* puis elle s'était *(lever)*. Elle avait *(prendre)* son petit déjeuner, s'était *(doucher)*, avait *(remettre)* son cartable en ordre puis était *(partir)* pour l'école. Elle était *(arriver)* en avance et avait *(discuter)* avec ses amis.

b. Récris la phrase comme s'il s'agissait :
– de Célia et de Ninon ;
– de Carlos ;
– de Carlos et de James.

★ ❾ a. Indique le genre de chaque sujet.

1. Tu es revenue de ton voyage.
2. Nous sommes repartis par le train.
3. Lorsque tu seras rentrée, tu me donneras de tes nouvelles.
4. Je suis montée à pied.
5. Vous êtes restés trois jours.

b. Remplace chaque pronom par un prénom. Souligne les participes passés. Trace une flèche allant du sujet au participe passé.

J'écris Raconte en quelques phrases ce qu'a imaginé une poule pour ne pas finir dans la marmite.
Emploie les verbes : *se sauver, se cacher, sauter, descendre, revenir, réussir* au passé composé.

147

Orthographe 19

Des formes verbales en [e], [ɛ]

Complète le texte avec les mots proposés.

LE ROSSIGNOL CHANTANT
Le rossignol a ... tout l'été.
Un jour il a ... de ...
De sa belle voix ...
Il a dû nous ...
Cet oiseau qui se ...
pour nous ... .
L'oiseau s'est ... .
Était-il ... ?

- charmer
- chanter
- cessé
- cachait
- enchantée
- chanté
- sauvé
- oublier
- vexé

1. Que sais-tu de l'emploi des verbes à l'infinitif dans une phrase ?
2. Justifie l'emploi du verbe à l'imparfait.
3. Justifie la terminaison des participes passés employés avec *être* et *avoir*.
Remplace *le rossignol* et *cet oiseau* par *la mésange*. Accorde les participes passés.
Enchantée et *vexé* sont-ils des participes passés ?
Quelle est leur nature grammaticale ?

Est-ce que je sais faire ?

Ajoute la terminaison qui convient pour ces formes verbales en [e] ou [ɛ].

1. a. Les enfants ont jou... .
   b. Ce soir, ils vont jou... .
   c. Autrefois, on ne jou... pas en classe.

2. a. Le chasseur est all... traquer un chamois.
   b. Le chamois all... vers son refuge.
   c. Finalement, le chasseur l'a laissé s'en all... .

3. a. L'âne tir... une charrette.
   b. L'âne a tir... sur la bride.
   c. L'âne commence à tir... en arrière.

4. a. Je regarde la pie perch... dans son nid.
   b. La pie perch... son nid en haut d'un peuplier.
   c. La pie était perch... à la cime d'un tilleul.

5. a. On a vu un chevreuil cach... dans la forêt.
   b. On a vu un chevreuil cach... ses petits.
   c. Le chevreuil cherch... sa horde.

Je construis la règle

– Après une préposition ou un verbe, les verbes s'écrivent à l'... .
– Les participes passés des verbes du ... groupe se terminent par -é, -ée, -és, -ées selon qu'ils sont employés avec ... ou *avoir* ou comme ... qualificatif.
– Pour savoir si les verbes sont à l'imparfait, on les remplace par un verbe au ... ou au futur.

Je m'entraîne

À faire tout seul sur mon cahier
3 • 7 Corrigés p. 175

1 Recopie les différentes formes d'un même verbe.

je chantais – elle avançait – il montait – j'avançais – nous avons avancé – chanter – monter – tu as avancé – avancer – vous êtes montés – elle chantait – vous avez chanté – ils sont montés

2 Retrouve l'auteur de chaque carte postale : Inès, Théo, Inès et Amélie.

1

Nous avons joué dans le sable.
Nous sommes allées au club des « Marsouins ».
Nous avons mangé une glace.
...

2

J'ai joué dans le sable.
Je suis allée au club des « Marsouins ».
J'ai mangé une glace.
...

3

Nous avons joué dans le sable.
Je suis allé au club des « Marsouins ».
J'ai mangé une glace.
...

3 Écris la forme verbale en [e] ou [ɛ] qui convient.

1. **a.** Les mouflons ont *(sauter)* sur le rocher.
   b. Les criquets *(sauter)* dans les blés.
   c. Le skieur vient de *(sauter)* le tremplin.
2. **a.** Le film vient de *(commencer)*.
   b. L'hiver a *(commencer)* tôt cette année.
   c. Tu *(commencer)* juste lorsque je finissais.
3. **a.** Les girafeaux se sont *(égarer)* dans la plaine.
   b. Il ne faut pas vous *(égarer)* dans la forêt.
   c. Habituellement, ce chasseur s'*(égarer)*.

4 Même consigne que l'exercice 3.

1. J'ai *(penser)* à *(ranger)* ma chambre mais mon frère avait déjà tout *(arranger)*.
2. Si tu veux m'*(aider)* à *(réciter)* ma leçon, je vais te *(donner)* un feutre pour *(effacer)*.
3. Lison *(désirer)* me *(ramener)* chez moi mais j'ai eu peur de la *(déranger)* et je (une fille) suis *(rentrer)* à pied.

★ 5 Écris les terminaisons des verbes : imparfait, participe passé ou infinitif.

1. Un jour, une fourmi assoiff… est tomb… dans un ruisseau. Elle se noy… lorsqu'une colombe qui se désaltér… a remarqu… la pauvrette. L'oiseau a arrach… une herbe sèche. La fourmi s'y est accroch… . Elle a été sauv… . Cette colombe mérit… un compliment !

2. Un chasseur qui pass… par là, s'apprêt… à tu… la colombe. La fourmi qui était bien réveill… a piqu… l'homme au talon. Celui-ci a cri… . Son cri a fait s'envol… la colombe qui a ainsi été sauv… à son tour.

D'après Esope.

★ 6 Écris les formes verbales en [e] ou [ɛ]. Pense à faire des substitutions.

Le peintre Van Gogh a beaucoup *(voyager)*. Parfois, il *(habiter)* en région parisienne. Mais il *(aimer)* *(passer)* les hivers en Provence. Ce peintre *(réaliser)* rapidement de nombreuses toiles. Son œuvre est très *(colorer)*. Il *(fréquenter)* beaucoup d'autres artistes. Au 19ᵉ siècle, ces peintres n'étaient pas *(apprécier)*. Aujourd'hui, leurs toiles sont *(renommer)*.

★ 7 Lis le texte. Écris les formes verbales qui conviennent.

Un jour, le lièvre, la cigogne, les grenouilles et les bœufs *(bavarder)* et *(se chamailler)*.
« Nous aimerions être aussi grosses que vous, ont *(déclarer)* les grenouilles.
– Nous ne pouvons ni *(sauter)* ni *(se cacher)*, ont *(répliquer)* les bœufs.
– Quel don tu as de *(posséder)* l'aisance de *(voler)*, Cigogne ! Moi, je suis *(rester)* très peureux, a *(avouer)* le lièvre. Mais j'ai souvent réussi à *(échapper)* à nos ennemis les chasseurs.
– J'ai toujours *(aimer)* *(manger)* des grenouilles. Mais au cours de mes voyages, j'ai *(trouver)* d'autres délices, et je me suis *(régaler)*, a *(caqueter)* la cigogne, *(enchanter)*. »

J'écris Écris une courte règle pour expliquer dans quels cas on écrit les verbes à l'infinitif. Illustre ta règle avec quelques exemples en employant des verbes du 1ᵉʳ groupe.

149

Orthographe 20 — LES ACCORDS DANS LE GN

Le genre des noms

1
un aventurier
un caissier
un berger
un passager

2
un coiffeur
un voyageur
un chanteur
un vendeur

3
un auditeur
un moniteur
un lecteur
un spectateur

4
un prince
un ogre
un tigre

5
un lion
un polisson
un gardien
un musicien

6
un client
un marchand
un villageois
un cousin
un riverain

7
un curieux
un envieux
un jaloux
un naïf
un sportif

8
un roi
un père
un frère
un loup
un coq

9
un ami
un invité
un élu
un ours

10
un secrétaire
un trapéziste
un acrobate

1. Écris le féminin de chaque nom masculin.
Entoure ceux pour lesquels on entend la marque du féminin.
Quels sont ceux qui changent le plus ? En connais-tu d'autres ? Écris-les.

2. Repère des irrégularités. Énonce les régularités.

Je m'entraîne

❶ Écris au féminin.
1. un Savoyard – un Provençal – un Normand
2. un Lillois – un Toulousain – un Bordelais
3. un Breton – un Alsacien – un Troyen
4. un Corse – un Basque – un Belge

❷ Même consigne que pour l'exercice 1.
1. un infirmier – un boulanger – un messager
2. un coureur – un campeur – un danseur
3. un traducteur – un aviateur – un animateur
4. un chat – un comédien – un magicien
5. un sot – un champion – un coquet

❸ Même consigne que pour l'exercice 1.
1. un diable – un comte – un maître – un hôte
2. un passant – un étudiant – un absent
3. un voisin – un vilain – un coquin – un lapin
4. un malheureux – un peureux – un époux
5. un fautif – un fugitif – un veuf
6. ⚠ un vieux – un héros – un loup – un dieu – un copain

❹ Trouve le masculin de ces noms féminins.
1. une mère – une grand-mère – une nièce – une tante
2. une paysanne – une étrangère – une inquiète – cette inconnue – quelle acrobate !
3. cette pianiste – une technicienne – une ministre – une conteuse – une romancière

❺ Trouve le nom féminin correspondant à chaque nom d'animal masculin.

un cheval → ...   un porc → ...
un dindon → ...   un canard → ...
un bouc → ...   un singe → ...
un bélier → ...   un jars → ...
un taureau → ...   un sanglier → ...

J'écris — Rédige un petit texte en employant le féminin de ces GN : *le renard – le sanglier – le prince – le bois – le sorcier.*

Le nombre des noms

À faire tout seul sur mon cahier

❷ ❽ Corrigés p. 175

1
un abri
un bruit
une étoile
quel astre !

2
un cheveu
un adieu
le feu
un pneu

3
un couteau
un château
un noyau
un tuyau

4
une brebis
un palais
quel tas !
mon héros
ton nez
un choix
la paix
un curieux
le remords

5
un trou
un clou
un coucou
un bijou
un caillou
un chou

6
un canal
ce cheval
ton journal
quel carnaval !

7
ton travail
un vitrail
mon chandail
un détail

Comment écrit-on généralement les noms au pluriel ? Connais-tu des exceptions ?

1. Écris les GN de chaque série au pluriel. Vérifie dans un dictionnaire. Trouve des régularités. Formule-les. Que remarques-tu pour la série 4 ?

2. Observe la série 5. Écris au pluriel : *un genou, un hibou, un joujou, un pou.* Apprends les sept noms en *ou* qui prennent un *x* au pluriel.

3. Que remarques-tu pour les séries 6 et 7 ? Cherche d'autres noms en *-al* ou *-ail* qui ont un pluriel irrégulier.

❻ **Écris les GN au pluriel.**

1. un ennui – un reçu – mon lit – quel vacarme ! – cet astronome – notre planète

2. un jeu – un dieu – quel aveu – un lieu – un vœu – un essieu – un enjeu
⚠ un pneu – un bleu

3. un cerceau – un veau – un cadeau – un morceau – un chameau – un préau

❼ **Même consigne que pour l'exercice 6.**

1. le gaz – la perdrix – un tapis – un remous – un engrais – le poids – le corps – une noix

2. un sou – un joujou – un caillou – le cou – un toutou – un bambou – un hibou – un chou

3. un rail – un soupirail – du corail – un attirail – un portail

4. un quintal – quel radical ? – ton animal – ce signal – du métal – le mal
⚠ un chacal – quel régal ! – le festival

❽ **Écris les GN au singulier.**

1. des châteaux – des bureaux – des taureaux – des peaux – des carreaux

2. des curieux – des résineux – des vieux – des poux – des nez – des toux – des lynx
⚠ des milieux – des joyaux – des cieux

3. des lois – des doigts – des amis – des tournois – des rois – des vertus – des matous
⚠ des tamis – deux fois – des bois – des refus – des mois – des os – des jus

❾ **Relève les noms qui ne changent pas au singulier.**

1. perdrix – perdreaux – travaux – faux – joujoux – festivals – verrous – bocaux – carnavals – croix

2. creux – oiseaux – signaux – berceaux – trous – nerveux – pneus – couscous – repos – Français – paix – joyeux – bateaux – noix – permis – refus – bleus

151

Orthographe 21 — LES ACCORDS DANS LE GN

Le genre et le nombre des adjectifs

1

Ma poule porte
un bonnet blanc
s'il fait du vent
un bonnet beige
dessous la neige
un bonnet gris
pour faire du ski
un bonnet vert
chez son grand-père
un bonnet noir
les jours de foire
　Elle a aussi
un bonnet bleu
quand elle le met,
elle pond des œufs

Mots rimés pour lire sans se tromper, Hélène Benait, © Éditions Actes Sud, 2000.

2

Le pétrolier géant et inconscient lâche en mer un liquide poisseux, épais et polluant, pareil à de la boue.

3

Quel perroquet !
Il est gentil et doux mais reste muet !
Il a l'air inquiet et craintif. Il devient vieux.

1. Récris les textes en remplaçant : *bonnet* par *capuche* (texte 1), *pétrolier* par *flotte*, *liquide* par *mousse* (texte 2), *perroquet* par *perruche* (texte 3). Fais des remarques sur l'accord de l'adjectif qualificatif.

2. Quelle est la fonction des adjectifs dans les textes 1 et 2 ?

3. Indique la fonction des adjectifs dans le texte 3. Que remarques-tu pour l'accord de ces adjectifs ?

4

Barbe-Bleue portait des bottes fourrées et énormes.
Ces bottes n'étaient ni raffinées, ni élégantes,
mais très pratiques car elles étaient magiques.
Elles étaient peu banales, pareilles à des engins perfectionnés.
Les ogres sont brutaux, bourrus, susceptibles.

4. Dans le texte 4, remplace *bottes* par *bottillons*, *engins* par *machines*, *ogres* par *ogresses*. Justifie tous les accords.

Je m'entraîne

❶ Écris les GN au féminin.

un vieil oncle – un âne gris – un vieux lion –
un joueur impatient – un garçon secret –
un cheval inquiet – quel doux gamin ! –
un voyageur inconnu – un voisin sûr –
un ogre bourru – un tigre cruel –
un rat inoffensif – un messager sauvage –
un loup noir – un renard blanc – un ours poilu

❷ Écris les GN au masculin.

une princesse aventureuse – une poule rousse –
une élève appliquée – une grosse merlette –
une secrétaire discrète – une invitée bienvenue –
une renarde légère – une sœur fatiguée

152

3 Écris les adjectifs au féminin singulier.

indécis   malpoli
nouveau   rusé
ancien   brutal
fauve   heureux

4 Écris chaque phrase en remplaçant le nom souligné par le féminin correspondant.

1. Le chat blanc est joyeux, coquet, solitaire.
2. Le grand tigre devient agressif, rageur et remuant.
3. L'âne gris paraît têtu, calme, rêveur, las.

5 Accorde les adjectifs qualificatifs.

1. (prudent) → une personne ..., un cavalier ..., des piétonnes ...
2. (brun) → une chevelure ..., un pelage ..., des poils ...
3. (bon) → une ... idée, des ... habitudes, des ... achats
4. (quotidien) → une revue ..., des journaux ..., des tâches ...
5. (gai) → une voix ..., des rires ..., des fillettes ...

6 Complète les GN. Fais les accords.

1. un son pur → des sons ..., une voix ..., des voix ...
2. un ciel clair → des tons ..., une pièce ..., des couleurs ...
3. un passage secret → des rues ..., une rue ..., des quartiers ...
4. un journal matinal → des journaux ..., une arrivée ..., des nouvelles ...
5. un camarade gentil → des amis ..., une mamie ..., des amies ...

7 Accorde les adjectifs selon les indications données entre parenthèses.

dangereux (F.P.)   précis (M.P.)
délicieux (F.P.)   ancien (M.P./F.P.)
jaloux (M.S./F.P.)   épais (F.P.)

8 Relève les adjectifs qui ne changent pas lorsqu'ils sont au pluriel.

roux – rond – indécis – blanc – affectueux – épais – large – ravageur – doux – inégal

9 Accorde les adjectifs qualificatifs.

1. (bleu) → une robe ..., des pantoufles ...
2. (local) → des proverbes ..., des fêtes ...
3. (plein) → des bocaux ..., des bouteilles ...
4. (vif) → des caractères ..., des couleurs ...
5. (réel) → des faits ..., des histoires ...

10 Trouve un adjectif de la même famille que chaque nom. Emploie-le dans un GN au féminin pluriel.

la nervosité   → ...   la longueur   → ...
la joie   → ...   l'indifférence → ...
la sottise   → ...   la douceur   → ...
la blancheur   → ...   la coquetterie → ...

11 Dans chaque série, écris les adjectifs au masculin singulier. Entoure l'intrus.

1. basses – grasses – douces – précises
2. attentives – graves – braves – chauves
3. obliques – énergiques – uniques – publiques

12 Fais les accords en genre et en nombre.

1. (blanc) → un tablier – une nappe – des roses – des arbres
2. (vif/agile) → un chien – une chienne – des chiots – des chattes
3. (féodal/vieux) → un château – une forteresse – des remparts – des murailles
4. (naval/beau) → un équipage – une flotte – des bâtiments – des manœuvres

J'écris — Rédige une phrase pour décrire chaque tête de clown et chaque paire de chaussettes. Pense aux accords des adjectifs.

153

Orthographe 22 — DES PLURIELS PARTICULIERS

** Les adjectifs de couleur

L'OISEAU BLEU

Mon oiseau <u>bleu</u> a le ventre tout <u>bleu</u>
Sa tête est d'un vert <u>mordoré</u>
Il a une tache <u>noire</u> sous la gorge
Ses ailes sont <u>bleues</u> avec des touffes de petites plumes <u>jaune doré</u>
Au bout de la queue, il y a des traces de <u>vermillon</u>
Son dos est zébré de <u>noir</u> et de <u>vert</u>
Il a le bec <u>noir</u> les pattes <u>incarnat</u> et deux petits yeux de jais […]
On le nomme le septicolore.

Blaise Cendrars, in *Feuilles de route*, © Miriam Cendrars, 1961
et © Éditions Denoël, 1947, 1963, 2001, 2005.

1. Dans le poème, observe comment s'accordent les adjectifs de couleur. Relève un adjectif composé de deux couleurs.

2. Cherche d'autres adjectifs de couleur simples ou composés : *marron, rose, rouge cerise, bleu pervenche…* Fais des remarques.

3. À partir des accords observés, essaie de dégager des règles.

Je construis la règle

– L'adjectif qualificatif de … s'accorde généralement avec le nom en … et en nombre (un oiseau bleu, une mésange bleu**e**, des perruches bleu**es**).

– Lorsque l'adjectif est aussi un nom, il est … (des poules marr**on**). Attention aux exceptions : *des lions fauves, des pulls roses.*

– L'adjectif composé de deux couleurs est … (des fruits rouge cerise).

Je m'entraîne

★ **1** Classe les adjectifs en deux colonnes : simples ou composés.

bleu marine – crème – vert pomme – rose foncé – bleu clair – jaune orangé – prune – noir – mauve – violet – bleu outremer

★ **2** Relève les adjectifs qui sont aussi des noms.

paille – blanc – framboise – or – vert – brun – terre – vermillon – gris – émeraude – rubis

★ **3** Accorde les adjectifs comme il convient.

1. des manteaux *(bleu roi)* – une fleur *(bleu)* – les fées *(bleu)* – les bas *(bleu)*.
2. une chevelure *(blond)* – des cheveux *(blond cendré)* – des nattes *(blond)*

★ **4** Accorde les adjectifs comme il convient.

des coccinelles *(rouge)* à pois *(noir)* – des rubans *(coquelicot)* – une bague *(doré)* avec des pierres *(émeraude)* – des étoffes *(rose)* et *(vermillon)* – des fleurs *(violet)* et *(mauve)* – des iris *(jaune pâle)* avec des teintes *(mauve)* au cœur, des pétales *(blanc)* et *(rose)*

★ **5** Remplace les noms soulignés par des noms au féminin pluriel. Récris les GN.

1. un <u>manteau</u> noir, rouge ou vermillon
2. une <u>valise</u> marron et cuivrée
3. un <u>costume</u> gris, marron clair ou noir de jais
4. un <u>tee-shirt</u> vert clair, rouge, bleu outremer
5. une <u>pomme</u> rouge, verte, dorée ou jaune d'or

* Les noms composés

> un petit-suisse (n.m.)
> des petits-suisses
>
> un porte-cartes (n.m.)
> des porte-cartes
>
> un arc-en-ciel (n.m.)
> des arcs-en-ciel
>
> une boisson aigre-douce (n.f.)
> des boissons aigres-douces

1. À quelles classes grammaticales appartiennent les mots qui forment ces **noms composés** ?
2. Analyse les accords en nombre. Explique pourquoi *porte-cartes* est invariable.
On écrit : *des sous-préfets, des sans-abri, des abat-jour*. Commente ces orthographes.

Je construis la règle

Le pluriel des noms… dépend de la nature grammaticale de ses composants :

– N + N   → N au pluriel + N au pluriel   → *des oiseaux-mouches*
– Adj + N   → Adj au pluriel + N au pluriel   → *des petits-suisses*
– V + N   → V au singulier + N au pluriel   → *des sèche-cheveux*
– N + prép + N → premier nom au pluriel   → *des pieds-de-biche*

Je m'entraîne

6 Écris ces noms composés au pluriel en t'appuyant sur tes observations.

un chauffe-plat, un avion-cargo, une petite-fille, un timbre-poste, un coffre-fort, un tissu-éponge, une pochette-surprise, un arrière-grand-père, un poisson-chat, un passe-droit, du gras-double

7 Écris ces noms composés au singulier.

des chauves-souris, des rouges-gorges, des porte-bagages, des casse-noix, des sourds-muets, des sèche-linge, des haut-parleurs, des oiseaux-mouches, des points-virgules, des libres-services, des blocs-notes, des tire-bouchons, des longues-vues

8 Classe ces noms composés dans le tableau. Écris-les ensuite au pluriel.

un porte-drapeau, un sac-poubelle, un lave-linge, un passe-muraille, une grand-mère, un chou-fleur, une basse-cour, un tiroir-caisse, une arrière-cuisine

N + N	Adj. + N	V + N
…	…	…

9 Écris ces noms composés au pluriel.

1. une malle-poste, une longue-vue, un céleri-branche, un pull-over
2. un passe-temps, un abat-jour, un ouvre-boîte, un porte-plume, un lave-linge
3. un gardien-chef, une grand-voile, un petit-gris, un gros-porteur, un bec-croisé

10 Complète chaque nom composé. Écris son pluriel.

un remonte-…, un casse-…, un garde-…

11 Relève les noms composés invariables.

un cache-nez, un porte-parole, une bande-annonce, un chauffe-eau, une plate-bande, un perce-oreille, un porte-parapluies

12 Analyse les noms composés (D, Adj, Prép, V, N, Adv).

un pied-de-nez, un tête-à-tête, un passe-partout, un sans-souci, un sous-chef, un stylo-feutre, un bec-de-perroquet, une gueule-de-loup, une tête-de-loup, un ayant-droit

155

Orthographe 23 — LES SIGNES

Les accents

1
Vous avez préféré
cette bande dessinée ?
Moi je préfère
les histoires de sorcière !
Pour dire la vérité
j'ai rangé les fées légères
derrière les araignées
sur les étagères.
Elles rêvent d'être célèbres !

2
Lâche-moi.
Je suis sûr
de ne pas avoir fait de tache
sur le mur
avec des fruits trop mûrs !
À toi la tâche
d'enlever ces taches
sur le mur, sinon
tu es un lâche !

3
Autrefois on écrivait
l'*hostellerie*
l'*hospital*
la *beste* terrible
la *forest* enchantée
la *feste*.
On a changé le *s*
en accent circonflexe :
un hôtel, l'hôpital,
la bête, la forêt, la fête.

TEXTE 1. Observe la forme et la direction des accents.
Où la lettre é est-elle située dans les mots ? Et la lettre è ?
Classe les mots observés. Cherche d'autres exemples pour compléter le tableau.

é [e]	è + 1 ou 2 consonnes + e muet → [ɛ]	ê → [ɛ]
…	…	…

Quelles sont les lettres qui prennent un accent ?

TEXTE 2. Relève les homophones. Qu'est-ce qui les différencie ?

TEXTE 3. Explique comment certains mots anciens ont changé.
★ Cherche des mots de la même famille que ces mots anciens et qui ont gardé leur base comportant un -s-. Écris-les.
Cherche des mots de la famille de *polaire, aromatiser, piquer, intéresser, une connaissance*. Écris-les. Vérifie leur orthographe.

Je construis la règle

– Il existe trois sortes d'accents dans la langue … :
l'accent … *(une fée)*, l'accent … *(il gèle)* et l'accent … *(la forêt)*.

– L'accent … peut se placer sur différentes voyelles :
un … *(le dîner)*, un … *(la flûte, le goût)*, un … *(un rôle)*, un … *(un lâche)*.

★ L'accent circonflexe a remplacé la lettre … que l'on mettait autrefois devant une consonne.

Je m'entraîne

1 Complète avec é, è ou ê.

un invit… – la mar…e – un pi…ge – un caf… – s…v…re – du th… – la r…gle – une couv…e – un ch…ne – la rivi…re – la col…re – la t…te – la fen…tre – un …l…ve – la p…che – l'honn…tet… – une conqu…te – une gu…pe

2 Place un accent circonflexe lorsque l'orthographe du mot l'exige.

un gateau – un bateau – une huitre – l'ogre – un dépot – dégouter – une goutte – un ane – un animal – drole – raler – halée – une chaine – une chaise – couter

156

Le tréma, la cédille, l'apostrophe

4
À Noël,
Anaïs et Éloïse
Ont fait du canoë
Dans la taïga.
C'est inouï !
Quant à Nathanaël, le hamster,
Il a mangé trop de maïs
Tout seul comme un égoïste.
Et il a eu une crise de foie
aiguë !

5
– La girafe, tu l'as vue ?
– Oui, je l'ai vue.
Grande, elle l'est !
Elle va s'enrhumer.
Elle ne m'effraie plus.
Qu'elle a un grand cou !
Girafe, comment ça s'écrit ?
– Il te faut connaître
l'orthographe des mots,
mon garçon.

1. Sur quelles lettres vois-tu un tréma ?
Remplace le *ï* par un *i*.
Comment lis-tu les mots ?
Quel est le rôle du tréma ?

2. Quand met-on une cédille à la lettre *c* pour entendre [s] ?
Cherche d'autres mots avec *ç*.

3. Devant quelles lettres emploie-t-on une apostrophe ?
Pourquoi écrit-on *l'huile, l'hirondelle, l'hiver, l'homme* ?

Je construis la règle

– Le tréma est généralement placé sur un ... ou un ... *(Noël, le maïs)*.
★ Les adjectifs en *gu* prennent un ... sur le *u* au féminin *(aiguë)*.
– On place une cédille sous la lettre ... devant *a, o, u* pour obtenir le son [s] *(le garçon, reçu)*.
– L'... se place devant les ... et le ... muet *(lorsqu'on, l'enfant, l'herbe)*.

Je m'entraîne

3 Complète les mots avec une voyelle portant un tréma.
1. De nombreux astéro...des tournent dans le ciel.
2. La culture des bonza...s est un art japonais.
3. Ta réponse n'est pas claire, elle est ambig...e.
4. Le ca...man est une espèce de crocodile.
5. La cig...e est une plante toxique.
6. Je connais un art martial japonais : l' ha...kido.
7. Hépha...stos est le dieu grec du feu.
8. Poucette est une héro...ne de conte.
9. Ta chambre est très exig...e.

4 Écris les formes verbales :

a. au présent
(bercer) → nous ...
(balancer) → nous ...
(avancer) → nous ...
(apercevoir) → j'..., tu ..., elle ..., elles ...
(décevoir) → je ..., tu ..., il ..., nous ..., ils ...

b. au passé composé
(recevoir) → j' ..., il ..., nous ...

5 Place un tréma où il faut.
une coincidence – une mosaique – l'ouie – hair – obligatoire – Joel – un cahier – naive – la faience – un capharnaum

6 Dans chaque série de mots, ajoute une cédille où il faut pour entendre [s].
1. glacon, glacial, glace, glacage, glacière
2. tronconner, troncon, tronconneuse
3. recevoir, réception, recu, receveur
4. faconner, face, facon, contrefacon, facade
5. s'élancer, élancement, il s'élanca, je m'élancais
6. francais, Francois, Francaise

7 Place un article défini devant chaque nom.
... haricot – ... habit – ... animal – ... zèbre – ... ânon – ... hirondelle – ... élève – ... orange

8 Observe et continue.
1. Je m'amuse → tu ..., elle ..., ils ...
2. Il s'en va → tu ..., elle ..., elles ...
3. Je l'ai attrapé → tu ..., elle ..., nous ..., vous ...

157

DICTÉES

Sois attentif à l'orthographe des mots en rouge !

1 DICTÉE À COMPLÉTER

Voilà dix jours que la grenouille reste là à côté d'une pierre recouverte d'eau. Elle a le ventre gonflé, prêt à éclater. Est-elle malade ou va-t-elle faire naître ses petits ? On l'observe mais personne ne la dérange. Un matin, on voit sortir de son ventre une masse gélatineuse qui se colle à la pierre. Elle a maintenant le ventre plat et saute rejoindre d'autres grenouilles qui ont aussi pondu. Avec la classe on va recueillir soigneusement la ponte dans un bocal ou un seau. Et on la dépose avec de l'eau dans un aquarium.

* Quelques jours plus tard, les œufs ont grossi. On n'avait jamais observé la reproduction des grenouilles.

2 DICTÉE PRÉPARÉE

Ce lézard se jette sur une mouche, mais il s'est trop précipité et il se retrouve la bouche ouverte. On voit ses dents et sa longue langue. C'est l'outil qui lui permet d'attraper ses proies. La mère dit à ses petits : « Mes enfants, il faut se garder d'être impatient.

* **Toutes ces bestioles volantes**, c'est en prenant un air endormi que vous les goberez. Suivez mes conseils. Dormez mais d'un seul œil ! Et hop ! le papillon s'est laissé prendre. Avez-vous vu ce coup de langue ? »

3 DICTÉE À COMPLÉTER

La nuit était tombée. La lune s'était levée. Le loup et le renard partaient pêcher. Sur la neige gelée, leurs pas crissaient. Des paysans avaient creusé un trou dans la glace de l'étang afin de tirer de l'eau pour leurs bêtes. Le renard avait conseillé au loup d'emporter un seau et une corde. Le renard attacha le seau à la queue du loup et proposa à celui-ci de plonger le tout dans l'eau glacée. Au bout d'un moment, le loup trouva que le seau devenait lourd.

* « Vous avez pêché tant d'anguilles que vous devez tirer sur votre corde », dit le renard. Le loup tira, tira mais sa queue restait bloquée. La glace la retenait !

4 DICTÉE PRÉPARÉE

Une pluie **fine** et **continue** mouillait la terre **sèche**. Les escargots sortaient les uns après les autres. Ils étiraient **leurs fines cornes** sur **lesquelles** on voyait deux **petits yeux noirs**. Bien **allongés** sur leur **pied**, ils cheminaient vers les **grosses laitues vertes**. Si on s'approchait, on entendait des craquements : **les mollusques possèdent une bouche garnie de fins crochets** bien **aiguisés**.

* Ce sont **leurs dents**. Mais, dès que le soir tombe, gare **aux hérissons** !

5 DICTÉE À COMPLÉTER

Quel est donc cet oiseau ? Quelles jolies plumes il a ! C'est un canard colvert mâle. Quand il vole, on dirait un avion miniature. Qu'en pensez-vous ? Quant à la femelle, qu'elle a donc un plumage terne !

Attention aux accords des mots en gras !

La classe grammaticale

Les mots appartiennent tous à une classe. On dit aussi « nature ».
La classe grammaticale est indiquée dans les dictionnaires.

VARIABLES	**les verbes** et leurs différentes formes	*manger – finir – je cours*
	les noms communs et propres	*classe – Élise...*
	les déterminants de différentes catégories	*le – ce – mon...*
	les pronoms de différentes catégories	*je – celui – la sienne – qui...*
	les adjectifs qualificatifs	*gentil – grave...*

INVARIABLES	**les adverbes**, les locutions adverbiales	*vite – tout à coup – plus...*
	les prépositions	*à – de – pour – sans...*
	les conjonctions	*et – mais – lorsque...*
	les interjections, les onomatopées	*Ah ! Ouf ! Aïe ! Hé...*

Je vérifie mes connaissances

❶ Indique la classe grammaticale des mots composant les phrases.

1. Le château féodal se dresse sur cette butte rocheuse. **2.** Ses remparts protègent efficacement le donjon rond. **3.** Hubert part à la chasse. **4.** Il ramènera peut-être un cerf.
★ **5.** Le seigneur adore ces courses très dangereuses quand elles exigent des combats avec le gibier blessé mais tenace.

❷ Complète la phrase avec des mots dont tu indiqueras la classe grammaticale.

Vous surveillez les oiseaux en hiver. → (verbe)

1. La foule se dirige ... le spectacle.
2. ... emprunte un CD à ... médiathèque.
3. ... Margot récite ... .
4. Naari ... son skate-board.
5. ... tombe ... .
★ **6.** ... film avez-... vu hier ?
7. ... jeune chiot me parait ... câlin.
8. Iras-tu ... la piscine ... au handball ?

❸ Complète chaque série avec quatre mots de même classe grammaticale.

1. mon – le – des
2. pouvoir – échanger
3. zèbre – gazelle
4. mais – où
5. Elodie – Hayat
6. cahier – trousse
7. à – avec
8. tu – celui – le mien

❹ Remplace chaque mot souligné par un mot de niveau de langue moins soutenu mais de même classe grammaticale. Pense au sens.

1. Le vaillant cavalier stoppa sa monture qui s'emballait.
2. Un détective se dissimulait derrière une porte délabrée.
3. Au château, des fêtes éblouissantes réjouissaient les courtisans qui s'exclamaient bruyamment.

❺ Relève les mots qui sont à la fois :

1. des noms et des adjectifs
noir – blanc – mûr – doigt – fort – vert – calme – sec – prêt

2. des noms et des verbes
souris – boîte – tache – colle – repaire – repère – soupe – dîne – déjeuner – cage

3. des adverbes et des noms
devant – dessous – près – trop – mieux – encore – faux – souvent – mal – autrefois

❻ Choisis la conjonction (le mot de liaison) **qui convient** : *mais – ou – et – donc – or – ni – car*

1. Inès est venue ... tu étais absente.
2. Vous préférez lire ... écrire ?
3. Isa pleure ... elle est tombée.

Synthèse

159

Autour du verbe

■ Le verbe est le mot le plus souvent essentiel au sens de la phrase.
■ Différents mots et groupes de mots peuvent l'entourer.

LES FONCTIONS	
▬ **le sujet** ou les sujets commande(nt) l'accord du ou des verbe(s) quelle que soit sa (leur) place	*Dans le ciel, court**ent** et s'allong**ent** les nuages.* *Tu ranges.*
▬ **un complément d'objet direct** (COD)	*Les pigeons picorent **les grains.***
▬ **un complément d'objet indirect** (COI) introduit par une préposition. Le COI placé après un COD est appelé **complément d'objet second** (COS).	*Tu téléphones **à mamie.*** *Nous **leur** écrivons.* *Le fermier donne des grains **à la volaille.***
▬ **un attribut du sujet** après les verbes d'état *(être, paraître, avoir l'air...)*	*Cet oiseau semble **un héron.***
▬ **des compléments circonstanciels** de lieu *(où)*, de temps *(quand)*, de manière *(comment)*	*Dans la mare, les canards nagent **chaque matin avec élégance.*** *L'hiver arrive **tard.***

Je vérifie mes connaissances

❶ Trace une croix sous les verbes. Souligne les sujets.

1. La cantatrice prépare un concert.
2. Elle fait des vocalises et revoit son répertoire.
3. En coulisses, on vérifie les accessoires.
4. À quelle heure viens-tu à ce concert ?
5. Dans la salle, s'installe le public.

❷ Écris la nature grammaticale des sujets.

1. Chopin a composé pour le piano.
2. Ce grand compositeur était lui-même pianiste.
3. Il a joué « La valse de l'adieu ».
4. Sur le clavier volent ses doigts.
5. Aimes-tu écouter de la musique ?

❸ Souligne les COI. Entoure les prépositions. Écris la nature grammaticale de chaque COI.

1. Vous pensez à vos vacances.
2. Tu parles à ton voisin.
3. Karim téléphone à Saïda et à Charlotte.
4. Isa se plaint de son mal de tête.
5. Charles discute de ce problème difficile.

❹ Complète avec un pronom personnel COD : *le, la, l', les.*

1. Je regarde un dessin animé. Je ... trouve drôle. Je ... écoute avec attention.
2. Je connais les personnages et je ... apprécie.
3. Il y a une fée, on ... remarque très vite avec son air décalé.
4. Le roi a une voix forte. On ... entend jusqu'au fond de la salle.

❺ Complète avec un pronom personnel COI : *lui, leur, eux.*

1. Colas se souvient de son vieux copain. Il parle souvent de ...
2. Blanche-Neige pense aux sept nains. Elle se souvient d'... .
3. Astrid s'occupe de sa poupée. Elle ... parle.
4. Clarisse écrit à son amie. Elle ... raconte son excursion.
5. Le Petit Poucet s'adresse à ses frères. Il ... conseille d'avoir confiance en ... .

6 Trace une croix sous les verbes d'état. Souligne les attributs du sujet.

1. Cette ville paraît immense.
2. Cette place s'appelle la place de la Bastille.
3. Paris reste une des plus belles villes du monde.
4. Ce quartier devient un centre touristique.
5. Venise est une ville très fréquentée.

★ 7 Souligne les CC. Indique leur nature : CCL, CCT, CCM.

Depuis trois cents ans, au sommet d'une tour, dans un château en ruines, un fantôme pleurait avec insistance, chaque nuit de pleine lune.

★ 8 Indique la nature grammaticale des sujets.

1. Anne apprend le crawl.
2. À la fin de l'année, tous les élèves sauront plonger.
3. Les livres de la bibliothèque restent à notre disposition.
4. Quand irons-nous au théâtre ?
5. Lire devient intéressant.

★ 9 Indique la nature grammaticale et la fonction des compléments soulignés. Entoure les prépositions s'il y a lieu.

1. Le Petit Chaperon Rouge pense à sa grand-mère.
2. Le loup aperçoit la fillette.
3. Il lui demande où elle va. Elle l'écoute.
4. Le loup rit de la naïveté de la fillette.
5. Il se dépêche de courir vers la maisonnette.
6. Il pense manger sans grand effort.
7. Il dévore la grand-mère aussitôt arrivé.
8. À son arrivée, la fillette croit les belles paroles. Le loup la dévore immédiatement.
9. Heureusement, des chasseurs arrivent chez la grand-mère.
10. Le loup ne leur échappera pas ce jour-là.

★ 10 Souligne les verbes d'état, entoure les sujets et surligne en rose les attributs du sujet.

1. Ce dinosaure passe pour un monstre cruel.
2. Mais il est herbivore. On l'appelle le brontosaure.
3. Les sauriens, comme le crocodile, sont restés leurs ancêtres.
4. La grande spécialiste des amphibiens s'appelle Anne-Marie Oblu.
5. Elle se montre pessimiste quant à la survie des amphibiens.

★ 11 Trouve l'adverbe qui convient. Écris entre parenthèses sa nature (lieu, temps, manière, négation).

1. ... nous sommes allés visiter un zoo.
2. Un lion rugissait ... dans sa cage.
3. Les chimpanzés s'accrochaient ... les barreaux et bondissaient ... .
4. Les girafes remportent ... un grand succès.
5. Le rhinocéros ... a ... voulu sortir de son bain.

bruyamment – hier – derrière – n'... jamais – toujours – joyeusement

★ 12 Imagine des phrases en respectant les informations. Attention à la place des mots par rapport au verbe. Pense à la ponctuation.

1. sujet + verbe + COD + CCL
2. CCT + sujet + verbe + COD + COS + CCM
3. sujet + verbe d'état + attribut
4. CCL + S + verbe + COD
5. sujet + pronom COD + verbe + CCM
6. sujet + pronom COD + pronom COI + verbe

★ 13 Remplace les CCL soulignés par *en* ou *y*.

Je vais au match à Lyon. → *J'y vais tous les week-end.*

1. Les enfants se roulent dans la neige. → ...
2. Le navire s'égare dans la tempête. → ...
3. Les écureuils sortent de leur refuge. → ...
4. Jack est allé au Brésil. → ...
5. Il revient de son voyage, enchanté. → ...
6. L'avion part de l'aéroport en retard. → ...

Synthèse

161

Autour du nom

Le groupe nominal comporte le plus souvent et au minimum, un déterminant et un nom. Mais on dit *Paris, Bordeaux, Lyon, Louis, Agathe...*

■ On distingue **nom propre** *(Paris)* et **nom commun** *(la capitale)*.

■ **Les déterminants** forment une **classe grammaticale répartie en catégories :**

▪ des articles définis (variables)	*le, la, l', les* qui peuvent se contracter *du, des, au, aux.*
▪ des articles indéfinis (variables)	*un, une, des* qui peuvent se contracter en articles partitifs ★ → *du, de la, des*
▪ des déterminants possessifs (variables en genre, en nombre, en personne)	*mon, ton, ma, ses, notre, vos, leur...*
▪ des déterminants démonstratifs (variables)	*ce, cet, cette, ces*
▪ des déterminants exclamatifs et interrogatifs	*quel, quels, quelle, quelles*

■ **Les enrichissements du GN sont :**

▪ des adjectifs qualificatifs épithètes	*une jupe **plissée rouge***
▪ des compléments de nom introduits par une préposition	*un château **sans pont-levis*** *des remparts **pour défendre***
▪ une proposition relative	*un château **qui** date du XIIᵉ siècle et **que** l'on visite*

Je vérifie mes connaissances

❶ Classe les GN en deux colonnes : ceux qui contiennent un nom propre et ceux qui contiennent un nom commun.

une montagne – les Pyrénées – des sommets – un fleuve – Pauline – Victor Hugo – des îles – un poète – la Grèce – la Corse – Londres

❷ Écris la catégorie des déterminants soulignés.

<u>Des</u> invertébrés sont protégés par <u>une</u> carapace plus ou moins dure. <u>Cette</u> carapace protège <u>leur</u> corps mou. Ils ont <u>des</u> pattes articulées. <u>Ces</u> invertébrés forment <u>le</u> groupe des insectes. Mais <u>cet</u> invertébré qui tisse <u>sa</u> toile entre <u>les</u> herbes, c'est <u>l</u>'araignée. Sais-tu à <u>quel</u> groupe elle appartient ?

❸ Entoure les articles et souligne les pronoms.

La cane appelle les canetons. Elle les pousse du bec. Elle leur cancane de manger la pâtée. Mais les petits chauffent leur duvet au soleil. La mère agite les ailes. Les canetons ne l'écoutent pas. Elle a beau les bousculer, ils continuent leur sieste.
La pâtée ? Les poules et les autres volailles la mangent à grands coups de bec.
Les canetons ? Il ne leur restera rien !

Synthèse

❹ Souligne les adjectifs qualificatifs. Trace une croix sous les noms qu'ils qualifient.

1. un vieux château hanté
2. une tour ronde et délabrée
3. un haut donjon carré

❺ Souligne les compléments de nom dans ces titres de conte. Entoure les prépositions. Trace une croix sous le nom complété.

1. Le dragon à plusieurs têtes
2. La poule avec sa crête rouge
3. Le diable en colère

❻ Relève les propositions relatives dans ces titres de contes.

1. Le chien qui lâche sa proie pour l'ombre
2. Le garçon qui criait au loup
3. Le poisson que le pêcheur a pris

❼ Complète le tableau.

Nom complété	Adjectif	Complément de nom	Proposition relative
...	...	...	...

Le peuple vert des grenouilles avait cessé son concert avec le soleil qui se levait. Quelques-unes s'étaient aventurées dans les hautes herbes de la rive. La jeune Rana que ses sœurs avaient abandonnée, attendait, la gorge palpitante. Une grosse sauterelle verte aux longues antennes, aux cuisses charnues tomba sur une feuille de nénuphar.

★ ❽ Classe les GN dans le tableau.

la fierté – une table – un tigre – un éléphant – un vendeur – un artiste – la peur – le soleil – la gentillesse – une trousse – un stylo.

animé une personne, un animal	inanimé un objet, quelque chose que l'on peut voir	abstrait un sentiment, un état
...	...	...

★ ❾ a. Lis le texte. Complète-le avec des déterminants.

... baleine bleue vit dans ... eaux froides. On l'appelle aussi ... rorqual. C'est ... mammifère marin. ... mammifère appartient au groupe ... cétacés. ... poids peut atteindre plusieurs tonnes. ... animal énorme ! ... baleine allaite ... baleineau sous ... eau. ... baleines bleues sont rares. ... espèce est en voie de disparition.

b. Indique la catégorie grammaticale de chaque déterminant.

★ ❿ Entoure de deux couleurs différentes les déterminants et les pronoms soulignés.

La chouette alimente les oisillons nés il y a une semaine. Ils ouvrent leur bec. La mère les nourrit de rongeurs. Elle dépèce les proies en morceaux. Elle leur met les morceaux dans la bouche. Les petits les avalent sans mâcher. Lorsque leur jabot est plein, ils ferment le bec. La mère se place au-dessus des oisillons et les recouvre de tout son corps en écartant les ailes. Le soleil se lève mais les oiseaux nocturnes ne la voient pas.

★ ⓫ Souligne les adjectifs qualificatifs et trace une croix sous les noms qualifiés.

1. Le vilain petit canard
2. Le loup blanc magicien
3. Le jeune renard perdu

★ ⓬ Souligne les compléments de noms. Entoure les prépositions. Trace une croix sous le nom complété.

Jean sans Terre – Un roi d'autrefois – L'empereur à la barbe fleurie – Marie-Thérèse d'Autriche – Berthe au grand pied

★ ⓭ Souligne les propositions relatives. Trace une croix sous leur antécédent.

1. L'âne qui portait du sel.
2. Le coq que son maître abandonna.

163

Autour de la phrase

La phrase est une suite ordonnée d'un plus ou moins grand nombre de mots qui ont un sens.

À l'écrit, elle commence par une majuscule et se termine par plusieurs catégories de points (. ? ! ...)

■ Les types de phrases

déclaratif	*Alix se lève à sept heures.*
interrogatif	*À quelle heure Alix se lève-t-elle ? pourquoi ... ? quand... ? est-ce que ... ?*
injonctif un verbe à l'impératif Il faut (que) Un verbe à l'infinitif	***Faites** moins de bruit. **Sortez** en silence !* ***Il faut** laisser mijoter deux heures.* ***Laisser** mijoter deux heures.*
★ exclamatif	*Comme ce film est amusant ! Que Barbe-bleue est cruel ! quel temps !*

■ Les formes de phrases

affirmative	*Célia porte un bonnet.*
négative	*Célia **ne** porte **pas** de bonnet.* *Célia **ne** porte **jamais** de bonnet. **Ne** courez **plus** !*
★ interro-négative	*N'avez-vous **pas** froid ?*

■ La phrase verbale/non verbale

la phrase verbale comporte un ou plusieurs verbes conjugués.	*Chloé **prépare** son cartable, enfile son anorak et **part** prendre le bus.*
la phrase non verbale ne compte aucun verbe conjugué	*Quelle chaleur intenable ! Merci encore.*

■ La phrase simple et la phrase complexe

la phrase simple comporte un seul verbe conjugué : c'est une proposition indépendante.	*Le corbeau **croasse** dans le chêne.*
la phrase complexe comporte plusieurs verbes conjugués. On compte autant de propositions que de verbes conjugués. **Les propositions peuvent être :**	
– juxtaposées par des virgules	*L'âne tire, s'essouffle, s'arrête épuisé.*
– coordonnées	*Le lièvre se couche dans les blés **et** échappe au chasseur.*
– juxtaposées et coordonnées	*Le lièvre écoute, se tapit **et** se cache dans les blés*
– subordonnées relative	*Le renard nourrit ses petits **qui** vivent avec leur mère.* p. principale X p. relative comp. de l'antéc. *petits.*
conjonctive	*Les astronomes pensent **que** d'autres galaxies existent.* p. principale p. conjonctive

Je vérifie mes connaissances

❶ Ajoute la ponctuation de ce texte. Il comporte cinq phrases. Pense aux majuscules.

en classe, nous commençons la journée par du calcul mental puis nous suivons une leçon de français après la leçon nous faisons un exercice ensuite nous le corrigeons ensemble enfin la sonnerie annonce la récréation

❷ Pour chaque phrase déclarative, écris deux phrases interrogatives. Utilise deux constructions différentes.

1. Il est gentil. 2. Tu lis un roman.
3. La maîtresse explique une règle.
4. Julian écrit vite.

❸ Entoure les mots de négation dans chaque phrase. Souligne les verbes.

1. Les loups n'hibernent pas.
2. Le renard ne chasse jamais la nuit.
3. Cette nuit, la chouette n'a rien pris.
★ 4. Ne voyez-vous personne ?
★ 5. N'irons-nous plus en forêt ?

❹ Écris une question correspondant à chaque réponse. Pense à tous les changements.

1. Le train arrive à cinq heures.
2. Yvan va à l'école en bus.
3. Elsa va à l'école quatre jours par semaine.
4. Tu rentres car tu as froid.
5. Nous irons chez grand-mère à Noël.

❺ Souligne les verbes conjugués. Sépare les propositions juxtaposées par un trait.

1. Le tigre mange, se couche, s'endort repu.
2. La gazelle fuit le fauve, disparaît dans les herbes.
3. L'éléphant barrit, soulève sa trompe, l'enroule autour d'un arbre.

★ **❻ Indique le type de chaque phrase.**

1. Quel était le nom de notre pays avant l'arrivée des Francs ?
2. Que les Gaulois ont bien résisté !
3. Charlemagne a été couronné empereur.

★ **❼ Récris la phrase de deux autres façons.**

Chaque hiver, l'ours hiberne ?

★ **❽ Entoure les adverbes de négation.**

1. Élie ne mange plus de chocolat.
2. Nasri n'aime guère la piscine.
3. Élise ne bavarde jamais en classe.

★ **❾ Récris la phrase à la forme négative.**

Minet aime la pluie et la neige.

Récris la phrase à la forme interro-négative.

Cet oiseau est malade.

★ **❿ Indique la nature grammaticale de chaque phrase : simple ou complexe.**

1. La mère Gigby était un peu sorcière.
2. Elle confectionna un épouvantail, prit un manche pour son dos et choisit son costume.

★ **⓫ Coordonne les phrases.**

1. Les hommes préhistoriques chassent les mammouths. Les mammouths disparaissent avec le changement de climat.
2. L'homme recueille le feu. Il le garde avec soin.
3. L'homme apprend à faire le feu. La vie quotidienne devient plus facile.

★ **⓬ Souligne les propositions subordonnées conjonctives. Indique leur fonction.**

1. Le Général de Gaulle croit que la Résistance va s'organiser contre les Allemands.
2. L'enfant craint que ses parents soient arrêtés.

★ **⓭ Écris la nature de chaque proposition.**

1. Enzo pense qu'il ira au cirque.
2. Le chapiteau qui se dresse sur la place est une immense tente rouge.

★ **⓮ Indique la nature des mots soulignés.**

1. Le soleil qui décline annonce la fin du jour.
2. L'enfant qui parlait aux arbres.

CORRIGÉS DES EXERCICES

Grammaire

PAGE 11 ❹ 1. ? 2. . 3. ? 4. ?

❼ Au Moyen Âge, les villes étaient très animées . Il était difficile de circuler . Les rues étaient encombrées de charrettes, de porcs, de volailles . Sais-tu où se trouvaient les boutiques ? Elles bordaient les rues . À l'extérieur les étals des marchands encombraient les pavés . « Circulez ! » criaient les charretiers .

❽ 1. Est-ce que tu as aimé cette légende ?
2. Qui est-ce qui a terrassé le monstre ?
3. Pourquoi a-t-il quitté sa grotte ?
4. Combien de travaux Hercule a-t-il accompli ?

❾ 1. Qui était Saint Louis ?
2. Où rendait-il la justice ?
3. De quoi est-il mort ?
4. Quand et où est-il mort ?

PAGE 13 ❷ 1. Ne croyez pas les paroles du loup.
3. On ne comprend pas ce loup si bête.
5. L'ogre ne voit personne dans sa grotte.

❹ 1. Lenny n'a jamais tort.
2. Manon ne veut plus lire.
3. La fillette n'a vu personne.
4. Yasmine n'a jamais lu ce conte.
5. Youri ne regarde rien.

❼ a. 1. Dans la forêt, **personne** n'aime Renard.
2. Les volailles n'apprécient **pas du tout** Renard.
3. Renard n'a **jamais** gagné contre le coq.
4. Aujourd'hui on ne craint **plus** le renard.
b. 1. tout le monde – 2. beaucoup – 3. toujours – 4. encore

❽ 1. Le pêcheur n'a ramené **ni** truites **ni** brochets.
2. Je ne peux **ni** courir **ni** sauter.
3. Ce chien ne paraît **ni** gentil **ni** affectueux.

PAGE 15 ❷ Les troupes du Zingaro présentent... Des cavaliers et des chevaux exécutent... Ils ont répété... Bartabas a créé... Les artistes et lui vivent... ils sont...

❺ Le seigneur Thierry (GN comportant un NP) – Il (pronom) – Herbert (NP) – Son maître (GN) – Thierry (NP)

❽ 1. GN – 2. Verbe (infinitif) – 3. Nom propre + pronom – 4. GN – 5. Pronom

❾ 1. Il n'en compte plus que huit.
2. Elle a été classée dans la catégorie...

PAGE 17 ❸ 1. GN – 2. Pronom – 3. GN – 4. Pronom – 5. Pronom

❽ 1. Le public attend **la distribution des places**.
2. Les joueurs observent **la grandeur du stade**.

PAGE 19 ❸ 1. GN – 2. Pronom – 3. GN – 4. Pronom

❹ 1. des fleurs (**COD**) à Mariama (**COS**)
3. *Barbe-Bleue* (**COD**) aux enfants (**COS**)
4. son talent (**COD**) au public (**COS**)

❾ 1. Nom propre – 2. GN
3. Verbe (infinitif) – 4. GN

⓫ des tourterelles : **GN sujet** ; les tourterelles : **GN sujet** ; les corbeaux : **GN COD** ; ils : **pronom sujet** ; leur : **pronom COI** ; leurs œufs : **GN COI** ; les : **pronom COD** ; il : **pronom sujet** ; les : **pronom COD**

PAGE 21 ❹ Cet été, lorsque les nuages devenaient **menaçants**, les hirondelles restaient presque **collées** au sol. Dès que les cieux étaient **dégagés**, elles avaient l'air **absentes** tant elles volaient haut !

❺ 1. **Le mulot** devient gros et lourd.
Les ours deviennent gros et lourds.
Les marmottes deviennent grosses et lourdes.
2. **La girafe** reste élancée et élégante.
Les chevaux restent élancés et élégants.
Les grues restent élancées et élégantes.

❼ 1. La caravelle semble perdue (**adjectif**).
2. Les caravelles de Christophe Colomb se nomment la Niña (**GN**), la Pinta (**GN**), la Santa Maria (**GN**).
3. Ces marins passent pour des aventuriers (**GN**).
4. Cet explorateur se nomme Magellan (**NP**).
5. Il est « l'homme du tour du monde » (**GN**).

❽ *Comment devenir pirate* est un livre de Cressida Cowell. Harold Horrib' Haddock III est un petit Viking débutant. Il paraît fragile. Mais... il devient la terreur des mers. Si tu es amateur d'aventures loufoques, tu seras comblé.

PAGE 23 ❹ dans la toundra russe (**lieu**) ; depuis quelques années (**temps**) ; rapidement (**manière**) ; chaque hiver (**temps**) ; moins (**manière**) ; sur le sol (**lieu**) ; au printemps (**temps**) ; vers le Nord (**lieu**) ; avec angoisse (**manière**) ; peu à peu (**manière**)

CORRIGÉS DES EXERCICES

PAGE 23 ❺ 1. GN – 2. préposition + GN – 3. adverbe – 4. préposition + GN – 5. adverbe

❼ a. 1. Les sangliers (**sujet**) dévastèrent (**verbe**) les champs (**CO**).
2. Le salon de l'auto (**sujet**) a reçu (**verbe**) des milliers de visiteurs (**CO**).
b. À Paris, le salon de l'auto a reçu des milliers de visiteurs **cette année, en octobre**.
Cette année, en octobre, le salon de l'auto a reçu des milliers de visiteurs **à Paris**.

❽ 1. lorsqu'il pleut : proposition, CCT
2. délicatement : adverbe, CCM ; dans leur panière : préposition + GN, CCL
3. chaque jour : GN, CCT ; avec leur langue : préposition + GN, CCM

PAGE 25 ❹ 1. Le <u>Petit Poucet</u> est un <u>garçon</u> rusé. 2. La <u>princesse</u> se nomme <u>Blanche-Neige</u>. 3. <u>Barbe-Bleue</u> est un <u>homme</u> cruel. 4. C'est un <u>nain</u> que l'on appelle <u>Grincheux</u>. 5. Voici la <u>Bête</u>, un <u>prince</u> ensorcelé.

❺ NC animés : le lièvre ; le chasseur ; un perdreau ; le laboureur ; un élève ; un surveillant ; les parents
NC inanimés concrets : les blés ; un coquelicot ; des plumes ; un cahier ; la trousse ; le tableau ; une poésie
NC inanimés abstraits : la peur ; la patience ; la panique ; la sagesse ; l'attention ; l'amitié

❻ Noms communs : vingt et un jours ; un paquebot ; quelle aventure ; la vie ; ce palace ; coursives ; ponts ; salles ; des machines ; les mystères ; du bateau ; un passager ; du voyage
Noms propres : Marseille-Madagascar ; le *Maréchal Joffre* ; Anna

❼ 1. explorateur → Jacques Cartier ; fleuve → Saint-Laurent
2. mangeurs (de viande crue) → les Esquimaux, les Inuits
3. divinité, dieu (du climat) → Naarsuq ; déesse (de la mer) → Nuliajuq

PAGE 27 ❻ un âne ; un chien ; L'âne ; le chien ; un chat ; les souris ; un coq ; une méchante fermière ; L'âne ; le chien ; le chat ; le coq ; la ville **des** musiciens ; une nouvelle vie

❽ Le Soleil ; des millions de roches, des poussières, des gaz ; Des planètes ; du Soleil ; le Système Solaire ; La Lune ; la Terre ; un satellite du Soleil

PAGE 29 ❹ **son** illustration – **son** héroïne – **sa** couverture – **son** aventure – **sa** chambre – **son** image

❻ Ce : dét. démonstratif ; son : dét. possessif ; le : article défini ; cette : dét. démonstratif ; quelle : dét. exclamatif

❼ Cet éléphant – ce sage animal – ces chamailleries – cet endroit – ce malheureux – cet homme

❽ Donne-moi **tes** défenses – **ma** misère – **ses** superbes défenses – J'ai bien fait de lui donner **mes** défenses. – **son** expérience

PAGE 31 ❷ ce long hiver ; aux oies cendrées ; leur plumage imperméable ; un fin duvet moelleux ; l'eau froide ; les étangs gelés ; ce gros oiseau ; ses poissons habituels ; les fines herbes

❸ 1. ravie (**attribut**) ; jeune (**épithète**)
2. meilleure (**épithète**) ; marocaine (**attribut**)
3. bleus (**épithète**) ; rieurs (**attribut**)

❾ À souligner : malin, vigilante, claire et chaude, surpris et vexé.

❿ L'énorme masse du Soleil entraîne dans son perpétuel mouvement huit planètes très connues, des comètes brillantes, de très nombreux astéroïdes. Cet ensemble compose les corps célestes… Certaines planètes ont une écorce plus ou moins épaisse. L'intérieur se compose d'un noyau solide, liquide ou gazeux. D'autres planètes sont plus éloignées du Soleil (Jupiter, Saturne, Uranus…). Elles contiennent des gaz brûlants ou glacials.

PAGE 33 ❻ une élève studieuse – une chienne noire – une poule agressive – une secrétaire efficace – une tigresse cruelle

❼ un berger sérieux – un loup gris – un acteur doué – un ami fidèle – un cheval maigre et fatigué

❾ mon doux chaton curieux
ces fragiles oisillons affamés
leur petite chienne adorable

❿ Les grandes métropoles ; des centres de décision ; les gouvernements des pays les plus puissants et les grandes organisations internationales ; des capitales économiques ; les sièges sociaux des grandes entreprises ; des capitales culturelles ; les plus célèbres musées ; les meilleurs théâtres ; les plus grandes bibliothèques ; les universités les plus prestigieuses

167

CORRIGÉS DES EXERCICES

Grammaire

PAGE 35 ❷ **1.** La bergamote de Nancy (NP) – **2.** Un thé au goût amer (GN) – **3.** Le savon de Marseille (NP) – **4.** La truite des torrents alpins (GN)

❺ quatre bols de potage ; un faisan à la crème ; une assiette de salade avec des œufs durs ; deux larges tranches de jambon ; du jambon de Bayonne ; du mouton au jus et à l'ail ; une part de tarte aux noix ; des fruits en compote ; de la glace avec de la meringue

❾ à l'affût : art + NC – de l'antilope : art + NC – pour s'approcher : verbe à l'infinitif – de roi : NC – au pelage fauve : NC + adj. – de Noble le lion : NP + art + NC

PAGE 37 ❻ l'écrivain **qui** est le plus célèbre ; *Les Misérables* **qu'**il a écrits ; le succès **qui** fait ; un homme **qui** sort ; Cosette **que** sa mère ; des gens **qui** sont malhonnêtes ; la fillette **que** les Thénardier

❼ **1.** qui sont amères – **2.** qu'on mélange avec de l'eau – **3.** qui a conquis le Mexique ; que les Espagnols ne connaisse pas – **4.** qui est alors additionnée de sucre – **5.** que vont adopter les Européens aisés – **6.** qui font commerce de cette douceur à la mode – **7.** qui est toujours aujourd'hui la capitale du chocolat

PAGE 39 ❷ **1.** ou – **2.** car – **3.** mais – **4.** et

❹ **1.** Les dinosaures pondaient des œufs, ils étaient ovipares. – **2.** Le climat a beaucoup changé, les dinosaures ne trouvaient plus de nourriture. – **3.** Des espèces ont disparu ; peu à peu, toutes se sont éteintes.

❺ Mon père était un chasseur passionné. Il passait sa gibecière, sifflait son vieux chien Trésor et partait à la chasse à la perdrix. Les cailles et les perdrix étaient très nombreuses. Il m'emmenait parfois, je fourrais le bas de mon pantalon dans mes bottes, je jetais une gourde par-dessus mon épaule et je me figurais être un vrai chasseur.

PAGE 39 ❼ Margot la pie s'étourdit de liberté, elle sautille, elle jacasse, elle se moque du merle et du geai, elle ne pense pas à l'hiver tout proche et un jour, affamée, elle tombe dans un piège.

PAGE 41 ❸ **1.** Charlemagne pense [que la lecture et l'écriture sont indispensables].
2. La légende veut [que Charlemagne ait inventé l'école].
3. Mais on sait [que les enfants grecs et romains de familles nobles allaient déjà à l'école].

❼ qui était sorti faire un tour – qu'il avait soif – qui loge chez toi – que je faisais mon travail – qui vivait dans notre auberge – que le capitaine ne voulait voir personne

PAGE 43 ❸ **1.** vite, bien (manière) – **2.** tout près (lieu) – **3.** aujourd'hui (temps) – **4.** lentement (manière)

❻ **1.** Elle mange **lentement**. – **2.** Tu as **beaucoup** de jouets. – **3.** Halim et Luis se disputent **rarement**. – **4.** Le chat se couche **tard**.

❼ très peuplée ; assez tempéré ; extrêmement variés ; exploitées au mieux ; plus denses ; plutôt concentrée

❽ ne construit jamais ; pond effrontément ; arrive ici ; chante joyeusement ; se comporte mal ; ne voit pas ; mange beaucoup ; grossit tellement ; tombent souvent ; migre toujours ; parcourt environ

PAGES 44-45 ❶ La merlette s'occupe de la couvée. Elle la nourrit avec des larves, des insectes. Elle les dépose dans les becs largement ouverts. Les oisillons ne lui laissent pas de répit. Leur appétit est insatiable. Le merle leur apporte aussi des mouches, des papillons, des sauterelles. Les petits les lui arrachent comme si on ne leur avait rien donné depuis trois jours !

168

CORRIGÉS DES EXERCICES

Conjugaison

PAGE 49 **5** Le château bouillonne… Le comte Ansiau reçoit… Il marie… Elle vient… les cuisiniers font… Ils crient et activent…

7 je suis – je viens – vous veillerez – vous vous tiendrez – vous ne vous arrêterez – je vous le dirai – vous attendrez – je vous donne – asseyez-vous

PAGE 51 **4** **1. plonge** : plonger, 1er groupe – **2. s'enfuient** : s'enfuir, 3e groupe – **3. ressort** : ressortir, 3e groupe – **4. prend** : prendre, 3e groupe – **5. ouvre** : ouvrir, 3e groupe ; **coasse** : coasser, 1er groupe

11 **tombe** : tomber, 1er groupe ; **dorment** : dormir, 3e groupe ; **hennissent** : hennir, 2e groupe ; **réunit** : réunir, 2e groupe ; **prend** : prendre, 3e groupe ; **fait** : faire, 3e groupe ; **joue** : jouer, 1er groupe ; **se tendent** : se tendre, 3e groupe ; **se remplissent** : se remplir, 2e groupe ; **entend** : entendre, 3e groupe ; **luit** : luire, 3e groupe

PAGE 53 **2** Les hommes qui **habitent** la Gaule **s'appellent** des Gaulois. Ils **aiment** la liberté. Lorsqu'ils **combattent**, ils **s'habillent** comme pour une fête. Ils **portent** des casques ornés de cornes de bœufs. Leurs bijoux **décorent** leur armure. Ils **ont** pris le coq pour emblème.

4 En 1822, le roi lui **attribue** une bourse pour son premier recueil de poésies. De 1830 à 1840, il **publie** de nombreuses œuvres. Ces œuvres **frappent** par leur puissance créatrice. Après le décès de sa fille Léopoldine, en 1843, il **se lance** en politique. Il combat la peine de mort, **s'élève** contre le travail des enfants, **défend** les ouvriers. L'empereur Napoléon III le **bannit** de France. À sa mort, toute la France **pleure** cet auteur et ce citoyen qu'elle **vénère**.

PAGE 55 **1** je (ou il, elle) **révise** – ils (ou elles) **récitent** – tu **joues** – vous **comptez** – ils (ou elles) **conjuguent** – il (ou elle) **rugit** – nous **rougissons** – il (ou elle) **frémit** – ils (ou elles) **grandissent** – je (ou tu) **réagis**

5 1er **groupe** : fourrer, cacher, mépriser, sembler, calomnier – 2e **groupe** : frémir, rétrécir, se nourrir, rosir

8 **1.** L'herbe **gémit**… Elle **plie**…
2. Les lionnes **étudient**… elles **bondissent**… elles **sont**…
3. Les lions **surveillent**… et **rugissent**.

9 il **travaille** ; il **s'engage** ; il **est** ; il **remplit** ; il **réussit** ; son avion **atterrit** ; Roald Dahl **essaye** (ou **essaie**) ; il **publie** ; il **continue** ; il **possède** ; ses ouvrages **ont**

PAGE 57 **5** **1.** les feuilles **jaunissent** ; **rougissent** ; **meurent**
2. Lucas **défait** ; il **refait**
3. le SAMU **reçoit** ; un médecin **répond** ; toute son équipe **intervient**

6 **partent** : partir ; **détruisent** : détruire ; **devons** : devoir

10 **1.** les deux frères **mettent** au point – ils **multiplient** – ils **savent** – leurs travaux **aboutissent**
2. les spectateurs **voient** – une base en bois **maintient** – le tout **est** posé – de grandes flammes **sortent** – huit hommes **retiennent** – ils **lâchent** – la machine **prend**…, **parcourt**… et **atterrit**

PAGE 61 **4** **1.** La lettre **est arrivée**… – **2.** Le ballon **est tombé**… – **3.** Les joueurs **sont arrivés**… – **4.** Anaïs et Emma **sont rentrées**…

6 les canards **ont quitté** ; ils **ont volé** ; ils **se sont posés** ; ils **se sont nourris** ; ils **sont remontés** ; ils **sont arrivés** ; ils **se sont reposés**

8 les ouvriers **ont gagné** ; ils **se sont organisés** ; des penseurs **ont proposé** ; elles **ont amélioré**

10 **1.** Kamel **a vidé** les corbeilles à papier dès qu'il **est arrivé**. Il **a rangé** son casier puis il **s'est reposé**.
2. Alexis et Hortense **ont vidé** les corbeilles à papier dès qu'ils **sont arrivés**. Ils **ont rangé** leur casier puis ils **se sont reposés**.
3. Les garçons **ont vidé** les corbeilles à papier dès qu'ils **sont arrivés**. Ils **ont rangé** leur casier puis ils **se sont reposés**.

PAGE 63 **2** Les assaillants **ont pris** – ils n'**ont** pas **pu** – le seigneur et ses soldats **ont défendu** – les villageois **sont venus** – les ennemis **sont partis** – ils **ont compris**

4 **1.** La merlette **est venue** dans le jardin.
Les moineaux **sont venus** dans le jardin.
Les mésanges **sont venues** dans le jardin.
2. Les loirs **sont sortis** de **leur** refuge.
La marmotte **est sortie** de son refuge.
Les taupes **sont sorties** de **leur** refuge.

6 **1.** Chloé **a retenu** une place et **a pris** le TGV.
2. Elle **est partie** lundi et elle **est revenue** samedi.
3. Max et Karim **ont reçu** un prix et ils **sont allés** le montrer à leur entraîneur.

7 Les hommes préhistoriques **ont eu** peur du lion des cavernes, **ont appris** à faire du feu, **ont pu** cuire les viandes, **sont devenus** de bons chasseurs et les fauves **sont restés** loin du foyer.

169

CORRIGÉS DES EXERCICES

Conjugaison

PAGE 65 ❸ Nasreddine **trouvait** que son âne **mangeait** trop. Chaque jour, il lui **diminuait** sa ration d'avoine. L'âne ne **disait** rien mais il **maigrissait** à vue d'œil. Il **devenait** squelettique. Les voisins qui **voyaient** cela, **pensaient** que Nasreddine **était** un mauvais maître. L'âne **dormait** pour oublier sa faim. Un matin, il **était** mort. Nasreddine **se lamentait** : « Cet âne ne **comprenait** rien. Il **devait** m'aider car il me **revenait** trop cher. Je ne **pouvais** plus le nourrir mais il **se plaisait** chez moi ! »

❼ **1.** La tribu **fuyait** dans la nuit froide. Le feu **était** mort. Ils l'**élevaient** dans des cages. Des femmes et des enfants le **nourrissaient** nuit et jour. La veille, la pluie **avait détruit** deux foyers. Les hommes l'**avaient vu** pâlir. Si faible qu'il n'**avait** pas **pu** mordre aux herbes trop mouillées. Il **avait palpité** quelques instants comme une bête malade et s'**était éteint**.

PAGE 67 ❸ **1.** Il **choisit** un roman, il **lut** le début mais il ne **comprit** pas bien et il le **reposa** sur l'étagère.
2. Ils **choisirent** un roman, ils **lurent** le début mais ils ne **comprirent** pas bien et ils le **reposèrent** sur l'étagère.

❺ **1.** Ali Baba **se cacha** – il **entendit** – un gros rocher **glissa** – les brigands **pénétrèrent** – ils **ressortirent** – ils **partirent**

❻ **2.** broutèrent – partirent – s'enfuirent – coururent – se nourrirent – dormirent – souffrirent

❽ je me réveillai – je trouvai – les vents se déchaînèrent – je ne sus – j'attendis – je dis – Éole se mit – il chassa – je repartis – les hommes comprirent

PAGE 69 ❷ Demain, dès l'aube, à l'heure où… Je partirai… ; J'irai… j'irai… ; Et quand j'arriverai, je mettrai…

❸ Un jour on démolira… ; on dévissera… ; on anéantira… ; on broiera… ; on pulvérisera… quand ces immeubles vieilliront…

❹ Quand nous **chanterons**… ; Et gai rossignol et merle moqueur **seront**… ; Les belles **auront** la folie… ; Quand nous **chanterons**… ; **Sifflera** bien mieux le merle moqueur.

❺ **1.** La semaine prochaine, nous **allons lire** *Ivanhoé*.
2. Tu **vas terminer** ton exercice tout à l'heure.
3. Il **va choisir** une BD ce soir.
4. Dans une heure, nous **allons partir** à la piscine.
5. Les élèves **vont** bientôt tous **nager** sur le dos.

PAGE 71 ❹ **1.** En l'an 3000, la mer **aura recouvert** des îles.
2. Bientôt, tous les phoques **auront disparu**.
3. À très court terme, les rennes **seront décimés**.
4. Dans vingt ans, les peuples du nord sibérien **auront perdu** leurs troupeaux. Ces peuples **seront devenus** sédentaires.

❻ **1.** Quand la tempête aura cessé, nous dormirons.
2. Tu corrigeras ton erreur lorsque tu auras compris.
3. Dès que la sonnette aura retenti, nous sortirons en récréation.
4. Les élèves iront à la piscine lorsqu'ils seront revenus de la bibliothèque.
5. Lorsque vous aurez commencé votre contrôle, vous n'aurez plus le droit de parler.

❼ **1.** Tom sera parti – il écrira
2. les passagers détacheront – l'avion aura décollé
3. j'aurai appris – j'irai
4. il baissera – la nuit sera tombée
5. Isa et Hélène seront rentrées – vous suivrez

PAGE 73 ❷ **1.** Courez… – **2.** Achète… – **3.** Essayons… – **4.** Appuie… – **5.** Répétez… – **6.** Jette… – **7.** Bougeons. – **8.** Allez… – **9.** Apprends… – **10.** Faisons…

❹ **Installons-nous** à nos places, **attendons** le lever de rideau, **écoutons** sans parler, **applaudissons** à la fin de la pièce.
Prenez votre goûter dans le placard, **donnez** à boire au chat, **débarrassez** la table, **faites** vos devoirs puis **allez** jouer dans le jardin.

❺ **1.** Prenez – **2.** Déposez-y – **3.** Retournez – **4.** Prélevez les lombrics et mettez-les – **5.** Versez – **6.** Recouvrez – **7.** Couvrez – **8.** Humidifiez – **9.** Observez – **10.** Déduisez-en

PAGE 75 ❸ j'emmènerais – je prendrais – nous nous poserions – nous sortirions – nous installerions – de petits personnages étranges viendraient – ils parleraient – nous ne comprendrions pas – nous échangerions – ils joueraient – ils nous diraient

❺ nous partirions – je serais – tu mettrais – nous irions – nous pourrions

170

CORRIGÉS DES EXERCICES

PAGE 77 ❷ **1.** Une pierre est taillée par un homme préhistorique.
2. Des truites sont pêchées par deux femmes.
3. Les arcs sont tendus par les enfants.
4. Des étincelles sont crachées par le feu.
5. Les ours sont repoussés par les flammes.

❻ **1.** Des usines implantées près des villes <u>remplacent</u> les ateliers ruraux.
2. La Révolution industrielle du XIXᵉ siècle <u>concerne</u> la métallurgie.
3. L'utilisation des machines à vapeur <u>accélère</u> la production et la diminution des coûts.

PAGE 79 ❻ **1.** La Lune **s'est perdue** derrière les nuages.
2. La Lune et le Soleil ne **se rencontrent** jamais.
3. Dans un an, **se produira** une éclipse solaire.
4. L'astronome Galilée ne s'est pas **trompé**.
5. Il a prouvé que le Soleil ne **se déplaçait** pas autour de la Terre.

❽ **1.** Vous vous dépêchez de vous préparer.
2. Nous nous rendons à la douche puis nous nous habillons.
3. Nous nous apercevons de notre erreur.
4. Vous vous rapprochez du but et vous vous appliquez à marquer.
5. Nous nous étalons de tout notre long et nous nous écorchons un genou.

PAGE 81 ❻ les eaux mugissantes – des grondements assourdissants – les gros poissons au corps fuselé, fatigués par leur long voyage – leurs queues puissantes – se tordant et bondissant – leurs grands corps rouges sont meurtris

Vocabulaire

PAGE 85 ❹ **1.** herbe → herbivore → qui mange de l'herbe
2. insecte → insectivore → qui mange des insectes
3. grain → granivore → qui mange des grains

❼ **1.** scribe – **2.** post-scriptum – **3.** script – **4.** scripteur

❽ Quelques propositions :
a. minibus ; minijupe ; minimiser
extraordinaire ; extravagant ; extraverti
agricole ; agriculture ; agriculteur
antibiotique ; antigel ; antivol
b. tricolore ; trident ; trimestre
aéroport ; aérosol ; aérospatial
agronomie ; agronome ; agroalimentaire

PAGE 87 ❶ 1 → d ; 2 → c ; 3 → e ; 4 → a ; 5 → b

❺ 1 → b ; 2 → e ; 3 → c ; 4 → f ; 5 → g ; 6 → d ; 7 → a

❻ 1 → e ; 2 → c ; 3 → b ; 4 → d ; 5 → a

PAGE 89 ❷ **1.** fable – fabliau – fabrication – fabrique – fabuleux – fabuliste
2. interdire – interdit – interminable – interne – interrompre – intervenir

PAGE 89 ❼ Quelques propositions :
art. → article *(la)* ; adj. → adjectif *(petit)* ;
v. → verbe *(boire)* ; n.m. → nom masculin *(jeu)* ;
n.f. → nom féminin *(piscine)* ; prép. → préposition *(à)* ;
adv. → adverbe *(loin)* ; pron. → pronom *(il)* ;
conj. → conjonction *(mais)*

❽ 1 → c ; 2 → b ; 3 → a ; 4 → e ; 5 → d

❿ problème : **2**
bibliothèque : **3**
choisir : **2**

PAGE 91 ❺ 1 → b ; 2 → c ; 3 → a

❼ **1.** orchestre – **2.** chorale – **3.** chrysanthème – **4.** hippodrome – **5.** zèbre

❾ **Flotte** : réunion de navires naviguant ensemble et se livrant à la même activité. – **Colonies** : territoires occupés par une nation en dehors de ses propres frontières. – **Coupes** : abattage des arbres en forêt. – **Coque** : revêtement extérieur d'un bateau. – **Fûts** : troncs d'arbre dépourvus de branches. – **Mâts** : pièces de bois ou de métal qui supportent les voiles d'un navire.

171

CORRIGÉS DES EXERCICES

Vocabulaire

PAGE 93 ❸ **1.** portière – territoire – voisinage – aventurier – sangsue – calmement – amitié
2. enterrer – rempoter – déplacer – triangle – décamètre – supermarché – sursaut
3. déshabillage – enjambement – médisance – malheureusement – déposition – effilage

❺ dossier – adosser – dos – endosser
écrit – décrire – écriture – écrivain – écritoire
égalité – égal – inégal – égaliser – inégalité

❽ empâté – pâtisserie – pâteux – pâte – pâtissier
dépassement – passant – passe – passeur – passager – pas – passage
placeur – place – emplacement – déplacer

❿ **1.** charrette – carrosse – carrossier – chariot – charrue – charrier – charretier – charroi
2. maintien – maintenir – manuscrit – manœuvre – maintenance – manipuler – manipulation – mainmise – manufacture
➔ Il y a deux bases pour chaque famille de mots.

PAGE 95 ❸ **1.** ânon – éléphanteau – lionceau – moucheron – porcelet
2. coffret – côtelette – portillon – tablette – maillon

❹ **1.** la rage – **2.** une assiette – **3.** une dictée – **4.** la figure

❼ **1.** glace – blanc – diable – expédier – japper – ours – bavard – musique
2. pôle – théâtre – roman – aventure – histoire – diable – fleur – règle

❿ mouton – bouquet – paille – bonbon – maille – parquet – caille – coquet – plâtre

PAGE 97 ❶ **a.** Le préfixe re- ou ré- signifie la répétition.
b. repartir – renaissance – recoller – repasser – ressortir

❸ encollage – recoller – décoller – incollable
démission – remettre – soumettre – permis
malentendant – entente – entendre – mésentente

❽ **1.** incapable – **2.** inactivité – **3.** malhabile – **4.** désagréable – **5.** imperméable – **6.** illettré – **7.** mécontent – **8.** parapluie – **9.** irrégulier – **10.** malchance – **11.** paravent – **12.** antimite

❿ – impossible ; inconfortable ; incommoder ; illégitime ; immanquable
– quadrupède ; quadrilatère ; quadragénaire
– préparation ; prénom ; préposition ; prémolaire
– entourer ; enfermer
– déshabituer ; démonter ; délaisser ; désagréable

PAGE 98 ❷ **1.** poisson-lune ; pochette-surprise ; reine-claude ; sac-poubelle ; jupe-culotte
2. réveille-matin ; presse-citron ; pare-brise ; chauffe-eau ; casse-noix
3. grand-père ; libre-service ; chauve-souris ; pur-sang ; plate-bande
4. sous-marin ; sous-couche ; sans-souci ; sans-gêne ; arrière-boutique
5. pied-de-mouton ; pied-à-terre ; tête-à-tête ; langue-de-chat ; pot-au-feu

❹ **1.** à tire-d'aile – **2.** un cerf-volant – **3.** un porte-plume – **4.** l'avant-toit – **5.** au sous-sol

PAGE 99 ❷ **1.** poissons – **2.** oiseaux – **3.** mammifères rongeurs

❻ **1.** confiseries – **2.** contes – **3.** mammifères ruminants – **4.** cétacés

PAGE 101 ❷ **1. a.** sens propre – **b.** sens figuré
2. a. sens propre – **b.** sens figuré
3. a. sens figuré – **b.** sens propre

❺ Par exemple :
1. Je monte dans le train.
2. Le pain coûte de plus en plus cher.
3. Tu tournes en rond.

❼ une voix en or – l'or noir – des noces d'or – des cheveux d'or – l'âge d'or – un cœur d'or – l'or des blés mûrs – couvrir d'or – un livre d'or

❿ L'adjectif *rouge* est au sens propre dans les phrases : 1, 2, 3, 6, 7, 8

PAGES 102-103 ❶ a ➔ 2 ; b ➔ 4 ; c ➔ 1 ; d ➔ 3

❹ **Les images :** un petit siphon ambulant ; un petit alambic à roues et à ailes ; une petite cuisine volante ; une petite voiture de l'assainissement public.
Les comparaisons : aussi brillante, bourdonnante, musicale qu'une corde tendue.
La guêpe ressemble à ces véhicules qui se nourrissent eux-mêmes et fabriquent en route quelque chose.

❻ **1.** Rire jaune – **2.** Voir rouge – **3.** Être vert – **4.** Faire grise mine – **5.** Être blanc comme neige

❽ chercher la petite bête – tourner comme un lion en cage – faire sa tête de mule – sauter à pieds joints – ne voir que du bleu

172

CORRIGÉS DES EXERCICES

PAGE 105 ❷ 1 → d ; 2 → e ; 3 → a ; 4 → b ; 5 → c

❹ **1.** difficile – **2.** complet – **3.** turbulent – **4.** souvent – **5.** brisé

❻ 1 → d ; 2 → f ; 3 → b ; 4 → a ; 5 → h ; 6 → e ; 7 → c ; 8 → i ; 9 → g

❼ **1.** poster – **2.** jeter – **3.** enfiler – **4.** ranger – **5.** déplacer

PAGE 107 ❶ **1.** une petite tempête – une personne fragile – être faible en mathématiques
2. un vent fort – une voix grave – un paquet lourd – une brume épaisse
3. un soleil pâle – un caractère doux – un vent léger – une couleur terne

❻ **1.** instable – impatient – décoller – inoffensif – impossible – incroyable – insatisfait
2. déshabiller – décoiffer – démobiliser – impoli – déranger – décaler – déloger

❾ 1 → g ; 2 → f ; 3 → c ; 4 → e ; 5 → b ; 6 → d ; 7 → a

⓬ **1.** Son regard n'était **pas** gai. Son regard était **triste**.
2. Il **ne** marchait **pas** vite. Il marchait **lentement**.
3. Il n'avait **pas** d'espoir. Il était **désespéré**.
4. Le ciel ne s'éclaircissait **pas**. Le ciel **s'assombrissait**.
5. La vie des soldats n'était **pas** facile. La vie des soldats était **difficile**.

PAGE 109 ❸ **1.** trouillard → peureux ; bouquin → livre ; paluche → main
2. cavaler → courir ; piger → comprendre ; se marrer → s'amuser

PAGE 111 ❷ **1.** sale – **2.** un cygne – **3.** le car – **4.** le foie

❸ **1. a.** la mer / **b.** la mère – **2. a.** mûrs / **b.** des murs – **3. a.** un verre / **b.** vert – **4. a.** une paire / **b.** un père

❺ **2. a.** sceau – **b.** sot – **c.** saut – **d.** seau

❼ vert – un ver – le verre – vers

PAGE 113 ❷ **1.** regardé – **2.** fréquente – **3.** comprends – **4.** lu – **5.** aperçu

❺ **1.** Nous avons appris cette nouvelle. – **2.** Zoé est têtue. – **3.** Je refuse de parler de ce voyage. – **4.** Tu le convaincras.

❽ 1 → b ; 2 → c

❿ une puanteur – une infection – la pestilence

⓫ 1 → c ; 2 → a ; 3 → b

PAGE 115 ❷ la haine – l'amour – la peine – le mécontentement

❺ **1.** de joie – **2.** malheureux – **3.** admiratif – **4.** tremble

❽ **1.** terrasse – **2.** époustoufler – **3.** effacer – **4.** heureux – **5.** honteux

❿ 1 → f ; 2 → a ; 3 → e ; 4 → b ; 5 → d ; 6 → c

Orthographe

PAGE 118 ❷ écart – cocker – caniche – bouche – cœur – corps – cure

PAGE 119 ❷ la virgule – aigu – régulier – le sens figuré – Auguste

PAGE 120 ❹ **1.** Alex fait changer la **pile** de sa montre.
2. J'attends mon tour dans la longue **file**.
3. Tom a perdu une **bille** en verre.
4. Le poisson **grille** sur le **gril**.

PAGE 122 ❷ le héron – le hanneton – l'hirondelle – le hérisson – le hamster – la hauteur – l'hélicoptère – l'habitude – la housse

PAGE 123 ❷ des bijoux – des cailloux – des choux – des genoux – des hiboux – des joujoux – des poux – des chevaux – des journaux – des jeux – des feux – des noyaux – des tuyaux

PAGE 125 ❷ Les mammifères sont des animaux à sang chaud. Chaque espèce a ses particularités. Seule la chauve-souris a la capacité de voler. Les cétacés, comme la baleine, sont adaptés à la vie en mer. La baleine a des fanons pour filtrer le plancton qu'elle avale. Dans le plancton, il y a du krill, une minuscule crevette qui sert à la nourrir.

❽ Tu viens ou tu ne viens pas ? / Ça dépend où tu vas / Venise ou bien Paris ? / N'importe où, je te suis. / Moscou ou Tombouctou ? / Petite laine au cas où.

173

CORRIGÉS DES EXERCICES

Orthographe

PAGE 127 ❸ Le Soleil **est** comme une marmite en feu. Il **est** capable d'éclairer **et** de réchauffer tout **son** système. L'été, le Soleil **est** haut dans le ciel. Les jours **sont** longs **et** il fait chaud. En hiver, il **est** moins haut **et son** trajet **est** plus court.

❻ **1.** Dans sa première jeunesse, l'animal **est** gai **et** même assez joli ; il **a** de la légèreté **et** de la gentillesse. Mais il **est** rapidement moins agréable, soit à cause de **son** âge, soit à cause des mauvais traitements qui lui **sont** infligés par ses maîtres. Il devient lent **et** indocile. Il reste souvent à la même place. Il se blottit contre la haie **et** n'en bouge pas même si **on** l'appelle. Cet animal, tu **es** peut-être un de ses amis car pendant les vacances, il **est** attelé à une charrette **où sont** installés des enfants. **On** lui fait faire un tour et à l'arrivée, d'autres enfants **ont** la joie de monter dans la charrette.

PAGE 129 ❷ **1.** ces musées – **2. ses** collections – **3. ces** sculptures – **4. ses** micros – **5. ces** peintures

❻ Un lièvre poursuivi par un aigle, trouva refuge chez **son** ami le scarabée. Ce petit coléoptère demanda à l'aigle d'épargner **ce** pauvre animal sans défense. Mais **ce** cruel oiseau royal emporta **sa** proie et la dévora. Le scarabée prit **son** envol en même temps que l'aigle afin de voir où **ce** dernier avait pondu **ses** œufs. Le scarabée réussit à les faire tomber. « **Mes** œufs ! » se lamenta l'aigle. Ce courageux insecte avait vengé **son** ami.

PAGE 130 ❹ Théo, **quel** roman as-tu lu ? De **quel** genre d'histoire s'agit-il ? Quant à Martha, elle dit **qu'elle** a beaucoup aimé *Aani la bavarde*. Pouvez-vous demander à Kenza et à Margot **quelles** histoires elles ont préférées ? Est-ce **qu'elles** peuvent en faire un bref compte rendu pour notre futur rallye lecture ? Je crois savoir à peu près **quels** ouvrages vont être finalement choisis.

PAGE 131 ❶ **a.** vingt ; vingt-cinq ; quatre-vingts ; quatre-vingt-cinq ; quatre-vingt-dix ; quatre-vingt-dix-neuf ; cent ; deux cents ; deux cent dix
b. deux cent quatre-vingts ; deux cent quatre-vingt-huit ; mille ; deux mille ; deux mille deux cents ; trois mille trois cent vingt ; quatre mille cinq cent vingt-cinq

❸ **1.** Le **dernier** des Mohicans – **2.** Les **quatre** filles du docteur March – **3. Première** année sur terre – **4.** Ali Baba et les **quarante** voleurs – **5.** Minuit **cinq**

PAGES 132-133 ❶ Le chat n'aime pas l'eau. Il **n'y** touche pas ou alors seulement du bout de la patte. Cet animal n'est **ni** malpropre **ni** peureux. Mais il préfère se laver en se léchant les poils. Il **n'y** a pas de jour sans qu'il ne fasse sa toilette. On sait aussi que **ni** les poules **ni** les dindes **ni** les pintades n'aiment l'eau. Il **n'y** a que les oiseaux aquatiques qui en font leur lieu de vie.

❻ **2.** L'aigle rencontre le hibou un **peu** avant la nuit. Le soleil **est** couché **quand** le hibou demande au roi des oiseaux : « Est-ce que tu **peux** épargner **mes** petits que je trouve très beaux. **Quant** à l'aigle, il trouve **ces** oisillons **si** laids qu'il ne **peut** croire que ce sont **là** les petits de **son** nouvel ami. Il hésite un **peu** puis les emporte **dans ses** serres jusqu'à **son** aire **où** il les déguste. Ce n'est **qu'en** voyant le chagrin du hibou qu'il mesure **son** erreur. **Mais** l'oiseau royal ne présente **ni** regrets **ni** excuses.

PAGES 134-135 ❶ **2.** Le renard **leur** (COI) jouait mille tours. Ils ne **les** (COD) attaquaient presque jamais ! Quant aux renards, on ne **les** (COD) aimait guère non plus. Une mauvaise réputation **les** (COD) suivait aussi. Ils devaient assumer **la leur** (COD).

❹ **a. 1. Tous** (dét.) les animaux de la cour de Noble le lion étaient malades de la peste. **2. Tous** (pron.) n'en mouraient pas mais **tous** (pron.) étaient touchés. **3. Toute** (dét.) la journée, ils réfléchirent à **toutes** (dét.) les causes possibles. **4.** Après avoir écouté **toutes** (dét.) les fautes de chacun, **tous** (pron.) tombèrent d'accord pour punir l'âne, le plus innocent !

PAGES 136-137 ❸ **1.** du tissu – **2.** le tricot – **3.** un habit – **4.** un héros – **5.** un doigt – **6.** un pied

⓫ un radis – l'appétit – un hangar – un phare – un courrier – le dîner – le dessus – le jus – le coulis – un endroit – le haricot – un escargot – un cageot – le pont-levis – un rempart

PAGES 138-139 ❷ **1.** la fourmi – **2.** de brebis – **3.** la perdrix, des prairies – **4.** des acrobaties – **5.** la nuit, les souris

❿ la pâtée – la poupée – la publicité – le musée – l'égalité – la propreté – une idée – un lycée – une arrivée – une poêlée – la dignité – une gorgée – la volonté – la marée – un blessé – la sécurité – une cuillerée – la solidarité – la loyauté – une armée – la solidité – une brouettée – la méchanceté – un scarabée

174

CORRIGÉS DES EXERCICES

PAGE 141 ❸ **a.** **in**connu – **in**utilité – **in**intéressant – **in**qualifiable – **in**organisation – **in**justement – **in**sensible **b.** **in**nocence – initiative – infusion – initiale – intention – intense

❾ Adjectif en **-ent** / adverbe en **-emment** : innocent → inno**cemment** ; conscient → consci**emment** ; négligent → néglig**emment** ; imprudent → imprud**emment** ; insolent → insol**emment** ; violent → viol**emment**

Adjectif en **-ant** / adverbe en **-amment** : bruyant → bruy**amment** ; indépendant → indépend**amment** ; suffisant → suffis**amment** ; méchant → méch**amment**

PAGE 143 ❹ 1. Le vent **secoue**… Elles **plient**…
2. Nous **avançons**… et nous **plongeons**…
3. Je **cachette** la lettre et je l'**envoie**…
4. Elle **simplifie** ses calculs puis elle les **vérifie**.
5. Le chien **remue** la queue et s'**ébroue** les poils.

❼ 1. **apprécie** : apprécier, 3e pers. du sing. ; **joue** : jouer, 3e pers. du sing. ; **vérifie** : vérifier, 3e pers. du sing. ; **cède** : céder, 3e pers. du sing. ; **contrarient** : contrarier, 3e pers. du plur. ; **réagit** : réagir, 3e pers. du sing. ; **distribue** : distribuer, 3e pers. du sing.

PAGE 145 ❸ **Le renard** déclare :
« Près de l'endroit où **nous** sommes, **des haies** cachent un jardin. **Des oies grasses** y mangent de l'herbe.
– Par qui sont-**elles** gardées ?
– **Deux jeunes paysans** les gardent. **Ces jeunes hommes** sont peu attentifs. **Ils** les surveillent mal. **Nous** les tromperons facilement. »

❻ <u>Les loutres</u> **sont** des mammifères… <u>Elles</u> **vivent**… <u>Elles</u> **nagent**… <u>Elles</u> **chassent**… <u>Elles</u> se **nourrissent**… Le jour, <u>elles</u> **dorment**… <u>Ces animaux</u>, fragilisés par la pollution, **deviennent** rares. <u>Les loutres</u> **sont** très présentes…

PAGES 146-147 ❷ Les voyageurs **ont pris** le TGV. Certains **sont descendus** à Roissy. Le chauffeur **a conduit** à plus de 200 km à l'heure et il ne **s'est** pas **aperçu** qu'il pleuvait. Deux amis **sont allés** au bar et ils **ont bu** un café. Les deux passagers **sont repartis** à leur place et ils **ont repris** leur lecture. Lorsque Kenza **est venue** à Marseille, elle **a choisi** une place en 2e classe.

❽ **a.** Célia avait **dormi** puis elle s'était **levée**. Elle avait **pris** son petit déjeuner, s'était **douchée**, avait **remis** son cartable en ordre puis était **partie** pour l'école. Elle était **arrivée** en avance et avait **discuté** avec ses amis.

PAGE 149 ❸ 1. **a.** ont sauté – **b.** sautaient – **c.** sauter
2. **a.** commencer – **b.** a commencé – **c.** commençais
3. **a.** se sont égarés – **b.** égarer – **c.** s'égarait

❼ Un jour, le lièvre, la cigogne, les grenouilles et les bœufs **bavardaient** et **se chamaillaient**.
« Nous aimerions être aussi grosses que vous, ont **déclaré** les grenouilles.
– Nous ne pouvons ni **sauter** ni **nous cacher**, ont **répliqué** les bœufs.
– Quel don tu as de **posséder** l'aisance de **voler**, Cigogne ! Moi, je suis **resté** très peureux, a **avoué** le lièvre. Mais j'ai souvent réussi à **échapper** à nos ennemis les chasseurs.
– J'ai toujours **aimé manger** des grenouilles. Mais au cours de mes voyages, j'ai **trouvé** d'autres délices, et je me suis **régalée**, a **caqueté** la cigogne, **enchantée**. »

PAGES 150-151 ❷ 1. une infirmière – une boulangère – une messagère
2. une coureuse – une campeuse – une danseuse
3. une traductrice – une aviatrice – une animatrice
4. une chatte – une comédienne – une magicienne
5. une sotte – une championne – une coquette

❽ 1. un château – un bureau – un taureau – une peau – un carreau
2. un curieux – un résineux – un vieux – un pou – un nez – une toux – un lynx – un milieu – un joyau – un ciel
3. une loi – un doigt – un ami – un tournoi – un roi – une vertu – un matou – un tamis – une fois – un bois – un refus – un mois – un os – un jus

PAGES 152-153 ❶ une vieille tante – une ânesse grise – une vieille lionne – une joueuse impatiente – une fille secrète – une jument inquiète – quelle douce gamine ! – une voyageuse inconnue – une voisine sûre – une ogresse bourrue – une tigresse cruelle – une rate inoffensive – une messagère sauvage – une louve noire – une renarde blanche – une ourse poilue

❾ 1. une robe bleue, des pantoufles bleues
2. des proverbes locaux, des fêtes locales
3. des bocaux pleins, des bouteilles pleines
4. des caractères vifs, des couleurs vives
5. des faits réels, des histoires réelles

175

TABLE DES ILLUSTRATIONS

21	ph ©	A.N.T. photo library /Photoshot / Biosphoto
38	©	Casterman
44	Coll.	Kharbine-Tapabor.
49	Coll.	Archives Hatier
50	©	Le Robert Junior, 2010
53	ph ©	Dagli Orti / Picture Desk
55	ph ©	Goodshoot / Archives Hatier
56	ph ©	Photo Josse / Leemage
62	ph ©	Bridgeman-Giraudon
63		Miniature extraite du « Roman du Chevalier Tristan » ph © Luisa Ricciarini / Leemage
68	Coll.	Jean Vigne / KHARBINE-TAPABOR / D. R.
69	Coll.	Archives Hatier
73	©	Editions Albin Michel
79	ph ©	Shutterstock
84		Larousse Super Major CM/6ᵉ © Larousse 2006
87	ph ©	Selva / Leemage
88		Larousse Super Major CM/6ᵉ © Larousse 2006
90 - h		Larousse Super Major CM/6ᵉ © Larousse 2006
90 - bg		Larousse Super Major CM/6ᵉ © Larousse 2006
90 - bm		Le Robert Junior CE, CM © Le Robert-Sejer 2009
90 - bd		Hachette Junior © Hachette Livre 2006
92		Le Robert Junior CE, CM © Le Robert-Sejer 2009
102	ph ©	Electa / Leemage
104		Hachette Junior © Hachette Livre 2006
106		Larousse Super Major CM/6ᵉ © Larousse 2006
108 - g	ph ©	Aisa / Leemage
108 - d	ph ©	Electa / Leemage
112	ph ©	Selva © ADAGP, Banque d'Images, Paris 2011
124	ph ©	Pierre Vernay / Biosphoto
134	Coll.	Jonas / KHARBINE-TAPABOR / D. R.

Principe maquette : Nathalie Chaix - Adaptation maquette et mise en page : Christine Paquereau - Édition : Christine Delage
Illustrateurs : Sylvain Frécon − Carole Xénard
Photogravure : RVB Éditions

Achevé d'imprimer par Rotolito Lombarda en Italie
Dépôt légal: 94586 - 1/01 - Février 2011